湛庐 CHEERS

与最聪明的人共同进化

HERE COMES EVERYBODY

SUPER BETTER

游戏改变人生

如何用游戏化应对压力、挑战和痛苦

Jane McGonigal

[美] 简·麦戈尼格尔◎著　阎佳等◎译

A REVOLUTIONARY APPROACH TO GETTING STRONGER, HAPPIER, BRAVER, AND MORE RESILIENT

北京联合出版公司
Beijing United Publishing Co.,Ltd.

献给 Tilden 和 Sibley

愿你们成长为自己故事里的英雄

游戏前须知

“超好”游戏法(SuperBetter method)的目的是让你变得更强大、更快乐、更勇敢、更具复原力。它建立在与游戏相关的科学的基础之上，有大量的证据证明它的确管用。它基于我在病重期间开发的一款游戏《超好》。

宾夕法尼亚大学进行的一项随机对照研究发现，使用“超好”游戏法（以下简称“超好”法）30 天，能明显减少抑郁和焦虑症状，增强乐观精神，获得更多社会支持，提高玩家对自己成功实现目标能力的信心。研究还发现，坚持遵循《超好》规则一个月的人，明显变得更快乐，对生活也更满意了。

由美国国家卫生研究院（National Institutes of Health）资助，在俄亥俄州立大学韦克斯纳医学中心（Wexner Medical Center）和辛辛那提儿童医院进行的一项临床试验发现，在康复和痊愈过程中，“超好”法能改善情绪，减少焦虑和痛苦，强化家庭关系。

同时，从 40 多万《超好》玩家处收集到的数据又帮助我改进这一方法，使之更易于学习，能更有趣地被运用在日常生活里。

过去 5 年，我常听人说，“超好”法改变了他们的生活。我对《超好》最大的期望是，它能帮助你解决最棘手的挑战，追求你最远大的梦想，获得更多的勇气、创意、支持和乐观精神。

请记住，“超好”法并不能代替医疗咨询或治疗。许多成功的《超好》玩家在遵循该方法的同时，也在继续接受辅导、药物治疗、康复理疗，或是在听从医生的指导，这些玩家包括宾夕法尼亚大学研究的大部分参与者和临床试验里的所有参与者。“超好”法并不是治疗、辅导、药物、理疗的替代品，本书里讨论或推荐的游戏也没有这个作用。

好啦，你应该明白了，那就让我们玩起来！

游戏，释放你我的原力

> 你比自己所知的更强大。
> 你身边都是潜在的盟友。
> 你是自己故事中的英雄。

这 3 种特质能让人在一切挑战面前变得更快乐、更勇敢、更有复原力。

好消息是：你本来就具备这些特质。你不必改变什么。你本来就比你想象中有力量得多。

你有能力控制自己的注意力，从而控制自己的想法和感觉。

你有力量在最意想不到的地方获得支持，深化现有的人际关系。

你天生就能激励自己，增强自己的英雄品质，比如意志力、同情心和决心。

本书将帮助你理解你原本就具备的力量，并向你展示怎样如玩游戏般轻松地获得这些力量。

不过，本书要说的并不是玩游戏，至少不完全是。它要讲述的是，怎样在极端的压力和个人挑战面前，保持游戏心态。

保持游戏心态意味着，把你玩游戏时自然表现出来的心理优势，比如乐观、创意、勇气和决心，带入现实生活。它意味着拥有好奇心和开放性，尝试不同的策略，发现最佳策略。它意味着积累复原力，解决越来越大的成功带来的越来越强的挑战。

我认为，解释何谓游戏心态以及游戏心态为什么能让你更强大、更快乐、更勇敢的最好办法，就是给你讲个故事。那就是我发明“超好”法的故事：我解决了危及生命的挑战，才写出了这本书。

要么自杀，要么把这变成一款游戏

2009 年的夏天，我撞到了脑袋，患上了脑震荡。伤势并未顺利好转，30 天之后，我还是持续头痛、恶心、眩晕。我时不时就会好几分钟不能读也不能写。我记不住事情。大多数日子里，我病得没法起床，总是精神恍惚。我一辈子都没这么焦虑、抑郁过。

我无法清楚地与朋友和家人沟通我正经历的事情。我想，如果我能写点儿什么，大概会有所帮助。我拼命挣扎，拼凑出了一些能让人明白的话：

> 每件事都很困难。
> 铁拳在狠揍我的思路。
> 我的整个脑子似乎一片真空。
> 若是我无法思考，我又是谁呢？

脑震荡后综合征没有切实的治疗办法，你只能多休息，往好处想。医生告诉我，我可能会几个月、一年甚至更久都感觉不到好转。

不过，为了加快痊愈，有一件事我可以试着做一做。医生对我说，我应该避免一切会触发症状的事情。这意味着不能读书，不能写作，不能跑步，不能玩电子游戏，不能工作，不能发电子邮件，不能喝酒，不能喝咖啡。我当时对医生开玩笑说：“换句话说，就是抛弃一切活下去的理由。”

那虽是笑话，却也颇说中了几分实情。当时我不知道的是，在创伤性脑损伤患者里，哪怕只有我这样很轻微的症状，产生自杀的念头也十分常见。[1] 它的发生率是 1/3，我并不例外。我的大脑开始告诉我：“简，你想死。你永远不会好转了，痛苦永远不会结束。你会变成丈夫的负担。”

这些声音喋喋不休，又很有说服力，我自然而然开始担心自己的生活。

然后发生了一件事。一个非常清晰的念头冒了出来，这改变了一切。撞到脑袋后第 34 天，我永远也不会忘记这一刻，我对自己说：我要么自杀，要么把这变成一款游戏。

为什么是游戏呢？我撞到头的时间是 2009 年，在这之前，我研究游戏心理已经快 10 年了。事实上，我是全世界第一个因研究游戏玩家心理优势以及这些优势又怎样被转换到现实世界去解决问题而获得博士学位的人。我在加州大学伯克利分校的研究表明，人在玩游戏的时候，能更有创造力、更有决心、更乐观地去解决棘手的挑战，也更容易向他人寻求帮助。我希望把这些游戏心态下的特点带到现实生活的挑战上。

所以，我创造了一款简单的康复游戏《震荡猎人简》，这个名字戏仿了电视连续剧《吸血鬼猎人巴菲》。这成了我新的秘密身份（secret identity），也让我开始觉得自己英勇而意志坚定，不再充满绝望。

身为震荡猎人，我做的第一件事是给孪生妹妹凯利（Kelly）打电话，告诉她："我在通过玩游戏治疗大脑，我希望你能和我一起玩。"这是个寻求帮助的简单办法。她成了我在游戏里的第一个盟友，接下来加入的是我丈夫基亚什（Kiyash）。

我们一起搜寻坏家伙（bad guy），和它们战斗。坏家伙就是一切有可能触发症状、拖慢痊愈进程的东西，比如明亮的灯光、拥挤的空间。

我们还收集、激活补充能量块（power-up）。它们是哪怕在最糟糕的日子我也可以做的事情，能让我感觉稍微好受、快乐、有力量一些。我最喜欢的几种补充能量块是，抱着我的喜乐蒂牧羊犬 5 分钟、吃核桃（对我的大脑有好处）、跟丈夫绕街区散步两圈。

这款游戏就是这么简单：设定秘密身份，招募盟友，跟坏家伙战斗，激活补充能量块。但哪怕是这样简单的一款游戏，我只玩了几天，抑郁和焦虑的迷雾就散开了。没错，它们消失了。我感觉这就像是奇迹，但不是说它奇迹般地治好了我的头痛或者认知障碍，它们持续了一年多，那是目前为止我人生里最艰难的一年。但即便我仍有症状，甚至在很疼痛的时候，我也不再感觉痛苦。我感到对自己的命运有了更强的掌控。我的朋友和家人知道该怎样帮助、支持我，我也逐渐把自己看成一个更坚强的人。

这款游戏接下来的命运让我吃了一惊。几个月后，我写了一篇博客，上传了一段简短的视频，解释怎么玩它。考虑到不是所有人都患有脑震荡，也不是每个人都想当"猎人"，我把游戏改名为《超好》。

为什么叫《超好》呢？在恢复过程中，人人都对我说"很快就会好起来的"，但我想要的不只是好起来、恢复正常状态，而且是变得超好，比受伤前更快乐、更健康。

不久，我开始从世界各地的人们那里听到，他们为自己设定了秘密身份、招募盟友、对抗坏家伙。在面对抑郁和焦虑、手术和慢性疼痛、偏头痛和克罗恩病，以及修复破碎的心、失业多年后寻找新工作等诸多挑战时，他们变得超好。有人为了应对极其严重的诊断，甚至是临终诊断，比如癌症末期、肌萎缩性侧索硬化（渐冻症），也会玩它。而且，我能够从他们的信息和视频里看出来，这款游戏的确帮到了他们，就像它当初帮到了我那样。

这些玩家说觉得自己更坚强、更勇敢了，同时得到了家人和朋友更好的理解。他们说自己更快乐了，哪怕他们仍然疼痛，哪怕他们正在解决人生中最艰巨的挑战。

当时我心想，这到底是怎么回事？一个看起来这么平凡、简单的游戏，怎么能如此有力地影响这么严重的状况呢，有些甚至事关生死？坦率地说，如果不是它真的在我身上发挥了作用，我自己是怎么也不相信的。

游戏背后的科学

当恢复到能够做研究时，我就一头扎进了科学文献里。我了解到：有些人经历了创伤性事件后会变得更坚强、更快乐。我们正是如此，游戏帮助我们体验到了科学家口中的“创伤后成长”（post-traumatic growth），生活里我们很少听到这样的说法。我们听到更多的是创伤后应激障碍，也就是人持续地感到焦虑和抑郁。

但研究表明，创伤性事件并不见得总是会导致人们长期身处困境。相反，有些人发现，挣扎于极具挑战性的生活环境，反而帮助他们充分发挥了自己最优秀的品质，最终实现了更幸福的生活。[2]

那么什么是创伤后成长？以下是实现了创伤后成长的人最常提及的 5 件事：

1. **我的优先事项改变了。我不再害怕去做让我感到开心的事。**
2. **我感觉和朋友、家人更亲近了。**
3. **我更好地理解了自己。我现在真正知道自己是什么样的人了。**
4. **我的生活有了新的意义和目标。**
5. **我能更好地专注于自己的目标和梦想了。**[3]

这 5 个特征共同代表了一轮强有力的积极转变。不止如此，实际上，我在研究过程里还发现了一些创伤后成长相当惊人的益处。

几年前，澳大利亚一位名叫布朗尼尔·韦尔（Bronnie Ware）的临终关怀从业者发表了一篇文章，叫作《弥留之际最后悔的事》（*Regrets of the Dying*）。[4] 韦尔之所以知道这些事，是因为 10 多年来，她都在照料走到生命尽头的患者。她写道，年复一年，她一直在听自己看护的病人表达同样的遗憾。这篇文章发表之后，来自世界各地的临终关怀从业者都对她的文章表示了肯定。多年来，他们也都听到了同样的 5 大憾事。显然，这几乎是一些放诸四海而皆准的事情。不是所有人临终时都留下了遗憾，但如果有，它们就很可能符合以下一条或多条。

1. 我希望自己没有那么拼命地工作。
2. 我希望能跟朋友们保持联系。
3. 我希望能够让自己过得更快乐。
4. 我希望能有勇气表达真实的自我。
5. 我希望能真正忠于自己的梦想，而不是按照他人的期待去生活。

对着这份清单想一会儿，你会不会恍然大悟，就像我两年前第一次琢磨出来的时候那样呢?

很明显，临终时的 5 大憾事基本上正对应着创伤后成长的 5 大体验。通过创伤后成长，我们找到了力量和勇气去做让自己快乐的事情，去理解、表达真正的自我，把能激励我们的人际关系和有意义的工作放在优先位置。

顺便说一句，创伤后成长并不是创伤后应激障碍的对立面。许多患过创伤后应激障碍的人同样体验到了创伤后成长，两者完全不存在相互排斥的关系。事实上，一项研究发现，创伤后应激障碍反而是创伤后成长的预兆，或许是因为蜕变式成长的达成需要跟极为艰苦的事情展开深刻而持久的角力。如果我们恢复得太快，反而会错过成长。[5]

如果我们对极端的个人挑战应对得当的话，就能解锁自己的能力，让我们过上更忠于自己梦想的生活，不再留下遗憾。这样看来，如果人们希望实现最可取的转变，创伤后成长或者说变得超好似乎是强有力的候选方法。

但怎样才能从极度的压力或创伤中恢复，获得上述 5 点好处呢? 研究表明，不是所有经历了创伤的人都能实现创伤后成长。那么，获得创伤后成长的过程究竟是什么样的呢?

而且，有没有什么办法能让我们无须经历创伤就体验到这些好处呢? 我敢肯定，没有人会为了得到这些好处而选择承受可怕的损失、受重伤、患上疾病或者碰到其他任何一种创伤。但与此同时，又有谁不愿意过上更忠于自己梦想的生活，愿意留下遗憾呢?

所以，我继续做了两年的研究。**我发现：无须经历创伤，你就可以体验到创伤后**

成长带来的好处，只要你愿意承担一场极限的生命挑战，比如跑马拉松、写一本书、创业、为人父母、戒烟或进行精神之旅。研究人员称之为“狂喜后成长”（post-ecstatic growth）。第一个发现这一现象的是宾夕法尼亚大学博士后、执业临床心理学家安·玛丽·勒普克（Ann Marie Roepke），她把这形容为“不劳而获”，或至少可以说是事半功倍。[6]它的运作方式和创伤后成长一样，但你可以主动选择挑战，不用等着生活朝你抛出一场可怕的创伤。任何时候，你都可以有意识地承担有意义的项目或使命，从而制造明显的压力和挑战，建立创伤后成长的条件。你自己选择的这一紧张冒险为你造就了奋斗与成长所需的条件，就跟对抗创伤的人一样。

如果创伤后成长和狂喜后成长运作方式一样，那么整个过程到底是什么样的呢？在极端的压力下，要么不堪重负，要么逆势而起，是什么造就了两者的差异呢？**是什么决定了你是会被逆境打垮，还是越挫越勇呢？**

此时，研究真正让人兴奋的地方就来了，至少对像我这样的游戏设计师而言是这样。

研究表明，有7种思考和行为方式有助于实现创伤后和狂喜后成长。它们全都是我们通常认为玩游戏时才会有的想法和行为。

1. **采纳挑战心态。**你必须愿意对障碍感到兴奋，把充满压力的生活事件看成挑战而非威胁。在游戏里，我们简单地称之为“接受（游戏的）挑战”。

2. **找出所有让你更坚强和快乐的东西。**面对严峻的挑战，你需要不断接收积极的情感，关注身体的健康。在游戏中，我们通过寻找“补充能量块”，也就是让我们变得更强壮、速度更快、力量更大的东西，来执行这一规则。

3. **努力保持灵活的心理状态。**如果负面体验，如疼痛或失败等，能帮助你有所知或更接近你的大目标，那就对其保持开放态度。要以勇气、好奇心和进步的意愿为动力。在游戏里，如果我们要跟棘手的“坏家伙”战斗，我们就会遵循这一规则，因为我们知道要想聪明、娴熟地击败对手，自己可能会经历多次失败。

4. **坚韧不拔地采取行动。**要每天都朝着你的最大目标迈出一小步。坚韧不拔地采取行动，意味着要努力向前迈进，哪怕这非常困难。它意味着你的眼睛要始终盯着更多的目标。在游戏中，我们利用一套攻略来实现这一点。这就是所谓的“任务”（quest），它可以帮我们专注地朝着最重要的目标迈进。

5. **培养人际关系。**试着找到至少两个人，你觉得可以向他们寻求帮助，诚实地谈及你的压力和挑战。在多人游戏里，我们的做法是找“盟友”，即理解我们所面临的障碍、给予我们支持的人。

6. 找到英雄故事。思考一下你的人生，找到你最英勇的时刻。专注于你表现出来的强项以及你奋斗的意义和目的。游戏里到处都是英雄故事。我们经常采用英雄人物的“秘密身份”来踏上旅程，他们的故事鼓舞和激励着我们，让我们更努力，成为更好的自己。

7. 学习寻找益处这一技能。我们要意识到：哪怕是压力和挑战，也能带来良好的结果。在游戏中，我们有“华丽制胜”（epic wins）的概念，指的是在期待值最小的时候，在最不可能或最艰巨的环境下，获得了非常积极的结果。

这就难怪《超好》对这么多人都有极佳效果了！一旦你理解了科学，就很容易明白这是怎么回事。显然，像我这样的游戏设计师会创造一套系统，自然而然地接通这些游戏里经常出现的思考和行为方式。我当时并不知道，但从本质上说，《超好》是一幅实现创伤后和狂喜后成长的完美路线图。这并不是因为我是一个天才，而是因为我是个优秀的游戏设计师，所有优秀的游戏都在用这 7 种思考和行为方式训练我们，帮助我们在面临极端的压力和挑战时实现积极的转变。

以下是“超好”法遵循的 7 条规则，也是本书的核心：

1. 挑战自我。
2. 能量升级。
3. 对抗坏家伙。
4. 寻找并完成任务。
5. 招募盟友。
6. 采用秘密身份。
7. 争取华丽制胜。

如果你本来就面临着艰巨的挑战，如患病、受伤、经受损失、个人奋斗，遵循这些规则不仅有助于你更成功地应对这些挑战，而且容易让你体验到创伤后成长带来的益处。

如果你眼下并未面临充满压力的挑战，但仍然想变得更强大、更快乐、更勇敢、更具复原力，那么不妨随意挑选一个对自己有意义也富有挑战性的目标，然后遵照这些规则，努力去实现它。你会因为做了不寻常的事而感到满足，并逐渐解锁狂喜后成长带来的益处。

通过游戏，接通天生的优势

如果你觉得，对于你能够通过游戏心态和“超好”法改变生活这一点，我显得太有信心，那是因为我对此真的很有信心。

因为我设计出《超好》以来，有 40 多万人玩过这个游戏的在线版本。我们记录了他们激活的每一个补充能量块、他们对抗的每一个坏家伙、他们完成的每一桩任务，所以我们知道什么可行，什么不可行。我携手数据科学家分析了两年多来收集自这 40 多万名玩家的所有信息。我想要解答一些你或许也感到疑惑的问题。

“超好”法适合什么样的人？它基本上适合所有人。不管是年轻人还是老年人，男性还是女性，狂热的玩家还是一辈子从没玩过电子游戏的人。

你必须遵循 7 条规则玩多久才会开始感觉更强大、更快乐、更勇敢？我们的研究表明，两个星期内就会出现可测量的改善，4 个星期和 6 个星期时还会有更大的改善。

最重要的是，这些益处能持久吗？据我们所知，能。这种方法虽然才问世短短几年，但我们在 6 个月、1 年，有可能的话甚至 2 年后跟进过一些成功的玩家。我们发现，用游戏心态思考和行动，是一种一旦学会就可不断实践并从中受益的技能。

我等了 5 年才动手写这本书，因为我希望，我能有绝对的把握说游戏心态法管用。我等待着有关游戏积极影响的早期研究得到范围更大、更可靠的数据的证实。我等待着来自神经科学和行为心理学等更多领域的科学家，用他们的理论去阐释游戏心态怎样发挥作用。最重要的是，我一直等着自己跟医生和心理学研究人员组队，用严格的测试检验“超好”法。为此，美国宾夕法尼亚大学做了随机对照试验，俄亥俄州立大学韦克斯纳医学中心和辛辛那提儿童医院做了临床试验。你会在本书后记部分读到这些研究。

过去的这 5 年里，我每天都会收到人们的电邮或 Facebook 留言，告诉我“超好”法带给了他们多大的鼓舞，带给了他们家庭多大的帮助。这些人来自各行各业，比如空军司令官诺曼·坎农（Norman J. Cannon）。他说：

> 我在空军指挥一支 2 000 人的中队，我想跟他们谈谈复原力这件事。与此同时，2012 年 9 月，我的妻子跌下楼梯，患上了严重的脑震荡。她的想法和体验跟你之前说的完全一样。我给妻子看了你的《超好》视频。她看的时候哭了起来，她意识到有人懂她了。接着，我召集了手下所有军人和文职人员，

给他们看了这段视频。它打动了很多人。

我收到许多家长的来信，比如西弗吉尼亚州的一位母亲米歇尔·汤（Michelle Towne）说：

> 我 13 岁的儿子患有幼年型糖尿病，我一直在为他祈祷。我们家已经组建了超级英雄团队，我亲眼看到了儿子的情绪变化，太了不起了！我的儿子回来了！谢谢你！

我还收到了许多患者的留言，比如来自丹佛市的 31 岁行政助理杰西卡·麦克唐纳（Jessica MacDonald）。因为患上了严重的葡萄球菌感染，她利用《超好》与一系列手术和持续的住院抗争。她说：

> 如果你生病或受伤，世界就充满了各种各样的不能。我不能抬手，因为我胳膊上正输着抗生素；我不能参加活动，因为我太疲惫了；我不能去上班，因为我吃的药物足以杀死一匹马，而我几乎连自己的名字都记不住。每天一百万次的“你不能”冲击着我的思想，一寸一寸地吞噬我的灵魂。如果我把这个游戏的好处总结成一点，那就是：《超好》把“不能”变成了“能”。当然，我还是有很多不准做、不应该做的事，但我不再总想着受限制的地方了。我开始看到自己的成就，也会为它高兴。

杰西卡邀请医生和护士当自己的盟友，他们对这款游戏也有很多话要说。她说：

> 人人都在问这个问题：“它能帮助你加快恢复吗？”我无法斩钉截铁地说，我好得更快就是因为这款游戏，但我要告诉你我的医生是怎么说的。在近 50 年的医疗实践中，他说自己得出一个结论：病人的态度决定性地影响着痊愈过程。他告诉我：“我不知道你是不是好转得更快，但你的确恢复得更好。”

不管你是玩了一辈子游戏，还是从没玩过电子游戏，这都无所谓。你是喜欢体育游戏、纸牌游戏、棋盘游戏，还是电子游戏，这也无所谓。不管你过往的游戏史如何，你都有能力通过玩游戏接通你天生的优势，并学会把这些游戏带来的优势运用到现实挑战和目标当中。

不仅是消遣，而且是一套怎样变成最佳自我的模型

大多数人认为游戏无非是以愉悦为目的的消遣，没什么了不起的；也有些人对游戏的看法更糟糕，觉得它是让人上瘾、浪费时间的东西。但我的看法有所不同，这不只是因为我亲身体验过《超好》。我研究游戏心理近 15 年了，我研究能减少焦虑、舒缓抑郁、防止疼痛、治疗创伤后应激障碍的游戏，我分析能强化意志力、提升自尊心、改善注意力、巩固家庭关系的游戏。大量来自心理学、医学和神经科学的证据，改变了我对游戏是什么、游戏能教给我们什么的看法。游戏不仅是一种消遣，而且是一套让我们变得超好的模型。

我希望你也能从不同的角度看待游戏。我希望你能发现，你在玩游戏的时候自然而然表达出来的力量与你在现实生活中为过得快乐、健康和成功所需要的力量之间，有什么样的联系。更具体地说，我希望你能把游戏视为一个机会，实践 7 条改变生活的技能，让你在心理、情绪、生理和社交的方方面面都变成一个更强大的人。

你不需要成为深度游戏玩家，就能在日常生活里激活游戏力量，但如果你喜欢或经常玩各种类型的游戏，如高尔夫、桥牌、拼字游戏、足球、扑克、《糖果粉碎传奇》（*Candy Crush Saga*，一款手机游戏）、单人纸牌（Solitaire）、数独，你或许本就接通了自己的游戏力量。

要想带着更强的游戏心态生活，你只需打开视野，多了解一下游戏心理，并乐意尝试新的思考和行为方式，它们有助于你提高自己天生的复原力。

据我所知，让你改变对游戏和你自己能力的看法的最快办法就是和你玩一局游戏。

那么，就让我们马上一起玩一个游戏吧。

接下来的 5 分钟，我会用 4 桩改变生活的任务向你发起挑战。

别担心，事情比听起来容易得多。你接下来要做的这 4 桩任务，我看到过一些很出色的人完成了它们，比如奥普拉·温弗瑞、滑板界的传奇人物兼企业家托尼·霍克（Tony Hawk），以及美军军医总长巴特·马斯特森上校（Colonel Bat Masterson）。他们能做到，你也能。

这是每一个《超好》玩家最初都要完成的 4 桩任务。我保证，如果你成功完成它们，从现在起大约 5 分钟，你就会变成一个在心理、情绪、生理和社交上都更强大的人。你也会更好地理解本书将怎样帮助你释放自己的游戏特质。

准备好了吗？让我们开始吧！

游戏现在开始

这是你第一桩改变生活的任务。我希望你完成它，就是现在，趁着你还没往后读。

请别跳过这桩任务。我再说一遍：不要跳过它。如果你跳过了它，之后你就会忍不住想跳过其他任务，结果，你还没好好开始玩，游戏就结束了。好了，我们出发。这是你的第一桩任务，我知道你能行！

任务 1：生理复原力

以下任选其一：

站起来，走 3 步。

或者

把手握成拳头，高举过头，坚持 5 秒。

开始！

你做了吗？很好！

完成了这个任务，你就提高了生理复原力。

生理复原力指的是你身体承受压力和自愈的能力。研究表明，提升生理复原力最好的办法就是不要坐着不动。每当你静坐的时间超过了若干分钟，身体的代谢水平就开始降低。这种关机对你健康的方方面面都有消极影响，不管是你的免疫系统，还是你应对压力的能力。[7]

然而，只要你不是静坐不动，那么每一秒你都在改善着自己心脏、肺部和大脑的健康。[8] 你的精力会更旺盛，睡眠会更好，如果你要面对艰难挑战，哪怕并非身体挑战，这都很重要。

所以，站起来，哪怕就站一秒钟。迈上 3 步。抬起你的胳膊挥一挥。就这么简单。你的身体现在比 30 秒前更强壮了。

准备好接受下一桩任务了吗？

任务 2：心理复原力

以下任选其一：

打响指 50 次，不多也不少。

或者

从 100 开始倒数，以 7 为间隔，像这样：100，93，86……一直数到 0。

开始！

全做完了？干得好。

完成这桩任务，你就提高了自己的心理复原力。

心理复原力指的是动力、专注力和意志力，这些都是实现一切目标必不可少的力量。

研究人员已经证明，意志力和肌肉一样，只要不耗尽它，你对它锻炼得越多，它就越强。[9]完成微不足道的挑战，哪怕简单到打 50 次响指、以 7 为间隔倒数，都有助于你锻炼这一肌肉，但又不至于累坏它。这意味着，当要跨越更艰难的障碍时，你就有更大的可能具备所需的动力和决心。恭喜你，你的心理现在比一分钟前更强大了。

让我们接着往下玩！

任务 3：情绪复原力

以下任选其一：

如果你在室内，就找一扇窗户往外看 30 秒。如果你在室外，就找一扇窗口往里看 30 秒。

或者

以“宝宝”或你最喜欢的动物为关键词，完成一次谷歌图片搜索或 YouTube 视频搜索。

开始！

任务完成了吗？太棒了！

完成这桩任务，你就强化了自己的情绪复原力。

情绪复原力指的是随意打通积极情绪的能力。不管你是有压力，还是感到烦闷、愤怒或者痛苦，只要你具备情绪复原力，你就能选择去感受一些美好的事情。

情绪复原力是一种尤为重要的力量。研究表明，平均而言，体验到积极情绪多于消极情绪的人，能获得一系列极大的好处。他们能更有创意地解决问题，他们在学习和工作上更有上进心、更成功，他们碰到困难的时候不太容易放弃，周围的人更乐于为他们提供帮助和支持。[10]

为获得情绪复原力，你无须消除负面情绪，因为这显然不可能。你只需要在一天当中获得足够多的积极情绪去打败消极情绪即可。

这桩任务的两个选项都是经过科学检验的方法，它们分别能唤起一种具体的积极情绪。透过窗户往外或者往里看能激起人的好奇心，心理学家将这种积极情绪定义为“用新的信息、有趣的东西满足精神需求的欲望”。[11] 我希望你透过窗户看到了一些有趣的事情！

与此同时，研究人员证明，看小动物的照片或视频几乎能唤起所有人的爱心。可爱的小动物会触发我们的养育本能！更妙的是，因为看小动物而带来的爱心爆发不仅让人感觉良好，而且提高了人的注意力和工作效率。[12]

哪怕你只在几秒钟内感到好奇或者有爱心，情绪上也会变得更强大。享受它吧。

让我们再来尝试一桩任务。

任务 4：社交复原力

以下任选其一：

握住或晃动某人的手，至少 6 秒钟。

或者

迅速给你认识的某个人发一条“谢谢你”的短信、电子邮件或者 Facebook 留言。

开始！

全做完了？很好！

完成这个任务，你就提升了自己的社交复原力。

社交复原力有助于得到亲朋好友、邻里同事的支持。它能让你在需要的时候寻求帮助，也让你有更大的可能性得到帮助。社会支持对成功应对挑战至关重要。你可以尝试自己单干，但如果有人在背后支持你，你成功的概率就会大大提高。

提高社交复原力的方法很多，触摸和感恩是两种最有效的方法。

研究表明，跟人握手 6 秒钟以上，能提高握手双方血液里“信任激素”催产素的浓度。[13] 提升催产素水平能让你们想要互相帮助，相互保护。你们一起释放的催产素越多，纽带就越紧密。[14]

同时，表示感谢也是一种培养良好感情和密切联系的可靠方式。研究人员解释说，感恩是强化感情联系最重要的情绪，因为“它要求我们看到自己得到了他人的支持和肯定”。[15]

因此，无论你是触摸了别人，还是感谢了别人，你在社交上都比阅读前一页时更强了。通关！

你完成了 4 桩简单的任务，你已经建立起足以改变生活的技巧和能力。你发现自己其实比你所知的更强大，你身边围绕着潜在的盟友，你打通了自己天然的复原力，你真的可以成为他人的英雄。

你玩得愉快吗？我希望你玩得愉快。因为我的目标是让本书成为你读过的最有趣的书。通读本书，你将完成近百桩任务。每一桩任务都建立在不同的关于“什么能让你更具复原力”的科研成果之上。每桩任务开始时，你会看到以下 4 种图标之一，从而知道自己主要是在培养生理、心理、情绪还是社交复原力。

 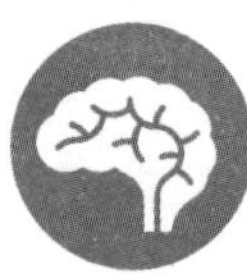  

我向你保证，这些任务会让你在面对现实生活的挑战时感觉更自信、更具控制力、更乐观。与所有好玩的游戏一样，随着你向前推进，这些任务会越来越难！

寻找并完成任务，只是 7 种有助于你在日常生活里更强大、更快乐、更勇敢的游戏技能之一。现在，你已经略微尝到了采用游戏心态是种什么感觉，就让我再讲讲你能从这本书中得到些什么吧。

除非你已完全信服游戏具备解决实际问题、改变现实生活的能力，否则我不会要求你开始更游戏化的生活。因此，在第一部分“为什么游戏能改变人生”中，我们首先要概述有关游戏的研究论据：游戏接通了什么样的优势，它们带来了什么样的心理益处？我们会看到游戏提升动力和毅力，能够比吗啡更强效地屏蔽身体疼痛感，帮助你克服焦虑和抑郁，改变你的饮食习惯，培养你对他人的同情心，帮助你和亲友建立更牢固、更幸福的关系。我们在第一部分讨论的大部分游戏，你都能在手机或电脑上真正地玩，它们能让你更好地实践、理解自己的游戏优势。不过，就算你打定主意一个游戏也不玩，第一部分也能为你打下坚实的基础，让你理解什么叫保持游戏心态。你将知道怎样切实地接通最重要的3种解决问题、迎接挑战的力量：控制注意力的能力，结交盟友、获得支持的能力，激励自己去做重要之事（哪怕很难）的能力。第一部分的最后，我们将探讨游戏玩家为什么比其他人更擅长把这些来自心爱游戏的力量运用到现实生活中。

第一部分里有各种需要你完成的游戏任务，就跟前言里的这些一样，所以你有许多玩游戏的机会，在每一页都能变得更强大。

在第二部分，我们将讨论你的生活。现在，你了解了自己的优势，那么，在日常生活里利用它们的最佳途径是什么呢？我们将逐一深入探讨所有的7种游戏技能，帮助你用更大的勇气、创造力和决心去解决现实生活里的挑战。我会介绍7种简单的规则，用来在日常生活里练习这些技能。这就是“超好”法，它的设计目的就是，不管你有没有时间玩游戏，都能过上游戏化生活。

在第二部分，你会看到，面对焦虑、抑郁、慢性疼痛和创伤后应激障碍等挑战时，采用“超好”法的人们变得更坚强、更健康、更快乐。你会听到人们亲口讲的故事：采用游戏心态之后，找到了更好的工作，有了更满意的感情生活，跑完了马拉松，开办了自己的公司，更加享受生活。而且，因为本书的所有内容都以研究为基础，所以你会发现，这些成功故事背后的科学，即200多个来自心理学、医学和神经科学的案例研究，解释了为什么按这7条游戏规则生活，能构建出心理、情绪、生理和社交优势。

如果你正面临着人生中的重大挑战，也希望现在就开始尝试“超好”法，就可以直接跳到第二部分。你随时都可以回过头来看第一部分。我想，一旦你亲身体会到“超好”法管用，就肯定会好奇它背后的科学！

第三部分“冒险”把我创造的3种“超好”之旅融合到一起，以便让你继续磨炼自己新掌握的游戏技能。每一趟旅程都设定了针对性的补充能量块、坏家伙和任务，帮助你实现重要的复原力突破。“爱的连接”冒险的10桩任务旨在帮助你以最惊人的方式、从最意外的地方找到真爱，借助它们，你将建立社交复原力。“忍者变身”冒险会教你21种隐秘方法，提高你的身体适应能力。而在最终的冒险里，你会发现什么叫“时间大亨”，也就是感觉自己有充裕的空闲时间可以用在对自己最重要的事情上。

成为时间大亨是建立情绪和心理复原力的好办法。

加在一起，这 3 次冒险包含了刚好够你连续玩 6 个星期《超好》的任务。这是一个重要的数字，因为 6 个星期恰好是临床试验和随机对照研究中参与者们遵循“超好”规则的时长。对这些人来说，玩 6 个星期的《超好》带来了明显更好的心情、更强大的社会支持、更多的乐观、更少的抑郁和焦虑以及更多的自信。如果你通过每天解决一桩任务完成了所有的 3 次冒险，就能获得游戏带来的圆满效果，改变生活。

总之，本书的故事和科学将揭示，怎样用游戏心态把你的生活变得更好。它们不光会改变你对游戏及其作用的认识，而且将改变你对自己个人能力的认识。

让我们变得超好吧。

SUPER
BETTER

目录

SUPER BETTER

A REVOLUTIONARY APPROACH TO GETTING STRONGER, HAPPIER, BRAVER, AND MORE RESILIENT

第一部分

为什么游戏能改变人生

游戏让我们变得更强大的证据在我们身边比比皆是。过去 10 年，在全球各地医院和大学里工作的成千上万科学家和研究人员，为电子游戏和虚拟世界对现实生活带来的积极影响留下了数量惊人的文献记录。

在本书第一部分，你会发现游戏有以下益处。

- 提高你的动力和意志力；
- 能比吗啡更有力地阻断身体痛感；
- 帮你克服焦虑和抑郁；
- 提高你的学习能力；
- 激励你多加锻炼；
- 有助于预防创伤后应激障碍；
- 让你更容易向陌生人寻求救援；
- 与亲友建立更紧密、更幸福的关系。

或许，你已经在玩一两款有潜力改变生活的游戏，比如《俄罗斯方块》、《填字游戏》（*Words with Friends*）、《使命召唤》（*Call of Duty*），甚至《糖果粉碎传奇》。但即便你经常玩游戏，恐怕也没有获得所有的益处。这是因为要想解锁游戏带来的益处，重要的不在于你玩什么游戏、玩了多少游戏，而在于你为什么玩、什么时候玩、和谁一起玩。换句话说，你需要有目的地玩。

你将在第一部分了解到，当你抱着目的玩游戏时，你便打通了游戏的 3 项核心心理优势：

- 你控制注意力，进而控制自己想法和感受的能力；
- 你把所有人变成潜在盟友、巩固现有人际关系的能力；
- 你天生就有的自我激励与增强意志力、同情心和决心等英雄品质的能力。

这些优势本身就扎根在你的内心。游戏只是一条惊人可靠又有效地发掘、实践它们的途径，它能让你更好地在现实生活中应用这些优势。

玩游戏不是接通这些优势的唯一途径，但有关游戏为什么更容易做到这一点的科学研究，能帮助你更清楚地理解这些优势。

我要明确指出：第一部分的中心思想不是劝你花更多时间玩电子游戏。想要从游戏研究中受益，你不必非得是狂热玩家。相反，不管你玩不玩游戏，我都希望用游戏科学告诉你怎样才能变得更强大、更快乐、更勇敢、更有复原力。

另外，虽然体育运动、填字游戏、棋牌类游戏等各种游戏都能培养这些游戏优势，但第一部分主要侧重于电子游戏，原因有这样一些。

如今，地球上有 10 亿人天天玩电子游戏，平均而言，每天至少玩 1 小时。[1] 这个数字未来无疑还将上升；根据皮尤研究中心（Pew）有关互联网生活的研究，美国 99% 的 18 岁以下男孩、92% 的 18 岁以下女孩承认自己经常玩电子游戏，男孩每周平均玩 13 个小时，女孩 8 个小时。[2] 这么多人而且将会有更多人把如此多的时间和精力投入电子游戏里，这令我们必须理解电子游戏对人的心理到底有着怎样的影响。游戏科学可以帮助我们最大程度地减少潜在危害，并获得潜在益处。

过去 20 年对游戏心理的科学研究之所以几乎完全侧重于电子游戏，主要也是出于上述原因。本书以游戏科学为立足点，所以必然以科学家们投入了最多时间和精力去理解的游戏类型为焦点。

最后，你会在接下来的 4 章中看到，数字技术能真正提高、加快很多我们在各类游戏中体验到的心理益处。举个例子，所有的游戏都教导我们要坦然面对失败，因为玩家随时可能遭受损失。电子游戏往往有着更高的失败概率和速度。在电子游戏里，我们 80% 的时间都在失败，平均每小时失败 12 ～ 20 次。[3] 失败这么多、这么快，帮助玩家更快地培养起勇气和毅力优势以及从错误中有效学习的能力。打篮球、玩拼字游戏或下象棋也能帮你建立相同的优势，但电子游戏能够自动往上调整难度级别，让你不断游走在自己的能力边缘，因而能帮你更快培养这些优势。

这只是一个例子，目的是想说明你将在这一部分读到什么类型的研究。但在我们更深入地扎进游戏科学之前，你还有一桩特殊的任务要完成。

第1章里有一些整本书里最令人惊讶、让人大开眼界的信息，它包含了一些出人意料的科学发现。

不管你有多么吃惊，我都希望你能做好充分准备去吸收这些研究成果，并在自己的生活里根据它们采取行动。以下这桩任务就是帮你做好准备的。

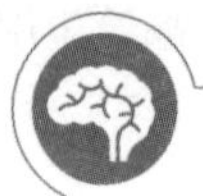

任务5：手掌向上

你正在试着解决一个问题吗？你想学点新东西吗？通过引导，你能让大脑在面对创新解决方案时变得更加开放、更能接受意料之外的想法。以下是具体的做法。

怎么做：把掌心向上摊开，保持此姿势。只要短短15秒，你应该就开始注意到自己的心态更开放了。

原理：掌心向上触发了一种强大的身心反应。随着掌心向上，我们会采取“接受和考虑”的心态。我们拒绝、打消新信息或新想法的可能性降低了，能够更好地识别出新的机会和解决方案。可要是掌心向下，我们的心态就是“拒绝和抵制”，我们很可能会拒绝新的信息，忽视创新的想法。

一个如此简单的动作怎么会有这么大的影响呢？说起来很难让人相信，但它有着令人信服的证据：美国心理协会公布了一项经过同行评审的研究，人们对掌心向上现象做了7次不同的实验，每一次受试者都表现出了相同的心态开放效应。[4]

研究人员推断，这种身心连接源于数千年前人类发明语言之前表现出的行为。[5]当我们向某人施以援手，我们的手掌是向上的。我们向别人寻求帮助，或是准备接受什么东西的时候，手掌也是向上的。我们张开怀抱欢迎别人的时候，掌心同样向上。但如果我们想要拒绝某事，我们会手掌下翻，把它扇到一边去。我们把别人推开，手掌也是背对着自己的。

经过这些手势数千年的洗礼，我们从生物学上受到了引导，把掌心向上跟接受、开放关联起来，把掌心向下跟拒绝、关闭关联起来。

所以，在你进入下一章之前，请掌心向上摊开至少 15 秒钟。现在就开始。15……14……13……

任务完成：做完了吗？干得漂亮，你已经准备好接受一些惊人的科学发现！将来，每当你在头脑风暴、解决问题或者尝试让新的信息包围自己大脑的时候，记得把掌心向上摊开，这个简单的动作就能打开你的思维。

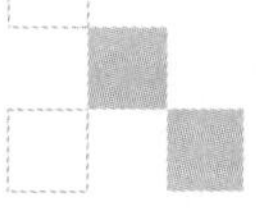

第 1 章

你比自己想象的更强大

你的任务

解锁控制自己思考和感受的能力，哪怕置身于极端的压力或疼痛当中。

游戏出了名地能让人全神贯注，这也正是它为人诟病的地方。玩家经常玩得魂不守舍，完全忘记了时间，无视周围的一切人和事。游戏玩家的家长和配偶常常抱怨说，简直没办法把孩子或爱人从他们喜欢的游戏旁边拉开。但是，优秀游戏让人高度投入的特点是否也暗示了我们注意力的运作方式和控制方法呢?

本章，我们将着眼于电子游戏的研究，揭示怎样通过控制注意力来获得免于焦虑、抑郁、创伤和身体疼痛的力量。不管你眼下是正在跟这些挑战搏斗，还是仅仅想提高自己的心理和情绪复原力，游戏都提供了一个完美的平台，它能帮你掌握这一改变生活的注意力技巧。本章将说明注意力控制背后的科学原理，教你一些具有实践性的游戏技巧，让你发现、培养强大的注意力。

《冰雪世界》，阻断疼痛

说起痛，没什么比得过重度烧伤后的疼痛。医生形容它是人能够体会到的最激烈、最漫长的疼痛。当然，烧伤病人在护理期间可以用强效止痛药物，最常用的是吗啡。

但药物也无法特别有效地缓解这种独特的剧烈疼痛。医学研究人员花了几十年时间寻找更好的止痛物。有什么能比传统的吗啡更有效地止住世界上最严重的疼痛吗?

有，一款电子游戏。

《冰雪世界》(*Snow World*) 是华盛顿大学的研究人员为了治疗重度烧伤患者而创建的 3D 虚拟世界。患者头戴 VR(虚拟现实) 头盔，用操纵杆在虚拟的冰雪世界里漫游。他们可以去探索冰洞，扔雪球，领略各种各样的冬季景色。在烧伤治疗最疼痛的时候，也就是医生为患者清理、缝合创口的时候，患者会戴着 VR 头盔玩这款游戏。

医学研究人员对《冰雪世界》做了临床试验。他们了解到，这款 VR 游戏让痛感减弱了 30% ~ 50%。事实证明，对于最严重烧伤患者的疼痛和整体不适，这款游戏有着比吗啡更强的影响。[1]

而且,《冰雪世界》的玩家几乎能够完全忽视残存的疼痛。他们反馈说，只有 8% 的时间能自觉地意识到疼痛。传统的烧伤治疗中，哪怕是服用了安全范围内最大剂量的阿片类药物，患者一般也会说，100% 的治疗时间都感受到了难以忍受的剧痛。

患者发现，只是玩着《冰雪世界》，他们就能够在 92% 的时间里控制自己的所思所感。于是，医生们发现，依靠游戏，他们能减少用药剂量，同时明显地改善疼痛管理。而且，游戏的益处不仅限于心理方面。患者感到的疼痛减轻后，医生们能够采取更积极大胆的创口护理和治疗方案，这可是能加快恢复、减少医疗费用的两个因素。最重要的是，患者感觉自己控制力更强了，痛苦更小了。[2]

一款电子游戏究竟是怎么带来这么明显的改变的?《冰雪世界》的创造者亨特·霍夫曼(Hunter Hoffman)博士和戴维·帕特森(David Patterson)博士在科学论文里介绍该游戏的积极影响时，将原因归结到了一种早就得到验证的心理现象上：注意力焦点理论。[3]

根据这一理论，人的注意力就像聚光灯。在任一时刻，大脑只能够处理、吸收数量有限的新信息。所以，你一次只能专注于一个信息源，从而忽视其余信息。这样一来，无处不在的信息就会不断争夺你大脑的注意力，包括视觉、听觉、味觉、嗅觉、思考以及生理感觉。

这跟疼痛有什么关系呢？疼痛神经传来的信号只是诸多竞争的信息流之一，但这是一条特别强势的信息流。你的神经将信号发送到大脑，让你知道自己受伤了，这可是非常重要的信息！在未经干预的情况下，相较于其他信息源，你更容易将注意力聚焦在这些疼痛信号上，这完全是合情合理的。

但你对疼痛信号并非无能为力。事实上，如果你学会控制自己的注意力焦点，就可以让大脑不去处理疼痛信号。

对烧伤患者来说，《冰雪世界》的作用就在于此。为了不让疼痛信号变成对疼痛的有意识觉察，患者需要把注意力聚焦到别处去。怎么做呢？我们可以故意把大脑所有的处理能力引导到一个挑战性尽可能大、信息含量也尽可能丰富的目标上。游戏，尤其是包含了丰富 3D 图像的虚拟世界，完美地满足这一条件。这样的游戏需要大量积极主动的注意力，患者根本就没有额外的认知资源可用于处理疼痛。

科学家们使用功能性磁共振成像（fMRI）技术观察《冰雪世界》玩家们的大脑活动，观察结果印证了上述说法。借助磁共振成像技术，研究人员可以看到大脑里的血液流到了什么地方，大脑区域血液越多就越活跃。在《冰雪世界》研究中，fMRI 的画面显示，在与疼痛处理相关的所有 5 个大脑区域，血流量都减少了。这一数据表明，玩家们不仅更好地应对了疼痛感，而且积极地阻止了大脑投入资源去处理疼痛信号。[4] 没有认知资源，就没有疼痛。

这就是《冰雪世界》技术核心上的真正突破之处：游戏不仅让人分散了痛感，而且会积极主动地防止人觉察痛感。而你可以把这一技术应用到自己的生活当中。

你大概永远不会体验到像烧伤患者那么剧烈的身体疼痛，但现在你知道，如果你发现自己处在疼痛当中，你可以选择不去关注这些来自神经的信号。你可以选择把注意力放到任何你希望的地方。即便你正在经受疼痛，甚至正在遭受苦难，也可以控制自己的注意力焦点，让自己的体验更好一些。

要做到这一点，不一定非要新奇的 VR 头盔。诚然，先进的游戏技术更容易征调认知资源，但对疼痛和游戏的其他研究表明，对于不那么极端的情况，一款简单的手持游戏就能有效阻断疼痛信号了，也就是你在手机或 iPad 上玩的那种。[5]

如果你喜欢与游戏无关的解决办法，就可以选择一切具有挑战性、能顺利让你全神贯注的活动。例如，研究表明，编织和手工制作都需要足够的大脑处理资源，它们也可以有效减缓慢性疼痛。[6]关键是要认识到，你的认知资源由你做主。如果你不想让大脑关注疼痛信号，那就给它一些别的东西去关注。

《冰雪世界》是一项重要的医学创新，但它远远不止于此。它清晰地表明，我们在超越身体感觉方面有巨大的潜力尚未开发。**哪怕我们在经历疼痛，哪怕我们在经受痛苦，仍然可以控制自己的注意力焦点，将自己的体验变得更好。**

正如你将在接下来看到的，电子游戏研究里一次次地重复着这样一个发现：对于自己的感受，我们有着比想象中更大的心理、生理控制力。

你拥有这种力量，它来自你控制注意力焦点的能力，在这么做的过程中，你能够改变自己身体和大脑里正在发生的事情。

让我们现在就练习这种力量吧。新任务来了。

任务 6：别去想粉红色的大象

别想粉红色的大象。不管你做什么，千万别想粉红色的大象。

接下来的 10 秒钟，放下这本书，保证你绝对没有一秒钟在想一头粉红色的大象。开始！

10……9……8……

你在想粉红色的大象吗？你当然在想，哪怕我跟你说过别去想。好在这并不是你的任务，至少现在不是，除非你掌握了一套具体策略来控制你的注意力焦点。

“别想大象”或者“别去想熊”，是认知心理学里最常用到的一个练习。它由哈佛大学教授丹尼尔·韦格纳（Daniel Wegner）设计，不久后经加州大学伯克利分校教授乔治·莱考夫（George Lakoff）推广流行。它是个很简单的设想：一旦你在某人的意识里唤起了一个概念，对方基本上无力阻止。虽然你在指示里说，不要去想一头有着庞大身躯、耳朵耷拉的灰色或粉红色哺乳动物，但大脑却无法奉命行事。“大象”这个词召唤出了大象的形象，你无论如何都没法打消它。[7]

现在，我们要尝试一个不同的实验。我希望你继续努力别去想粉红色的大象，但我会为你提供一套好用的策略。

怎么做：这一回，你要控制自己的注意力焦点，把你的认知资源放在一项花心思的挑战性任务上。

为了不让粉红色的大象继续调用你的注意力，我要你想象两个大写字母:P 和 E，也就是粉红色大象“pink elephant”的缩写。P 和 E。明白了吗?

你可以把单词写出来，如果你觉得光是想更容易，那也行。扳着手指一个个地数，或是在心里默念。

如果你能在 60 秒里至少想出 10 个以上同时包含 P 和 E 的单词，很好。如果你能想到 20 个以上，了不起。如果你能想到 30 个以上，那你在这方面就算是高手了，在世界范围内都可谓佼佼者。请至少以想到 10 个单词为目标，这么做的时候可别想粉红色的大象。开始!

好了，现在我希望你能注意到两件事。

1. 在完成这个花心思的棘手任务期间，你是不是能更轻松地不再想粉红色大象了？我希望如此。你的得分越高，在脑海里彻底屏蔽那头傻乎乎动物形象的可能性就越大。

如果你不喜欢自己的得分，或者你无法阻止粉红色大象占据你的思想，就用 S 和 B（超好“SuperBetter”的缩写）这两个字母再试一次!

2. 等你回过头来再读这本书的时候或者在今天剩下的时间里，看看以下哪种情况更可能发生：你是不停地想到一头粉红色大象，是偶尔才想到，还是时不时地又蹦出一个同时包含了 P 和 E 的单词？如果你和大多数人一样，你就有更大的可能会闪回拼字游戏，而不是想起大象的样子，这是因为你的注意力焦点更容易飘到调用认知资源更多的事情上。一定要记得观察接下来的几分钟、几小时里会发生些什么，看看它在你身上是否成立哦!

任务完成：要是你发现这个拼字游戏能有效地控制你的注意力焦点，

那就恭喜了。这下，你的工具包里有了新的工具可以用来屏蔽无关的想法、感觉或生理感知了。有空就随便找两个字母试试，练习更快速、更有效地调转注意力焦点。

纯粹为了好玩：请看下面的脚注，这里有 20 个你可能已经想到的包含了 P 和 E 的单词！①

正如你开始明白的那样，研究人员也已经弄清了人们改善自己注意力焦点的种种方式。让我们来看看，通过掌握这一重要技能，你还能发展哪些心理和情绪复原力，比如避免创伤、对抗欲望、屏蔽焦虑、治疗抑郁症的力量。

《俄罗斯方块》，防止闪回

我敢保证，就算你没玩过，也肯定见过《俄罗斯方块》这款方块不断往下掉的游戏。据估计，这是有史以来玩家最多的电子游戏，至今已有超过 5 亿的玩家。

虽然《俄罗斯方块》1984 年就问世了，可直到最近研究人员才意识到，它能带给我们的不只是消遣。尤其值得注意的一点是，它能够帮助我们更快地从创伤性事件里恢复过来。

创伤后应激障碍是一种人在看到或经历过可怕或悲剧事件之后可能患上的心理疾病。创伤后应激障碍的标志性症状是反复闪回。创伤性事件过后数月甚至数年，讨厌的侵入性记忆总是突如其来地出现，它扰乱睡眠、触发恐慌、造成严重的情绪困扰。这些闪回通常具有强烈的视觉元素。有人在意识之眼里反复“看到”创伤性事件，就好像它们真的再次发生似的。心理学家认为，这些闪回是创伤后应激障碍带给人最大压力且难以治疗的一种症状。

但如果不把闪回当成不可避免的创伤症状来治疗，而是一开始就尝试阻止它们出现，结果会怎样呢？认知科学家发现，在创伤性事件发生 6 个小时之后，记忆才会最终形成。这就让一些研究人员产生了一种想法：创伤发生后的最初 6 个小时里，我们

① people，preach，happen，pamphlet，prairie，prayer，apple，yelp，rope，dampen，patent，prehistoric，petal，penumbra，pennant，sniper，eclipse，epicenter，spine，rapture，empty，prince，poke。

能不能做点什么，抑制大脑形成引发闪回的那种视觉记忆呢？

的确有办法。你可以玩《俄罗斯方块》。

2009—2010 年，牛津大学的一支精神科医生团队完成了两项研究，表明在看到创伤性影像后的 6 个小时里玩《俄罗斯方块》有助于减少创伤性事件的闪回。事实上，它的效果非常好，牛津大学的研究人员甚至提出，只要玩上 10 分钟的《俄罗斯方块》，就能有效地形成针对创伤后应激障碍的“认知疫苗”。创伤性事件发生后尽快玩游戏，能明显降低承受严重创伤后压力的概率。[8]

牛津大学的研究人员是怎么弄清这一切的呢？正如你所想，在实验室里研究创伤并不容易。研究人员如果为了研究受试者的创伤后反应，就对他们做可怕的事，这可不行。因此，牛津团队采用了一种在其他创伤研究里经过了测试和验证的实验方法。

> 在实验室里把受试者召集到一起，给他们看一系列极端血腥、残酷的死亡、受伤图片。相信我，那些图片你会但愿自己这辈子都没有看过。然后，研究人员测量了受试者对这些图片的情绪反应，确保人们真正心烦意乱、备受困扰。
>
> 随后，一半的受试者玩 10 分钟的《俄罗斯方块》，另一半受试者不做什么特别的事。结果，研究人员发现：到了下一个星期，没做什么特别事情那一组的大部分人报告说体验到了多次可怕的视觉闪回；而玩了《俄罗斯方块》的受试者中出现闪回的人仅为前一组人的一半。一个星期后，两组受试者都接受了心理调查，玩了《俄罗斯方块》的受试者出现的创伤后应激障碍症状明显少于没玩的人。

玩 10 分钟的游戏为什么能预防闪回和创伤后应激障碍症状呢？牛津研究人员解释说，《俄罗斯方块》占据了大脑的视觉处理回路，挤掉了创伤后通常会出现的画面，即那些不由自主出现的一次次回忆或重放的创伤。它的原理类似于用来阻断疼痛的《冰雪世界》，只是更具针对性。如果要干扰创伤带来的不由自主的视觉记忆，你就必须把注意力焦点转到其他需要大量视觉关注的事情上。

但是牛津大学研究人员发现，不是所有电子游戏都能成功“劫持”视觉处理中心。它必须是一款需要大量持续视觉关注的游戏，《俄罗斯方块》《糖果粉碎传奇》这一类模式匹配游戏最为理想。游戏中，你的目标是按照图像模式去移动、连接游戏中的物体。这一类游戏需要调动大量视觉资源，玩家们经常报告说会看到游戏画面的闪回。他们一闭上眼睛，就看到彩色的方块落下或是配对的糖果交换位置，哪怕他们已经打完游戏好几个小时了。但如果你玩的是不太运用视觉的游戏，比如拼字游戏或问答游戏，这种技术就没效果了，因为你的大脑仍然有太多的视觉资源可用于投入再现创伤性画面。[9]

牛津大学的研究还有一个重要细节：玩《俄罗斯方块》并不会阻止人们主动回忆自己所看到的细节。一个星期后，研究人员向受试者提出这样一些问题，比如“淹死的人头发是什么颜色”或者“担架上的妇女多大年纪”，《俄罗斯方块》玩家们对细节的回忆准确度与没玩它的小组一样高。他们的记忆完整无缺，只是不受其烦扰。

这一点非常重要，所以我要再说一遍：《俄罗斯方块》技术并不会抹掉人的记忆，而是阻止不自觉回忆这一认知过程。**它让你对记忆有了控制权，当你不愿去想的时候，你就能不想。**

牛津的研究人员并未继续跟进这一初步研究，继续调查现实背景下这一技术的效果。然而，由于他们 5 年前在科学会议和媒体中公开了相关工作，学术圈之外的许多人都有了学习、尝试的机会。我自己也正在着手研究人们怎样借助游戏变得更强大、痊愈得更快速，我听很多人说起曾在生活里成功运用了《俄罗斯方块》式干预。

> *一位跑步爱好者碰上了 2013 年波士顿马拉松爆炸案，她担心自己之后不敢再参加公路赛跑；挪威的一名高中生在 2011 年的大规模枪击事件里失去了朋友，他脑海里不断回放媒体直播的画面；还有一名女性，她父亲在临终时很不安宁，她希望自己不再看到相关的闪回。*

我从这些人口中听说的情形是：他们在创伤性事件发生后的几个小时、几天甚至几个星期中玩了不长时间的游戏，因而得以控制意识世界里的所思所见。这种控制力不仅有助于限制闪回，而且带给他们一种安慰和力量感。

让我们从一个更大的视角来看待这项《俄罗斯方块》研究。防止闪回的力量可能会帮到所有人，甚至是并未直接卷入创伤性事件的人。我们经常在媒体里看到暴力或事故的创伤性影像，孩子们有可能因为这些图像感到特别不安。但快速地来上一轮视觉元素丰富的游戏，他们就能免于噩梦和回忆的侵袭了。

《俄罗斯方块》技术还有望改变你对普通负面事件的应对方式。如果你有一天过得特别不安宁，或者总是情不自禁地回想某件出了错的事，你就可以激活这一游戏能力。

你可以又快又简单地停下不自觉的想法。这种即刻控制当前回忆的力量，能确保你在需要的时候选择真正放下过去艰难的时刻。

如果想在日常生活中应用《俄罗斯方块》技术，还有一种更叫人惊讶，同时也有望改变生活的方式。想弄清究竟吗？快来试试这桩快速任务！

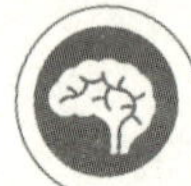

任务 7：控制意识之眼

怎么做：回想一种你经常渴望的事物，就是那种你一旦开始想，通常就无法抗拒的事物。淋漓尽致地想象它，尽你所能地生动想象自己正在享受它。你想到什么具体的渴望之事了吗？很好。

如果你现在已经感觉到了渴望，我想要你马上玩一局《俄罗斯方块》或者类似的模式匹配游戏，玩上 3 分钟。照做的话，你将有能力更好地成功抵挡渴望。

原理：多项研究表明，在感受到强烈渴望时玩 3 分钟的《俄罗斯方块》，能将渴望强度削减 25%。[10]

25% 听起来似乎并不太多，但渴望强度下降 25% 已足以改变人们的行为，足够让你提升意志力并与之对抗了。如果你玩《俄罗斯方块》时饿了，玩完以后仍然饿，但你屈服于一种不健康渴望的概率降低了，因此有更大的可能对吃什么做出明智的选择。

这种抗渴望策略发挥作用的科学原理，跟使用模式匹配游戏防止闪回和创伤后应激障碍的策略完全一样。研究表明，渴望有着非常强烈的视觉构成元素。你越是在精神上想象自己在享受渴望的东西，就越容易放弃对渴望的抵抗。为了抵抗渴望，你只需要让大脑的视觉处理中心去做些别的任务，渴望就明显被削弱了。[11]

玩什么：你可以在网上、在智能手机和平板电脑上找到无数免费的模式匹配游戏。如果你从来没玩过此类游戏，最容易上手的就是《俄罗斯方块》、《宝石迷阵》(*Bejeweled*)和《糖果粉碎传奇》。最后这一款游戏是我 67 岁的老妈这辈子玩的头一款电子游戏，她自学了不到一分钟就上手了。

如果你不想玩电子游戏，有一款名叫《形色牌》(*SET*)的模式匹配纸牌游戏，对闪回效应也有着同样强大的效果。你可以在亚马逊或 Setgame.com 网站上找到它。最后，部分《超好》玩家报告说，玩拼图游戏也是一种控制视觉注意力、回避渴望的有效方式。

《超好》玩家的故事：准新郎和新娘

乔和艾丽莎决定结婚的时候，他们彼此承诺要在婚礼举行前成功戒烟。

大日子之前的几个月里，这对来自密歇根州的伴侣用起了戒烟贴，帮助自己在工作时抵挡渴望。但乔告诉我，等他们晚上回到家，反而更难避免重返陋习。

“工作上有那么多事要做，戒烟贴就够用了。可回到家，要做的事情少了，我们就真的会动心。我们随时随地都想着来一根。”

多亏了尼古丁替代疗法，他们的生理烟瘾已经受到了控制。但他们的心理欲望还没有受到控制。他们不停地想象自己抽烟，想象那感觉有多美妙。真正成问题的就是这些心理意象。

游戏化的解决办法会不会有用呢？乔和艾丽莎决定培养一个新习惯：拼图之夜。每天晚上吃过饭以后，他们都会坐在餐桌边，一起拼一幅巨型拼图。

“这太适合我们了，”乔对我说，“拼图之夜不抽烟。”它的效果好到让两人在婚礼之前每晚都玩。两年后，这对结了婚的幸福夫妇始终没重染烟瘾。

拼图之夜还为这对准新人带来了另一个惊喜：一夜又一夜地合作拼图提高了他们沟通和解决问题的技能。“我们变得很擅长以团队形式合作解决难题。”对预备结婚的小两口来说，这可真不坏！

乔和艾丽莎的创造性解决方案颇有远见。2014 年，美国癌症协会（American Cancer Society）、美国布朗大学和纽约州立石溪大学 (Stony Brook University) 共同组建的一支研究小组发现，正在戒烟的烟客跟伴侣玩双人合作游戏能够减少他们对抽烟的渴望。fMRI 扫描显示，合作玩游戏和解谜题与尼古丁一样，点亮了大脑的奖励中心。科学家们认为，这一证据表明，社交游戏和拼图解谜能够为烟客在最渴望奖励感的时候提供一条替代神经通路。[12]

换句话说，用玩游戏来改变行为相当于一手左右开弓的狠招。首先，它完全耗尽了大脑的视觉资源，让你得以控制自己的思想和心理渴望。其次，它带给你一种愉快的神经化学奖励，跟你从香烟、饼干或者其他任何你想要的东西那里得到的一样。既然你已经深深地沉浸在游戏带来的满足感中，哪儿还顾得上要香烟和饼干呢？

这支研究小组最后还得出一项科学发现，乔和艾丽莎大概也不会为此感到惊讶：谈恋爱也会激活相同的奖励通路，从而抑制人对食物、酒精和药物的渴望。[13] 研究人员指出："热烈的爱情对渴望来说就像是灭火器，什么渴望也抵不上这个。"

这个故事的寓意是：如果你想戒掉什么事物，只要去拼图、解谜题就行了，谈恋爱也行。如果你运气好，不妨就跟乔和艾丽莎一样，两样同时做。

SuperBetter

读到这儿，你应该看明白了：在现实生活里，有目的地控制自己的注意力是有种种好处的。相较于其他活动，为什么游戏是如此有效的注意力控制手段呢？为了探索这个问题，让我们先去看看玩游戏能培养的另一种优势，那就是游戏屏蔽焦虑的能力，哪怕当事人置身于压力重重的情境中。

《超级马里奥》，扰乱焦虑循环

手术很可怕，对小孩子来说尤其如此。过去的 25 年里，医生们测试了几乎所有想得到的方法，减少孩子在手术时的焦虑。他们测试过强效药物，他们让父母在孩子接受麻醉以及从麻醉中醒来的时候拉着孩子的手，他们甚至还在手术室里测试过小丑。

什么东西效果最好呢？不是小丑，也不是父母或者药物。获准在手术前玩掌上电子游戏，比如任天堂的《超级马里奥》的孩子，几乎不曾体验到任何焦虑。这些孩子在手术后从麻醉中醒来时感受到的焦虑也不到接受药物的孩子的一半，而且这样做全无药物副作用。[14]

这是另一个值得大书特书的科学发现：**"普通的电子游戏比大多数抗焦虑药物更能**

有效地防止焦虑。” 但游戏是怎么发挥作用的呢？新泽西医学院（New Jersey Medical School）麻醉部门的研究团队认为，认知消耗起关键作用，就跟《冰雪世界》《俄罗斯方块》技术一样。在手术到来之前通过把焦点放在其他事情上，小病人们得以免于不安或恐慌。

考虑到注意力焦点理论，这个假设完全合乎情理。焦虑，就跟疼痛、创伤性记忆和渴望一样，需要有意识的关注才能发展、推进。主动去思考有可能出问题的事情会助长焦虑情绪。恐惧是对出了差错的事情的即时响应；反过来说，焦虑是对未来有可能出错的事情的预期。我们越是生动地想象糟糕的事，就越焦虑。

生理感觉也对焦虑有着推波助澜的作用，比方说，咖啡因会导致心跳加速、手心出汗，突然的惊喜可以触发肾上腺素陡增。如果我们注意到这些身体感觉，就有可能去想某件值得紧张的事情，从而导致彻底的焦虑，甚至恐慌。但如果不去有意识地编出一个“马上要出岔子”的故事，这些症状就只是生理感觉罢了。只有当我们主动开始想象未来会发生可怕的事情，它们才变成焦虑的情绪感觉。这样的想象可以引发更多生理上的变化，比如更多的肾上腺素，甚至更快的心跳，这令我们阐释出更多担忧的原因。这样周而复始，形成了焦虑的恶性循环。

研究表明，玩游戏能阻止我们去想象有事情会出错。游戏打破了注意力循环。就算我们在玩游戏的时候感到了焦虑的生理症状，也会因为游戏而无暇他顾，无从主动设想糟糕场面。没有紧张的想象，就没有焦虑。

在某些情况下，焦虑也可以是一种有益的情绪。它提醒你当心潜在的问题，让你趁着现在有时间、有能力去采取措施避免该问题。比方说，如果你为即将到来的考试或陈述感到焦虑，它或许就是有益的，因为它提醒你多复习、多演练。出于这个原因，你不应该随时都想着屏蔽焦虑。然而，对大多数人来说，大部分情况下，焦虑并不会带来有益的活动。相反，它只会制造不必要的痛苦，甚至妨碍我们采取有益的行动。这里有一条经验规则，方便你判断什么时候该采用游戏技术来避免焦虑：**如果焦虑并未帮助你确认该采取哪些具体的积极步骤，而只是制造困扰，那就玩一局游戏。同样，如果焦虑试图告诉你别去做某件你真心想做、需要去做的事情，比如搭乘飞机、进行现场陈述、参加社交活动，那就赶紧玩几分钟游戏屏蔽它。**

游戏处方

一切形式的消遣都可以用来扰乱焦虑循环吗？事实证明，并非如此。研究表明，其他避免儿童术前焦虑的类似尝试作用有限，甚至毫无作用。经过测试，在手术室里，漫画书、音乐、动画片这些分心的消遣都不如游戏效果好。[15] 为什么呢？因为它们没有产生同等水平的认知消耗。

玩游戏的时候，我们不只是把注意力放在游戏上，我们投入的是一种特殊质量的注意力，它叫作“心流”。

“心流”指的是认知完全投入到一种活动当中的状态。它不是单纯的消遣或参与，而是全神贯注。它让人完全投入手头的挑战，精神振作、全力以赴。在心流状态下，你失去了时间感，甚至失去了自我意识。你体验到了对活动的“深度聚焦”，对其他的想法或情绪都无法再产生有意识的觉知。[16]

20 世纪 70 年代，美国心理学研究人员米哈里·希斯赞特米哈伊①第一个确认了心流，认为它是一种非常积极甚至最优的心理状态。[17] 只要满足合适的条件，有很多方法都可激活心流状态。如果我们有着明确的目标，要执行一桩具有挑战性的任务，我们本身又掌握着足够完成挑战的技能，或至少技能水平足够接近，让我们有动力反复尝试做得更好，心流就会出现。例如，人们在弹吉他、烹饪、跑步、做园艺、做复杂的数学运算、跳舞等活动里，都发现了心流。不过，跟快速上手的电子游戏相比，这些活动在压力重重的背景和日常环境下不见得便于开展，在马上要动手术的手术室就更不可能了。此外，希斯赞特米哈伊最初写到心流现象时，也认为游戏和玩耍是最典型的心流活动。

出人意料的是，很多我们认为足以让人分心的休闲活动，比如看电视或电影、听音乐，甚至阅读，通常都不会带来心流状态。[18] 这些活动或许很让人愉快，能让我们的思路从问题上转移，但一般而言却不具备诱发心流所必需的挑战性和互动性。这是一点很重要的认识，因为很多人很自然地借助放松活动来应对压力、焦虑和疼痛。但心流研究表明，相较于被动的放松活动，富有挑战性的互动任务其实让我们对自己的所思所感更有控制力。

---

① 米哈里·希斯赞特米哈伊（Mihaly Csikszentmihalyi）的著作《创造力：心流与创新心理学》已由湛庐文化策划，浙江人民出版社出版。——编者注

跟其他活动相比，只有游戏能够帮助我们对焦虑和别的情绪施加更强的控制力。游戏给我们设定了明确的目标；它们需要集中注意力和努力才能成功；再加上，电子游戏有着几乎持续不断的反馈，能够帮助我们改善表现。一旦我们提高技能，游戏也会提高难度，令我们总能得到充分的挑战。电子游戏是达到心流状态极为可靠而有效的途径，科学家们想在实验室里研究心流现象时，大多都会叫参与者玩游戏。[19] 据我们所知，还没有哪种活动能像玩电子游戏这样迅速地在大量人群中制造出心流。一旦我们置身于心流状态，就完全控制了自己的注意力焦点。

如果你为自己创造心流，就不仅能屏蔽疼痛、焦虑等负面感觉，而且能主动创造更佳的心理和生理健康。

东卡罗来纳大学（East Carolina University）心理生理学实验室（Psychophysiology Lab）和生物反馈诊所（Biofeedback Clinic）的科学家们最近完成了 3 项系列研究，衡量玩电子游戏的身心影响。他们感兴趣的是一种特定类型的游戏：休闲电子游戏，诸如《愤怒的小鸟》《单人纸牌》《宝石迷阵》等简单的单机游戏。这种游戏学起来很快，容易暂停，也容易重新开始。它们与心流状态高度相关。[20] 与《魔兽世界》、《劲爆美式足球》（*Madden NFL Football*）等更复杂的游戏不一样，休闲小游戏不需要特殊的电子游戏技能和专业知识，也无须定期投入时间。

世界最大的休闲游戏厂商之一宝开游戏公司（Pop Cap Games）对玩家做了一次正规的调查，并公布了所得结果。这些结果激起了科学家们对休闲游戏的兴趣。原来，77% 的玩家想从游戏中得到某种精神或情绪健康的好处，而不光是解闷消遣。[21] 这些玩家报告说，自己利用休闲电子游戏改善情绪、阻止焦虑、缓解压力，有时甚至将之作为“自我药疗”。

玩家们获得的心理健康好处是切实的，还是幻想出来的？宝开公司希望一探究竟。因此，它和素以生物反馈研究而知名的东卡罗来纳大学联手发起了一个研究项目。研究目标是测量玩家在玩游戏时脑电波、心跳速度和呼吸模式的改变，观察其是否出现与情绪改善、抑郁降低、压力顺应等相符合的生理体征。

东卡罗来纳大学的科学家们为游戏玩家连接上监控设备，从而跟踪情绪和生理复原力的两个具体指标：阿尔法脑波的脑电图（EEG）变化以及心率变异性变化。前者可以暗示你是不安、抑郁，还是整体上情绪良好；后者可反映出你的身体从情绪及生理压力中恢复的速度。

研究小组的第一轮随机对照试验发现，玩 20 分钟的休闲游戏能减少大脑左额叶的阿尔法脑波，它通常暗示情绪的改善。事实上，阿尔法脑波减少的玩家在调查中报告说，自己感觉心情更好了。他们的愤怒、抑郁和紧张明显降低，精力更充沛。对照组只是单纯地上网 20 分钟，脑电图没有明显变化，也并未报告情绪或精力水平有变化。与此同时，游戏玩家的心率变异性也有明显的改善。玩游戏 20 分钟，他们的心脏就能够承受更多的压力，恢复也更快。[22]

这些初步发现很有前景，所以研究小组决定进行一个长期的随机电子游戏研究。在下一阶段的试验中，他们研究了一周玩 3 次游戏、每次 30 分钟产生的影响，这种影响仍然体现在情绪、阿尔法脑波和心率变异性方面。试验参与者在研究开始阶段都处于焦虑、抑郁或两者都有的状态中。试验进行一个月后，他们明显减少在抑郁、焦虑和一般应激水平上的全面感知。他们的阿尔法脑波和心率变异性都有了明显的改善，这也在生理层面上证明了这些被感知的情绪变化。[23] 所以，基于这些研究发现，研究者们呼吁发展更多对这些情绪的干预措施。

不久的将来，心理学家或者医生有可能会开出处方，让患者玩《愤怒的小鸟》减少焦虑，玩《幻幻球》(*Peggle*) 治疗抑郁，用《使命召唤》管理愤怒。实际上，我已经从治疗师和顾问那里频繁地听到他们提出这样的建议！科学也正在接近他们的阵线。2012 年，《美国预防医学杂志》(*American Journal of Preventive Medicine*) 发表文章，通过对 38 个电子游戏随机对照试验做元分析，发现电子游戏有极大概率改善心理健康状况。该文还鼓励研究人员和游戏行业开展更多长期研究，因为对于这一新兴研究领域，此举是必不可少的下一步。[24]

游戏处方并不一定要替代传统的治疗或药物。东卡罗来纳大学休闲游戏研究中的受试者，有 23% 在研究期间继续服用抗抑郁药。游戏对我们健康和幸福的积极影响到底有多深、多广，我们的研究才刚刚开始。目前，甚至在相当长的时期内，我们不妨把这些工具视为常规支持或治疗形式的补充及辅助，而不是替代品。

你可以控制自己的想法和感受

玩游戏并非唯一能实现上述积极身心结果的心流活动。随着你开始着手练习本章介绍的游戏技巧，你会越来越善于发现各种有益的活动，帮自己接通控制注意力的天生能力。

> 比方说，冥想就跟玩休闲游戏一样，有着相当类似的可测生理益处。冥想期间，参与者的挑战是屏蔽其他一切杂念、情绪或生理感觉，专注于自己的呼吸。这其实是一桩相当艰巨的任务，需要你拿出大量的注意力！如果你想试试看，请拿出几分钟时间，静静地坐下来，默数呼吸。一吸一呼，算是一次。看看你能数到多少次，直到你发现有想法、声音或感觉干扰了计数。从零开始，再试一次。争取不受干扰，提高你数得清的呼吸次数，就这么数上 5 ~ 10 分钟。你可以设定高分，运用游戏方式来进行冥想！这很简单！

从生理益处的角度来看，冥想的效果几乎等同于玩休闲游戏。[25] 20 多年的研究表明，冥想能让心率变异性发生明显改善，脑电图变化也跟情绪改善、压力减少相一致。[26] 最近，研究人员进一步提出，心流概念正好解释了冥想期间和之后出现的这些生理变化。[27] 他们认为，冥想的好处直接来自“主动、完全地沉浸在一种努力活动下的状态”。原来，冥想也是一种游戏！

我必须承认，冥想与玩休闲游戏带来的益处在科学上存在联系，这让我大感兴奋。因为很多人已经接受了冥想，认为它是一种重要的有价值的身心健康练习；而玩游戏，却还经常遭人鄙夷，说它是无聊时的消遣，甚至是浪费时间。多亏了研究人员的努力，我们现在知道，游戏不光是好玩而已。我们能够也应该严肃认真地对待它，把它当成让人变得更强大、更快乐、更健康的工具。

《超好》玩家的故事：游戏僧

我在地球的另一面遇到了瓦西里，那是在江华岛的高山上，距离韩国首都首尔有一小时车程。一个周末，我逃离了城市，来到公元 381 年修建的传灯寺，游客们到此了解佛教文化和传统。

那个周末，瓦西里是我们的老师。他高大、英俊，是个俄罗斯人！我可没想过会在韩国的寺庙里碰到这样的和尚！我很快了解到，虽然他是在俄罗斯受戒为僧的，却选择以传灯寺为家，因为他喜欢这片土地的宁静与美丽。

我们这群学员有 20 人，整整两天都在练习佛教冥想、祈祷和诵经的方法。终于，我找到机会坐下来跟瓦西里聊天。我想问问他，对于玩耍和游戏在幸福灵修生活里扮演了什么样的角色，他有些什么看法。我知道，佛陀拒绝游戏，几乎不玩任何游戏，包括各种球类游戏、骰子游戏，甚至“跟踪手指在空中或朋友背上的走向来猜字母”。[28] 但考虑到当代科学对玩游戏在学习控制注意力上给出的积极结论，而控制注意力又是佛教修行的主要目标，我想知道，佛寺到底容不容得下游戏。当时，我可真有点冒失。

瓦西里最初向我解释说，佛陀拒绝游戏的理由是，它们“浪费时间”。担心游戏浪费时间？显然，过去 2 500 年来，这个观点没太大的变化！按照佛陀的看法，问题在于游戏让玩家分了心，不去追求开悟这一更加重要的事业。瓦西里认同这一担忧，还劝说我别用游戏“逃避现实”，要活在当下。

但随后瓦西里压低了声音，对我说了几句话，叫我大吃一惊：“其实，我每天晚上都玩《愤怒的小鸟》。”他有点不好意思地解释说：“我们打坐好几个小时，诵经好几小时，可还剩下好几个小时。”他不认为自己玩游戏是在逃避：“尤其是晚上疲倦的时候，玩一小时《愤怒的小鸟》能让我保持专注，平复思想。它是技巧练习，而非逃避方法。”

这可是一个在佛教实践上训练多年、掌握了一些有史以来最强大注意力控制技术的人。就连精通种种复杂冥想、呼吸和诵经技术的他，也决定把电子游戏融入日常仪轨！

距离遇到瓦西里已经快 3 年了，但每当掏出手机想快速地玩一局《愤怒的小鸟》，我就会想起他。我想象他穿着僧袍，在韩国最古老的寺庙里，坐在蒲团上冥想，并跟我置身相同的虚拟空间，用弹弓弹着同样可爱的鸟儿，享受着控制注意力焦点的宁静体验。

SuperBetter

从《冰雪世界》《俄罗斯方块》到《超级马里奥》《宝石迷阵》，治愈性电子游戏教给我们重要的一课，它的意义远远超出了虚拟世界：你在心理和情绪上都比你意识到的更强大，尤其是在面对压力、创伤和疼痛的时候。你可以控制自己的注意力焦点，从而控制自己的思想、情绪，甚至生理感觉。

解锁技能：为什么你比自己想象的更强大

- 控制注意力焦点是一项你原本就拥有的无形超级武器，可以帮助你对抗压力、焦虑、抑郁和疼痛。
- 游戏帮助你发现并练习这一力量，让你在最艰难的现实条件下都能运用它。
- 为了防止创伤性闪回、遏制欲望，不妨把注意力焦点转到其他极占视觉资源的东西上，比如《俄罗斯方块》和拼图游戏。
- 为了屏蔽疼痛和焦虑，不必试着放松。相反，要把注意力集中到一切能诱发心流的活动上，即能够挑战你、要你主动付出努力的事情。
- 如果你需要迅速把注意力从不必要的想法或感觉上扯开，可以玩一个双字母词语游戏，即尽量多地列举出同时包含了两个指定字母的单词。
- 每周做 3 次“深度聚焦”活动，如玩休闲游戏、冥想，每次 30 分钟，这可以改善你的情绪、减少压力，还有助于缓解抑郁。它还会改善你的心率变异性，这是生理复原力最出色的一个测量指标。
- 玩游戏不是浪费时间，无须为之感到内疚。这是一个讲究技巧的有目的的活动，能让你直接控制自己的想法和感受。

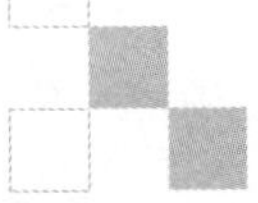

第 2 章

你身边都是潜在的盟友

你的任务

发现有多少人随时随地愿意帮助你解决问题。

如果你身边全都是随时随地愿意帮助你解决问题的人，那会是什么样的情形呢？你能够取得更多的成就吗？你会拥有更大的上进心吗？你本就拥有这样的力量。你可以把几乎所有人都变成盟友，哪怕是陌生人和自认为不喜欢你的人，你只需要跟他们玩一局游戏就成。

本章，我们要探索游戏的独特性质，了解它们何以成为巩固现实人际关系、发现与他人共同点的完美平台。你会看到，和别人玩游戏之后，游戏带来的益处是怎样长久持续的。此外，你还将学习到一些实际的策略，把我们在游戏中的积极互动方式带入日常生活的其他角落。

《刺猬大作战》，强化社交纽带

《刺猬大作战》（*Hedgewars*）是一款可爱而有趣的电子游戏，即使标题里带着“作战”两个字。玩家要用这一支粉红色的刺猬部队在星际空间作战。它类似于《愤怒的小鸟》，但挑战性更强，飞出去的不是小鸟，而是多刺的哺乳动物。这款游戏简单易学，可以在所有的手机或者个人电脑上玩。赫尔辛基大学（University of Helsinki）的研究人员最近发现，它对我们的身体和大脑都有强大的影响。

如果两个人在同一房间里玩《刺猬大作战》，他们会体验到米切尔·索维亚夫-斯佩普（Michiel Sovijarvi-Spape）博士和尼克拉斯·拉瓦亚（Niklas Ravaja）博士所称的“神经-生理连接”（neurological and physiological linkage）。[1] 两名玩家开始做出相同的面部表情，他们同步微笑、皱眉，心率呈相同的节奏，呼吸模式也同步。最惊人的是，他们的脑电波同步了，神经元开始彼此“镜像”，这样一来，他们互相就能预料对方下一步会做什么。所有这些变化，只要玩几分钟游戏就会立刻产生。

出乎人们的意料，两名玩家不管是协作还是竞争，都会产生这种同步现象，你认为自己的玩伴是队友还是对手竟然无关紧要。只要你们一起玩《刺猬大作战》，两人的精神和身体就近乎完美地和谐运转起来。

研究人员为什么认为这类生物联动有意思呢？原来，心理学家们最近发现，面部表情、心率、呼吸和神经活动这4种类型的同步，跟同理心的增强、社会纽带的巩固密切相关。我们跟别人越是同步，就越喜欢他们，也越有可能在未来帮助他们。[2]

果然，在事后所做的调研中，《刺猬大作战》的玩家们的确报告说，感觉彼此产生了高度的移情和连接，并且跟他们玩游戏时是合作还是竞争没有关系。

《刺猬大作战》在这方面并非特例。事实上，有一项研究做了更大范围的考察，两个人在同一物理位置同时玩任何一款游戏，都会产生相同的“心灵融合”和身体同步，从而为游戏结束后建立更强、更积极的关系奠定了基础。[3]

游戏为什么能这么迅速有效地触发身体和精神的连接呢，还有其他什么事能实现类似效果吗？让我们到同步科学里去深入地看一看。

人类随时随地都不自觉地互相镜像、模仿。我们走在一起时，会步调一致；我们自然而然、不假思索地回应别人的微笑；我们调整自己的肢体语言，匹配我们喜欢的人的姿势；而且它不是一对一时才会发生的现象。在体育赛事和音乐会上，我们也会跟其他粉丝做出相同的面部表情和一致的行动，从而使整个人群都产生个体间的生物联动。[4]

而且，不是所有的同步都是视觉可见的。比方说，研究表明，母亲抱着宝宝时，心跳与孩子是同步的。[5] 如果好朋友对你讲他这一天里的经历，你会体验到科学家称之为“神经耦合”（neural coupling）的现象。你会主动镜像朋友的大脑活动，就好像你自己也经历了他描述的事情。[6] 想想看，这事儿可不简单，因为你的大脑把发生在朋友身上的事情当成发生在你本人身上的那样处理。

为什么这种自发形成的生物联动这么普遍呢？科学家们认为，如果没有它们，人类就无法生存，更别说成功实现社会互动了。

为了与他人互动，我们必须有能力理解他人。他们在想什么？他们的感觉如何？他们将采取什么样的行动？他们是想伤害你，还是帮助你？但解读别人的思想或猜测他们的感觉并非易事。事实上，要做到这一点，我们唯一的办法是在自己的意识和身体上重建别人的想法与感觉。想想这个例子：

> 一个陌生人对你微笑。他的意思是向你问好，还是要伤害你？你不由自主地报以微笑，那是与他献给你的同样的笑容。你的微笑可能稍纵即逝，也许只持续一微秒，几乎无法察觉，但现在你的大脑了解了这位陌生人的意图。它知道你刚才还给对方的微笑是热情的还是真诚的；是通常你对着好心人才做出来的那种笑容，还是对着不喜欢的人做出的苦涩、虚伪的笑容。只有成为他人的镜子，你才能准确地推测对方的意图。

再来看另一个例子：你跑着追上某人，然后开始跟在她旁边走。你自然而然地变得跟她步伐一致，并在此过程中获得了有关她思想状态的重要信息。或许你的步伐比平常更大更快，你从身体上开始察觉到她的紧迫感。或许你发现自己很放松，走路速度比平常慢，你开始感到跟同伴一样的平静。通过不自觉地模仿她的身体运动，你突然就能接入她的情绪了！

我们每天都会不假思索地像这样同步数百次。越频繁这么做的人，在同理心和社交智力方面的得分往往越高。这是因为你镜像、模仿得越多，就对你周围的人越了解。

这就只剩下一个重要的问题需要回答：我们模仿、镜像别人的时候，为什么会更喜欢对方？这就不仅仅事关更好地理解他人了。无数的研究表明，对于跟我们同步的人，我们更亲近、更喜欢、更可能给予帮助。何以如此呢？

科学家推断，同步在两人之间创造了积极连接的“良性循环”。[7] 它有助于我们彼此更好地理解，让我们的社交互动更顺畅，因此也就让我们更乐于在将来再次彼此互动。研究显示，当我们从生物性上同步起来，我们一起做事时也更有效率，因为我们能够更好地预测对方的行动。一起体验过成功，让我们有更大可能在将来彼此帮助。与此同时，我们天然地更喜欢感觉跟自己相像的人。所以，如果我们不自觉地注意到有人在镜像我们，我们便逐渐对其产生了更正面的感觉。我们对某人的感觉越是正面，我们就越是愿意多跟他们在一起，从而带给我们更多机会去同步、强化纽带。

不是所有的同步都会带来积极的情感或更强烈的纽带。如果你通过快速神经连接察觉到别人对你有恶意，你就不会亲近她。跟愤怒、沮丧等情绪产生同步，会带来更多的压力，而非移情。比方说，研究表明，婚姻不幸的夫妇发生争执，会进入同步的恶性循环。[8] 他们越是撕扯，其身体和意识就越是倾向于负面情绪。反过来说，婚姻美满的夫妻在吵架时生物联动反而较少。研究人员推论，他们更擅长迅速镜像、处理伴侣的负面感觉，而无须完全用身体再现。

然而，围绕负面情绪进行同步，可能至少有一个好处。夫妇打架时生物联动增加，兴许可以解释为什么很多人都说，吵架能吵出很好的“性”致来。如果你们逐渐同步，彼此的身体和精神也会变得更加协调。不过，综合方方面面的因素，最大的好处还是来自积极情绪，即兴趣、兴奋、好奇、惊喜等的同步，而这些情绪在玩游戏时极为常见。

游戏带来的社会连接

下一次你与人产生积极的良性循环时，你能觉察吗？这里有一桩任务，旨在即刻提高你的社交智力。

任务 8：爱意检测器

理解了同步怎样运作之后，你便能辨识它。这就好像培养了第六感，你能明明白白地看到关系闪光、连接加强。

我希望你把这种新的第六感视为一种强大的爱意检测器。

怎么做：寻找两个人之间深度生物同步的警示信号。

什么是警示信号呢？当两个人都感到产生了正面连接，他们的肢体语言会逐渐彼此镜像。一个人身体前倾，另一个人也会身体前倾。一个人若有所思地朝右边歪脑袋，另一个人也会照做。一个人跷起二郎腿，另一个人很快也这么做起来。

这种自发的无意识镜像会在各种环境里发生：跟朋友喝咖啡聊天，工作会议和面试，第一次约会，集体聚会。每当你感觉跟某人真的“来电”，它就会发生。

原理：世界顶尖的积极情绪研究员芭芭拉·弗雷德里克森（Barbara Fredrickson）博士称这些镜像时刻为“爱意微瞬间”。她说，每当我们的大脑活动和生物化学匹配起来，就为将来的友谊甚至亲密关系奠定了基础。虽然用爱意这个词来形容这些日常瞬间有点太强烈了，但弗雷德里克森博士的研究表明，我们每次在安全又积极的环境下同步，都会感觉到深厚人际连接的微喷发。我们每一次镜像，都是在练习、巩固我们爱的能力。[9]

或许有人会建议你故意模仿老板或约会对象的身体语言，以求顺势让对方对你产生好感，但我并不推荐这么做。其实，主动觉察镜像的出现要有趣得多，一旦你注意到它，便会感受到这些微瞬间带给你的喜悦。

所以，你的任务是学会运用这种爱意检测器：**在接下来的 24 小时里，留心你周围人以及你自己的肢体语言。**

任务完成：如果你看到肢体语言产生镜像，恭喜啦。你已经检测到爱意微瞬间，完成了这桩任务啦！

如果说人与人之间随时都在产生同步，那玩游戏时出现的同步又有什么特殊之处呢？

就某些方面而言，倒也没什么特殊的，它的原理跟任何社会互动里的同步都一样。因为你和玩家同伴同时把注意力集中在了相同的活动上，所以你们的神经元开始互相镜像。又因为情绪具有传染性，不管是成功通关后的自豪、遇到难关受阻的沮丧，还是因意外结果而感到的惊喜，你们的情绪总在来回传递。伴随着你们一致感受的出现，你们的身体，包括面部肌肉对不同感受的表达以及皮肤的出汗量，也变得一致。皮肤出汗量透露出你们有多兴奋或者多紧张。

所有共同的活动，比如一起看电影、谈话、听音乐，在创造精神和身体连接上都有着类似的潜力。不过，游戏带来的连接强度一般要大得多。

我们在第 1 章中说到，人给予游戏特别的注意力。玩游戏的时候，我们会进入深度聚焦的状态，即心流。相较于精神参与度不那么大的活动，两个人同时进入心流状态的同步更强烈，也更叫人愉快。[10] 同样的道理，我们在玩游戏时一般会觉得情绪更高昂、更兴奋、更喜悦，情绪连接的质量也更高。我们的同步感受越强，精神和身体的连接也越深。

但说到玩游戏同步的真正特别之处，最好的解释还来自心理学家所谓的“心智理论”（theory of mind），简单地说就是，你对别人脑子里想什么有一套准确的理论。你与别人玩游戏的时候，会花大量时间尝试预测他们的下一步行动。不管你们是合作还是竞争，都是如此。你对玩伴的想法建模越准确，你在游戏里就越成功。

玩游戏需要一套远远强于普通社交活动的心智理论。[11] 相较于一起散步、聊天，玩游戏需要更紧密、更持续的同步。游戏里有着许多不可预料之处，因此需要持续地做决定。正是在这种高要求的社交环境下，我们迅速、轻松地建立起神经 - 生理连接。游戏的本质就是如此。

因为玩游戏时同步出现得如此迅速、可靠且深刻，许多玩家认为它特别有助于建立更强烈的社会纽带。**性格内向的人似乎从游戏提供的便捷而有力的社会连接中受益最大。**

现实世界的研究为通过玩游戏达成同步带来的益处，提供了更多的洞见。例如，杨百翰大学（Brigham Young University）家庭生活系的研究显示，经常在同一实体空间玩电子游戏，能增进家长与孩子之间的联系感。[12] 对患有自闭症的孩子来说，多人电子游戏已证明可增强合作、改善家庭社交互动、提高社交智力。[13] 自闭症患儿跟同伴和兄弟姐妹一起玩游戏后，沟通起来更直接、更自信。他们还会给予彼此更多赞美，更频繁地进行积极的身体接触，如击掌庆祝。[14]

如果你本人不是深度玩家，但生活里有亲友是玩家，不妨考虑抽时间多跟对方一

起玩。如果你希望建立一段更亲密、更快乐的关系的话，这兴许就是你能用闲暇时间所做的最富生产力的事情之一。

《超好》玩家的故事：父女密语

安东尼奥是某《财富》500 强企业的资深销售主管，他看起来不像那种有很多时间玩电子游戏的人。他的公司在芝加哥召开异地领导年会时，我碰见了他。他时时刻刻都在接听重要电话，收发电子邮件，为全国各地即将召开的销售会议安排接洽的同事。

虽说我受邀在年会上谈论游戏心理学怎样提高职场积极性和生产力，可和我那天遇到的大多数管理人员一样，安东尼奥似乎更想跟我聊聊游戏在他家庭里扮演的角色。

“我每星期总会预留几个小时和女儿玩游戏，”他告诉我，“这对我来说非常重要，尤其现在她正是个十几岁的小姑娘。我们得一起玩，它有助于保持顺畅的沟通。”

安东尼奥的女儿茱莉亚刚满 13 岁，她近来最喜欢的游戏是《我的世界》（*Minecraft*），这是一款乐高积木式建筑空间游戏，玩家收集资源，按自己的想象来修造建筑。在《我的世界》里，怪物四处漫游，玩家要修造安全的房屋和装甲来保护自己。

显然，《我的世界》带给茱莉亚一种思考现实生活问题并跟爸爸探讨它们的全新方式。安东尼奥说：“就在上星期，我送她去上学，她完全不想进校门。她今年受到了一些同学的欺负，不是身体上的，而是言语上的。她的几个朋友决定不再跟她做朋友，这让她在一段日子里都过得蛮艰难。她真的很苦闷。

“这些事情她平常宁肯跟妈妈说，也不会对我说。但上个星期我们停在学校门口，她转过身来对我说：‘爸爸，你知道我会怎么做吗？我可以穿上盔甲。’我马上就明白了她的意思。当她在《我的世界》里穿上盔甲，怪物、火山岩浆等所有的坏东西都没法伤害她。

“我告诉她，这么想很棒。‘你今天要穿上钻石盔甲，别人对你说什么都无所谓。它会从你身上反弹掉。’她笑着说‘没错’，然后跳下了车。这是件小事，但我们现在有了这样的对话。这就像一套密码，我可以问她今天需不需要盔甲，她知道我的意思，也知道我为她的坚韧感到骄傲。”

SuperBetter

如我们所见，游戏是一种特别简单而有效的创建精神和身体同步的方法。你和别人玩游戏的时候，用不着有意识地去想着镜像或者模仿，因为随着你们共同投入游戏，它自然而然就出现了。但就算没有游戏，你也可以有意识地借助许多其他方法来快速启动生物联动。让我们来做下一桩任务吧。

任务 9：良好同步的力量

如果你想加强与朋友、家人之间的精神和身体连接，只需要建立良好的同步。

怎么做：每天拿出一两分钟时间，让你的行动尽量亲密地配合另一个人。

以下这些简单的方法有助于刺激镜像神经元，同步心率和呼吸。

- 在街区附近一起散步，让你们的步伐在节奏和步幅上尽量一致。
- 一起听一首歌，大家跟着节奏轻轻拍手或者打响指。
- 一起学习一套简单的舞蹈动作，一起表演。
- 紧挨着坐在摇摇椅上一起摇晃或者一起荡秋千，保持同样的速度，至少 90 秒。
- 一同发力，搬运一件重型家具。[15]

散步、拍手、打响指、跳舞、摇摆、荡秋千……它们的原理都是一样的，即通过近乎完美的物理镜像和同步创造生物联动。一起搬运重型家具更像一同玩电子游戏：为了避免家具跌落、碰撞或者砸到自己，你们必须准确地预料伙伴的想法和动作。这种强烈的神经联动和物理镜像一样，刺激了连接、情感和同理心的提升。

获得良好的同步有无数种方法，只需要花几分钟就行。调动创意，大胆创造出你自己喜欢的做法吧。

例子：这里有一些来自《超好》玩家的主意。

- “每天，我去接儿子放学，我们会一起同步走一分钟。他来决定步伐的快慢大小，而我必须跟上他！”

- “每天晚上睡觉之前，我和妻子会轮流挑选一首歌来听。我们不会故意一起动，因为那感觉有点刻意，让人尴尬。但在歌曲结束时，不知什么原因，我们总会无意识地一起点脚打节拍或是一起摇摆。”
- “每当办公室里产生重大分歧，我们就让那些意见不统一的人一起把会议桌搬到走廊再搬回来。我敢肯定同步有帮助，它也打破了紧张的局面，带来了一些幽默感。看到桌子出现在大厅里，人人都知道那是什么意思！”

小提示：你的伙伴并不需要知道同步发挥作用背后的科学道理。但如果你希望让它成为习惯，就给他们一点线索，让他们和你一同分享这一强大的知识。

如果同步活动是你们两人都喜欢做的事情，那就更好了。不要刻意去做，而是把你们的注意力都放在乐趣和挑战上，让同步自然产生。

深度同步，游戏改变关系

能和本就相识的人增强纽带是一种强大的能力，而开始意识到周围的世界里满是你的潜在盟友则是另一种完全不同的超级武器。

有时，为了在生活里获得更多的支持，我们必须到最没可能的地方去寻找。游戏能帮助我们做到这一点，它打开我们的心胸，去和那些平常忽视的人建立友谊。近年来，我最喜欢的一项游戏研究解释了这是怎么回事。

10 多年来，新加坡南洋理工大学（NTU）的社会科学家一直在研究电子游戏对现实生活的影响，他们最近取得了重大突破。他们发现，和陌生人一起玩任天堂游戏《Wii 保龄球》能让你更喜欢那个人，这个结果是可以预料到的，毕竟两个人是在一起做一件有意思的事情，但更重要的是它能让你更喜欢任何一个你觉得能一起玩游戏的人。且容我慢慢解释。

新加坡当下最大的社会问题之一是，年轻人和老年人之间的疏离。根据全国调研，双方很不喜欢彼此，而且会尽量避免待在一起。结果是，新加坡的老年人往往遭到社交孤立，这对他们的心理和生理健康极为不利。与此同时，年轻人则错过了受到老年人教导、关照的大好机会。

游戏有助于解决这一普遍存在的社会问题吗？新加坡南洋理工大学的研究人员做了试点研究，以求寻找答案。他们让大学生和老年人两两搭档，每周见面，至少玩 30 分钟的电子游戏。玩了 6 个星期的任天堂《Wii 保龄球》之后，老年人和年轻人不仅把彼此视为朋友，而且极大地修正了自己对对方整个群体的看法。

一般而言，年轻人认为自己比从前更喜欢老年人了。同时，老年人也大幅减少了与年轻人互动的焦虑。两个群体的人都说，自己更乐意跟来自对方群体的人展开社交互动了。这代表了巨大的心理转变。他们不仅结交了新的朋友，而且开始把所有的老年人或年轻人视为潜在的朋友。

而且，研究的对照组并未出现这一强大的转变。在对照组里，年轻人和老年人每周花完全相同的时间，一起聊天、看电视、做手工。相处 6 个星期之后，他们彼此更加喜欢，但对对方的整个群体还是不喜欢。简单来说就是，他们对跟自己结伴的单个人改变了看法，但对对方所属的整个群体的看法没有改变。在心理上，他们仍然拒绝潜在盟友的整个世界。

现在，你大概猜到了《Wii 保龄球》电子游戏是怎样实现其他社交互动所做不到的事情的：肯定是深度同步在发挥作用。**而且，同步带来的一个特定结果——同理心的增强，尤其有利于扭转偏见、缓和社交紧张。**

同理心指的是设身处地地想象其他人感觉的能力，同时伴有一点同情心。研究表明，我们对一个群体内某个人的同理心提高，一般而言能改善我们对整个群体的看法。[16] 然而，如果我们只是喜欢该群体内的某个人，但对他们的同理心并未提升，我们对整个群体的看法仍会保持不变。

我们跟自认为不喜欢（因为对方的年龄或者其他偏见因素）的某个人一起玩游戏时的情况就是如此。**如果我们对同伴玩家的同理心提升了，那么对每一个能让我们联想到该玩家的人的同理心就都提升了。**

为了对其他人产生更多的同理心，人们必须在安全的环境下展开积极的社交互动。如果你怀着负面的想法或感受，就不可能出现同步。事实上，研究表明，对他人所属群体的强烈偏见和厌恶，会阻止我们体验到神经联动。[17]但游戏在这方面同样存在优势。南洋理工大学的研究人员推断，游戏的均衡性令人更容易建立连接，哪怕存在社会压力、焦虑或不信任。

玩游戏的时候，我们身处同等条件、同等地位。我们答应彼此，遵循相同的规则、追求同一目标、公平地对待彼此，而且我们信任对方会照做。我们把对方当成配得上自己的对手，而不管我们在游戏之外有着什么样的社会地位。

我们在游戏里体验到的地位平等和相互信任虽然是暂时的、有限的，却让我们跟平常相处时会感到焦虑甚至会彻底回避的人进行社交互动时感到更安全了。弄清这一点的不只有南洋理工大学的研究人员。世界各地的不同群体都开始利用游戏的力量，跨越文化和疆域的边界去寻找盟友。例如，“中东游戏挑战”（Middle East Gaming Challenge）就让来自中东的数万名儿童一起合作玩网游。组织者的目标是促进以色列的阿拉伯学生和犹太学生之间的对话，消除当前存在的偏见。他们解释说：

> 哪怕是邻居，这些孩子身处的环境却大多充满负面的刻板印象，很遗憾，两个族群不同的教育体系又加剧了这种刻板印象。毫无疑问，对他们中的很多人来说，游戏挑战将成为他们跟身处地球同一角落、只是有着不同宗教和种族背景的同龄人之间的第一次积极体验。[18]

看到“中东游戏挑战”这类活动中蕴含的机遇，你应该能够意识到，为什么《Wii保龄球》游戏研究事关重大。弄清了游戏怎样改变关系，我们才能更清楚地看出，要做什么样的努力方可克服人自身的偏见和成见。我们还发现，如果想要让别人对我们的看法从负面变成正面，双方的身体和精神达到同步有多么重要。

出人意料也很奇妙的一点是，这种改变并不需要耗费大量的时间和精力，而只需双方都愿意一起以游戏心态进行互动即可。这种互动就是能让我们地位平等、有更大可能促成深度同步的体验。

网游，一种极为强大的人际关系管理工具

电子游戏和其他协同活动达成的“心灵融合”与生物镜像效应，要求玩家在同一

时间置身于同一物理空间。你无法通过电子邮件或短信达成同步，那如果你想加强跟平常见面不多的亲友的关系，又应该怎么做呢？虽然上网连线玩游戏无法产生相同的精神和身体连接，但可以提高你现实生活的社会支持系统。**事实上，研究表明，网游是一种极为强大的人际关系管理工具：它们能让我们更轻松地维持积极的社会关系，以便在最需要的时候得到他人的支持。**

让我们来看看网游怎样帮助你找到现实生活的盟友，以及哪些网游可以教会你走到哪儿都能得到社会支持。

近些年来，社交网游成为人们玩得最多的电子游戏，也得到了最广泛的研究。5 亿多人都玩过社交网游，比如《模拟农场》（*Farmville*，一款合作式农场模拟游戏）、《糖果粉碎传奇》（一款三消游戏，你可以跟朋友分享补充能量块）以及《填字游戏》（经典棋盘式拼字游戏的变体）。这些游戏，大多是在 Facebook 或者手机上玩的，你可以跟社交网络里的任何人一起玩，而且你们无须同时在线。在《填字游戏》这样的竞争游戏里，玩家可以趁着自己有空走上一回合。而在《模拟农场》和《糖果粉碎传奇》等合作游戏里，玩家们可以围绕共同的目标一起出力，也可以为朋友送去补充能量块，哪怕朋友处于脱机状态。

因为这些游戏大受欢迎，所以研究人员想弄清，和某人一起玩社交网游是否会令双方更容易在现实生活中交往。多项研究给出了肯定的回答。你和朋友或家人一起玩《模拟农场》《填字游戏》的时候，不仅会感到与之更亲近，而且会更乐于在非游戏的现实生活里看到他们，一起聊天谈话。如果你们一起玩合作类游戏，那么在现实生活中碰到问题时，你们就会更乐于向彼此求助或为对方提供帮助。[19]

研究人员越是深入挖掘社交网游运作的方式，就越是认同这种人际关系增强的好处来自 3 种关键功能：建立共同基础、提升熟悉度、模拟互惠。

建立共同基础的意思很简单，即分享共同的体验，让你们有东西可聊。对许多人来说，跟远方的亲友维持关系最大的一项挑战是，缺乏共同基础。如果我们没有可以共同聊天的话题，聊天的可能性就不大。但社会科学家们发现，哪怕是像 Facebook 游戏这样简单的东西，也能极大地改善我们的感觉，觉得当下有东西主动连接着我们，因此也就有了可供聊天的事情。玩家报告说，与游戏相关的对话往往会扩展到游戏之外的话题，如工作和家庭生活。但游戏本身仍然是频繁交流的基础，它有助于我们跟社交网络里的人保持积极联系，要不然，我们就会日渐疏远。[20]

熟悉度的提升，意味着更频繁的互动。只要双方的互动基本上是积极的，那么互动频率越高，社交纽带就越强。社交网游似乎是一种特别有效的提升熟悉度的方法，因为它们允许两人跨越时间和距离进行互动。它们扫除了面对面互动中有可能存在的任何障碍。研究表明，当面互动诚然能带来更强大的社交体验（同步），但熟悉度的提升增加了将来提供帮助的概率，延长了面对面沟通的时间。

最后，模拟互惠意味着向他人展示我们关心他们，他们可以信任我们提供的帮助。为了模拟互惠，我们只需要投桃报李，或是做出简单的善意姿态。日常生活里可能很难找到简单而有效的方式来表达我们的关心。但在社交网游里，这很容易。互惠往往是发给某人一个补充能量块或是额外的一条“命”，有了这类东西，我们的朋友就能在游戏里更轻松地前进。比如，在《模拟农场》里，你可以帮朋友的庄稼浇水，替他们喂鸡。在《糖果粉碎传奇》里，你可以送给朋友额外的步数，好让他们完成有难度的关卡。

这些小小的帮忙，几乎总是免费送人的，除了点击“发送”之外没有别的成本，而且游戏不断提醒我们这么做。尽管发送此类帮助如此容易，玩家们仍然报告说感受到了经常在游戏里给自己提供“助攻”的亲友的真诚关照。研究人员认为，这种游戏内表现出来的持久支持，能促进信任感，以及对彼此的责任心。数据支持了这一假设：一起合作或组队玩在线游戏的人报告说，在现实生活里也得到了来自彼此的社会支持。这种支持是有意义的，它无所不包，比如对问题的建议，金钱资助等切实支持以及安慰、倾听等情感支持。[21]

《超好》玩家的故事：宿怨之家

“先别走！我必须给你讲讲我的故事。”这些话出自一位漂亮的金发女郎之口，她似乎很想和我说说话。

我在威斯康星州密尔沃基市的马凯特大学（Marquette University）客串做了一场游戏设计讲座。28岁的安娜刚拿到通信学士学位，她等到其他学生都走了，才过来想跟我私下说上几句。

“对大多数人来说，这听起来很可笑，但我知道你会懂，”她深深吸了一口气，对我说，“Facebook的《模拟农场》挽救了我的婚姻。你有时间吗，我能解释给你听吗？”我当然想听个究竟。

安娜告诉我，她和丈夫阿迪尔几年前不顾双方父母反对结了婚。“因为宗教信仰问题，我们两家人互相不说话，婚礼之前不说话，婚礼之后也不说。”安娜的父母来自乌克兰，他们是非常严格的正统基督教教徒。阿迪尔来自印度，他的家庭信奉伊斯兰教。

“我做了父母的工作，所以他们至少会跟我说话了，阿迪尔跟他的父母也是如此。但两个家庭都完全拒绝与对方有任何联系。这对我们来说是巨大的痛苦之源，因为我们都跟家人远隔万里。”安娜的家族仍然住在乌克兰，阿迪尔的在印度。他们主要通过 Facebook 与家人保持联络。

“我们本来已经放弃让两个家庭和睦相处了，”安娜说，“可有一天，奇怪的事情发生了：我的母亲开始给阿迪尔的母亲收葡萄！”

安娜说的当然是虚拟葡萄。几个星期前，她和父母玩起了游戏《模拟农场》。“我只是想跟他们每天做些好玩的事，因为他们住得那么远，很难跨越时区聊天。”安娜也跟丈夫玩游戏。“我们的工作很繁忙，他下班回家了，我却要去上夜校。但只要有时间，我们就会玩游戏，它让我们有更多时间待在一起。”

“你应该知道，如果你能得到邻居的帮助，农场升级会更快一些？”安娜问我。她指的是，Facebook 游戏鼓励你邀请自己的整个社交网络和你一起玩，让他们在游戏里帮助你。在《模拟农场》里，现实生活里的亲友成为“邻居”，可以帮你喂虚拟鸡，给你的虚拟庄稼浇水。“我想，我妈妈很快就真正投入了游戏，因为她想方设法地让自己的农场更快升级。她先是邀请阿迪尔当邻居，帮她收割一些庄稼。这已经很惊人了。可接下来有一天，我彻底震惊了：我发现她邀请阿迪尔的妈妈加入了合作社任务。”

在《模拟农场》的合作社或合作任务里，玩家要用有限的时间，通常为几个小时到一整天，共同达成一个目标，比如种植或者收割 45 千克葡萄。“他妈妈和我妈妈身处相近的时区，所以我猜她们一起完成任务比等着身在美国的我们醒来要容易些。”

故事说到这时候，安娜的眼睛里水汪汪的。“你必须明白，这是 3 年来，我妈妈和他妈妈的第一次社交互动。这真像是奇迹。”

不知不觉中，安娜的父母经常邀请阿迪尔的父母一起在游戏里合作完成任务。“他们开始给彼此的 Facebook 主页留言，对任务做规划。后来我猜，他们认为既然自己已经在页面上留言了，何不为对方的更新点赞，留下可爱的小评论。事情从玩游戏向前进了一步，有了更多的意义。”

现在，两家人已经不再一起玩《模拟农场》了，他们对它的狂热已经偃旗息鼓了。但好在他们也不需要再玩了。“对我们来说，游戏改变了一切。我想，我们再也不会回到过去的状态。我们不再是两个家庭，现在，我们是一家人。”

SuperBetter

和编外亲友在线玩游戏，有助于你获得强大的社会关系，在需要的时候得到有力的社会支持。和你一起玩的人更有可能支持你，你也更有可能支持他们。但如果你希望从生活里认识不在同一个社交网站上的人，或是想从不玩游戏的人身上得到同等的益处，那又该怎么办呢？虽然社交网游更便于建立共同基础、进行模拟互惠、提升熟悉度，但就算没有游戏，你仍然可以用这 3 种技术来强化人际关系。

以下任务帮你探索如何把社交网游的力量转化到现实生活的其他方面。

任务 10：更好一点

选 3 个人：

1. 乐于听到你消息的人；

2. 你乐于听到其消息的人；

3. 听到你的消息或许会感到惊讶的人。

想到这样的 3 个人了吗？很好。现在，你有一个选择。你可以选择这次任务的难度：简单、中等或者困难。“简单”的意思是，你向名单上的第一个人发送消息。“中等”的意思是，你向名单上的第一个和第二个人发送消息。“困难”的意思是，你同时向这 3 个人发送消息。

怎么做：询问上面的每一个人：“以 10 分制计，你今天过得如何？”

对收到消息的人来说，这大概会有点出乎意料。没关系。其实，这还挺好的。你的目的是迫不及待地向他人传递一个信号：你关心他们，你在想着他们。与此同时，相较于单纯地问一句“你今天过得如何”，“以 10 分制计”这个要求能让人更仔细地思考一下。它往往能让你得到更诚实、更有趣的回答。试试看，你就知道我的意思了！

现在就发送信息。一定要私下发，比如电子邮件、短信、Facebook 的站内短信等。

现在，你只需等着回复。如果他们用 1 ~ 10 的数字回复你，你就这么回答："我能不能帮你做点什么，让你的分数从 6 升到 7？"或者"从 3 升到 4"，"从 10 升到 11"。你明白就行。

我是从朋友迈克尔那儿学到这个习惯的。他是个慈善家兼企业家，他喜欢向和自己谈话的每一个人提出这个问题，并且每天如此。每一次我见到他，他都问我给这一天打几分。我们外出就餐时，他问餐馆的服务员这个问题。他和我丈夫第一次见面的时候，也这么问他。过了一阵子，我意识到：这个问题太棒了。你几乎可以这么问任何人，不管对方是亲密的朋友，还是陌生人。而且它很容易回答，每个人都能从 1 ~ 10 里想出一个数值来。

有时，人们只报出一个数字。有时，他们会给出细节，解释为什么选了那个数。人们解释自己的 1 分、5 分或者 10 分的过程中，你会惊讶地发现，你能够了解到他们在想些什么。当你提出自己愿意帮点忙，让他们的分数加 1 分的时候，几乎总能让对方微笑起来。你还会惊讶地发现，当你明确地表达帮忙的意愿时，对方会有多吃惊。有一天，我给朋友克里斯发去"10 分制"问题，他这么回答："你这么一问，我就好多了。原来是 5，一下就变成 7 了。"

原理：这桩任务旨在把社交游戏的最大特点应用到日常生活里。它简便易行，和在线游戏一样，你们无须面对面地去做。它模拟互惠：通过提议让别人的这一天变得更好一点，你表达了你的关心和支持。它扩大了共同的基础，如果他们向你解释自己的分数，你会对他们生活里发生了些什么有更多的了解，你们有了更多的事情可谈。如果他们没有解释，你仍然算是签了到：每一次"签到"都有助于提升熟悉度并巩固关系。

小提示：这桩任务，别只做一次，要经常做。每当我发现自己想到某个有一阵没聊过天的人，我就给对方发去"10 分制"问题。这是个培养起来很简单又有趣的习惯，也是激发对话的绝佳途径。如果它能变成你和部分亲友的俏皮惯例，那就更好了！

不要和陌生人在网上展开过火的竞争

不过，有一些玩游戏的方式并不会带来更紧密的关系和更强大的纽带。针对一种特别的游戏玩法，我想在这里提出建议：不要和陌生人在网上展开过火的竞争。用这种风格玩游戏，会让你在日常生活里更难以培养积极的人际关系。

在游戏里打赢陌生人，会带来独特的心理和神经变化，尤其是玩一款有强烈征服与破坏主题的电子游戏，比如《使命召唤》。你的睾酮水平会激增，由此令神经的移情能力减弱。[22] 你感觉更强大、更亢奋，于是就不大可能对你眼里的弱者表达善意，产生同情。[23] 男性似乎尤其容易产生这种效应，女性获胜后产生的睾酮增量则较少。[24] 而且只有在跟陌生人玩时才会这样，跟亲友一起玩时并无此种情况。

你可能好奇，对绝不会在现实中相遇的陌生人感觉有敌意，到底有什么不好的？原因是，好斗感不会仅存于玩游戏的时候。研究表明，睾酮激增会影响到事后数小时里的决策和行为。[25] 这意味着，你对陌生人的反社会情绪会蔓延开来，让你在对待现实生活里的朋友、家人和同事时更有敌意、更好斗。

而且，一方面，在网上战胜陌生人会让人暂时变得有点像个浑蛋；另一方面，输给遥远的陌生人对你的日常关系的影响同样不怎么好。最近的游戏研究表明，长久以来大部分跟“暴力电子游戏”挂钩的好斗，其实是跟失败后的无能感联系在一起的。[26] 玩家输了一局游戏后，会感到尴尬和沮丧，更容易向他人展现愤怒和敌意。虽然你一个人玩游戏或者跟亲友玩游戏也有一定的可能出现这种情况，但它最有可能出现的情况是在你跟身心都无法同步的陌生人玩的时候。

不过，玩家在跟现实生活里认识的人玩《使命召唤》这类游戏时，并未显示出增加敌意、减少同理心的迹象。事实上，最近的一项研究表明，在同一物理空间里跟其他玩家互相竞争玩《使命召唤》，反而会减少攻击性和敌意、提升同理心，跟双方合作的效果一样，就像你在本章开头看到的《刺猬大作战》。[27] 因此，你不必担心《使命召唤》或其他类似游戏会让你对其他玩家表现出敌意。它们其实还有另外的益处，我将在第 4 章做更深入的探讨，比如改善认知功能，在高压环境下提升绩效。**从科学上看，为了应对睾酮水平提升带来的潜在不利方面，我建议，跟陌生人在网上角力的游戏时间最好不超过你游戏总时间的一半。从培养社交复原力的角度看，玩游戏时跟亲友对抗或者跟陌生人合作，对你的影响要好得多。**

负面的社交影响只在一种特定的游戏条件下才会出现，也就是跟陌生人在网上对战、相互竞争。所有其他形式的游戏玩法往往都倾向于强化玩家之间的纽带，整体上让你变得更讨人喜欢。所以，与人面对面地玩游戏或者在网上跟亲友玩游戏是练习同步技巧、提高社交智力、培养对他人更强同理心的绝佳途径。这些强大的能力，你可以在任何社会环境下加以运用，而不论游戏内外。

技能解锁：如何发现新盟友，加强你的支持系统

- 为了和某个人建立神经同步，可以在同一物理空间跟对方一起玩游戏，竞争或合作均可。这能激活你们的镜像神经元，强化你们的社交纽带，提升你的社交智力。
- 尽量经常性地腾出时间与亲友进行其他类型的同步活动。任何能自然而然带来肢体镜像的活动都可以，比如一起散步或像来回扔球那样需要大量协调的事情。
- 学会洞察社交同步的蛛丝马迹，观察身边都是新盟友的证据。如果有人下意识地镜像你的身体语言或手势，这就意味着他们感觉到了与你之间有着强大的连接，未来有更大的可能会对你施以援手。
- 为了从根本上提高生活里潜在盟友的数量，可以跟与你在年龄、文化、性别或观点上完全不同的人玩游戏或做同步活动。你不仅会收获新的友谊，而且会提升对更多人的同理心。
- 通过社交网游或俏皮通信来展示互惠，寻找新的社会支持来源。哪怕跨越时间和空间，请求或给予少许帮助是你能做出的最有力的社交姿态。
- 尽量不要一个人长时间跟网上的陌生人玩竞争性游戏。它不会给你任何的社交益处，而是会给你对他人的同理心、讨喜度造成负面影响。如果你更喜欢竞争性游戏，那就最好结队组团或跟现实生活中的亲友对战。

第 3 章

做你故事里的英雄

你的任务

与你的大脑重新连线，让自己更擅长自我激励、坚持不懈、获得成功。

在电子游戏里，我们总会扮演英雄角色。我们变身征服太空的牛仔、女武神、大胆无畏的赛车手或僵尸迷阵里的最后幸存者。就算是在非电子游戏中，我们也努力想成为英雄，完成“惊天动地的史诗级壮举”。试想一下，在足球比赛最后一秒进球得分，或是下国际象棋时，在先失手的不利局面下，把兵送过棋盘升为后。

但游戏真的能开发我们的英雄潜能吗？游戏能让我们成为鼓舞他人的榜样，更容易在现实生活里实现非凡的目标吗？研究表明，的确可以。

本章中，我们将探讨各类游戏怎样提升我们的品格优势，比如勇气、毅力、同情心和职业道德。游戏为什么会强化我们现实生活中的意志力，帮我们改善真实世界里的行为？我们会在本章找到背后的科学道理。我们会考察玩游戏时的神经科学：它怎样改变我们大脑响应挑战以及后续努力的方式，从而让我们在艰难局面下能坚持更久、更不易放弃。我们将探讨为什么某些游戏会让人更容易挺身而出，向身处困境的他人伸出援手。

理解了游戏怎样接通你天然的决心和同情心，你也就能够更轻松地随时随地接通这些英雄品质。

让我们先从一款游戏开始，它有着真正大胆的目标：帮助年轻人抗击癌症。

《重生任务》，帮助年轻人抗击癌症

乍一看，《重生任务》（*Re-Mission*）就像是一款典型的奇幻射击游戏。玩家可以控制一个名为洛克希（Roxxi）的超级机器人英雄，飞越曲曲折折的地形，利用强大的武器轰炸坏家伙。但是，尽管有三维图形和逼真的声音效果，《重生任务》却并不是一款典型的电子游戏。仔细看，你会发现，洛克希是在人体内部飞行，坏家伙是癌细胞，她的武器则包括化疗轰炸和抗生素手榴弹。

《重生任务》是非营利性组织希望实验室（HopeLab）为了一个特殊目的而开发的，他们希望借此提高年轻患者对治疗方案的坚持度，接受痛苦但有效的化疗和抗生素治疗。

为了对抗白血病等儿童癌症，多数患者会口服药物2～3年。保证不错过任何一次服药对患者来说非常重要，80%的儿童癌症在缓解期复发的案例都跟忘记服药有关。药物漏服次数少不仅意味着感染、发烧、住院治疗的概率更低，而且意味着更好的生存结果。

家人和患者都明白这一点，但少年们总会因为这样那样的原因错过服药。他们无法忍受恶心、疲劳等副作用，一等感觉好转，就忙着上学或运动，难以遵循严格的用药指示。或者，经过多年的治疗，他们产生了下意识的逆反心理，忘记服药是因为他们“生病生得都厌烦了”。

《重生任务》的目的就是防止药物漏服，帮助年轻患者更加积极和乐观地服药。希望实验室的资深研究员、加州大学洛杉矶分校教授史蒂夫·科尔（Steve Cole）告诉我：“30%的孩子漏服了20%甚至更多的药量。这些孩子的白血病复发的概率是无漏服情况下的两倍，这是一种完全可以避免的风险。我们必须想办法传达这样的信息：不管病情多么糟糕，归根结底，你仍然能控制着自己的健康，除非你做好自己该做的事，否则没人能救你的命。”

科尔和合作者们希望，患者在玩电子游戏的过程中能获得更多的化疗知识，从而对自己的治疗方案产生更多的投入感。这些课程被整合到了游戏当中。例如，游戏里的虚拟患者如果漏掉化疗药剂，洛克希的化学冲击波武器就开始发生故障，每隔三发就哑火。如果漏掉两轮化疗药剂，每一轮轰炸后就会存活更多的虚拟癌细胞。如果再次漏服，癌细胞就会产生耐药性，进一步增加每级的挑战难度。

那么，游戏是否发挥了预想中的作用呢？当然，而且效果超出预想。在一轮临床试验①中，患者只玩了短短两个小时的《重生任务》，在接下来长达 3 个月里都表现出了更好的服药坚持度。[1]

电子药丸剂量监测仪显示，在 3 个月的时间里，游戏玩家比非玩家多服用了 16% 的抗生素。这意味着游戏有效地消除了高达一半的平均漏服剂量。对患者抽血检验后发现，《重生任务》玩家体内的抗癌药剂量高 41%。他们明显更好地跟上了治疗进程，停留在缓解期的可能性也更大。[2]

有趣的是，有整整 1/4 参与研究的患者报告说，他们在试验之前很少玩电子游戏。另外 1/3 的人以前每星期只玩一两个小时。换句话说，这些人并不是曾受益于游戏的深度玩家。对于新玩家、轻度游戏玩家及终身玩家，游戏的效果是一样的，它对世界各地的患者也都可发挥作用。由于这次临床试验取得了成功，《重生任务》被分发给了超过 25 万癌症患者。近日，希望实验室还发布了 6 款后续的抗癌网游，包括《干细胞捍卫者》（*Stem Cell Defender*）和《纳米机器人的复仇》（*Nanobot's Revenge*）。它们可以在 www.re-mission2.org 上免费玩。

构建玩家的自我效能

希望实验室的游戏是一种令人难以置信的救命资源。但就算你并不需要抗击癌症，《重生任务》研究也带来了一点足以改变生活的重要启示：**对成功而言，光有动机远远不够，意志力比你想象中重要得多。**

癌症患者们在玩《重生任务》之前，就在为了活下去而战斗，所以理论上说，他们处在动机极强的状态下。虽然这不是一群需要更多动机的人，因为他们有充分的动机，但他们仍然经常忘记做显然能大幅提高自己治愈概率的事情。

① 该试验检验了来自全美国 34 家医疗中心 13 ～ 29 岁的 375 名患者。

电子游戏《重生任务》把单纯的动机转变成一种更强大的心理资源，这也是它的介入途径。但这种资源是什么呢，游戏何以能够如此快速地创造它？

这正是希望实验室团队看到第一轮临床试验成功之后想弄清楚的事情。起初，他们假设，玩 30 个小时的游戏才能给服药坚持度造成积极影响。但短短两个小时就带来了明显的差异，这让他们大感惊讶。而且，他们事前还预计，玩家每天都需要来自电子游戏的强化和提醒，才能够保持行为上的转变。然而，事实证明，玩一轮游戏就够了。这真的是一个令人惊讶的结果。短时间的虚拟游戏带来了现实生活中的长期行为转变，这到底该怎么解释呢？

研究人员在临床试验中收集的另一组数据里找到了解决这一谜题的关键。他们不仅监控了服药坚持度，而且跟踪了受试者在试验中的心理变化。玩家和非玩家在动机、压力、癌症症状和身体副作用方面的反馈是一样的，但游戏玩家在一个方面表现出了明显的不同。相较于非玩家，他们报告说，感到自己更强大、更乐观、更能积极地影响自己的健康。

心理学家把这种心态叫作“自我效能”（self-efficacy），它指的是这样的信念：你自己能够给生活带去积极的转变。

自我效能跟自尊不一样，后者指的是对自我价值的整体积极感受。**自我效能是自信具备解决特定问题或达到特定目标的技术和能力。它通常会针对具体的情况：你可能在工作上有着强烈的自我效能感，但对当众演讲或减肥的自我效能感却较差。**

有强烈的动机但未能贯彻行动，以及成功把动机转化成持之以恒的有效行动，两者最关键的区别就在于自我效能。有了强烈的自我效能，你更有可能采取有助于你达成目标的行动，哪怕这些行动很困难甚至痛苦。你还能更长时间地投入在疑难问题的解决里，不轻易放弃。但如果自我效能感低，那么不管你动机有多么强，都不大可能采取积极的行动，因为你对自己改变生活的能力缺乏信心。

那么，《重生任务》玩家的自我效能感是从哪里来的呢？其实，所有的游戏都有意让玩家随着时间提升竞争力、力量和技能；换句话说，就是构建玩家的自我效能。和所有的电子游戏一样，《重生任务》用一个艰巨的目标向玩家提出挑战，玩家需要在复杂的三维空间里穿行，在时间耗尽之前摧毁所有虚拟癌细胞。达成这一目标需要技能、实践和努力。《重生任务》的玩家和所有游戏的玩家一样，一开始通常都不会成功。

但很快，等他们反复努力，了解到游戏怎样运作，他们的技能就会逐渐提高，策略也得到改善。然后，他们赢得了一些挑战。由于这是一款电子游戏，它的难度会逐渐提高，每一个新关卡的挑战都越来越困难、越来越复杂。这种不断升级的挑战，要求玩家具备哪怕失败也坚持尝试的意愿。它灌输了一种信念：如果玩家坚持练习和学习、付出艰苦的努力，最终就能够达成更艰巨的目标。

这是自我效能提高的典型路径：接受目标，付出努力，从努力中得到反馈，改善具体技能，继续尝试，最终成功。实践这条路并不一定需要游戏。但因为游戏的本质就在于挑战、提升我们的能力，所以它们能极其可靠且有效地让我们到达该境界。

而且一旦你对特定问题产生了自我效能感，这种感觉往往能持续存在。这是一种持久的心态转变，能永久地改变你的信念，即你有能力做到某件事，能切实地实现某样目标。《重生任务》的效果如此之好，原因正在于此。在人本来很容易感觉无力、不知所措的环境下，游戏为年轻的患者们创造了新的自我效能来源。他们不再把化疗看成负面体验，只能被迫承受，而是把它看成自己能够完全控制的有力武器。他们理解化疗的具体运作原理，也不害怕使用它！

从无力变为有力，从感觉虚弱变为感觉成功，光是这种心态上的转变就足以增强玩家在整个治疗过程中的意志力和决心。

每当你学习新技能、克服新挑战，自我效能都会增加。因此，让我们用另一桩任务开始提升你的自我效能吧！

任务 11：强力呼吸

你可能试过利用缓慢的深呼吸让自己平静下来。其实，还有另一种更有用的呼吸技巧，可以用来减轻压力、疼痛，提高专注度，缓解偏头痛，防止恐慌。

怎么做：吸气，同时慢慢地数到 4。呼气，同时慢慢地数到 8。

吸气数 4 下，呼气数 8 下。重复至少一分钟。这样做起来比听起来要难得多！**关键在于，呼气的时间必须是吸气的两倍，甚至更长。**

现在就试试看。先不用做一分钟，就试一次：吸气数4下，呼气数8下。明白了吗？好了，现在试着连续做两次。

好了吗？试试连续3次。如果可以，不妨数得稍微慢一点，吐气更长时间。

好极了！你已经掌握了诀窍。当你能连续做上整整一分钟，你立刻就会发现，自己感觉好多了，哪怕你身在各种不同的压力或痛苦场面下。

原理：按照这种节奏呼吸，能提高你的心率变异性，也就是连续两次心跳的时长的些微差异。[3]

心跳时长的变化越多越好。从长远来看，心率变异性能保护人免于紧张、焦虑、炎症和疼痛。从短期来看，增加心率变异性能对你的神经系统产生巨大影响，它会让你的身体从科学家所说的交感神经刺激转到副交感神经刺激，也就是从压力、疼痛或焦虑触发的战斗－逃跑模式转到平静－连接模式。[4]

仅仅改变一分钟的呼吸方式，你就能让整个神经系统从紧张状态转入高度放松的状态。你会肌肉放松，心率降低，消化改善，精神状态提升。如果你觉得不舒服，这种强大的转变肯定有所帮助。

但你还没完成这桩任务！我希望你能想出通过这一强力呼吸技术来让你立刻感觉更好的两个不同场景。

> 举例来说，我个人借助这种技术来阻止偏头痛，在所乘航班遇到气流时平抚焦虑。我的一名在耐克公司上班的合作者，用它来缓解高强度训练后的肌肉痉挛。《超好》玩家报告说，他们会利用这一强力呼吸技术控制自己不对孩子发脾气，对抗早晨的孕吐，改善失眠，缓解紧张会议前的压力，甚至是引发自己的性欲。你会如何用它呢？

怎么做：预先设想两个强力呼吸一分钟能有所帮助的场面，下一次碰到上述场面就使用该技术。

任务完成：就是这样，恭喜！在对抗压力、焦虑、不适或疼痛的时候，你提升了自己的自我效能。你学会了新的技能，设想出了两个它有助于解决的具体问题。你有了一种超级武器，并且确切地知道该在什么时候怎样去使用它。

我希望你开始明白怎样创造自我效能，以及它又怎样提升你应对艰难事务的能力。不过，《重生任务》的临床试验结果里还有一件叫人费解的事情。受试者通过玩《重生任务》对自己的电子游戏技能有了更强的信心和信念，这可以理解。既然玩一款电子游戏能让你把该款游戏玩得越来越好，那么或许你玩其他游戏也会玩得更好。但对玩好电子游戏的信心，怎么转化成了在真实生活里抗击癌症的信心呢？战胜一种威胁生命的疾病，可比摧毁计算机屏幕上的虚拟坏家伙难太多了。

为了解开这个谜，我们需要转向针对电子游戏的神经科学研究。**研究表明：要提升对个别技能的信心有很多种方法，但要让大脑整体提升自我效能，即相信你拥有能力克服任何难题，没有比电子游戏更快更可靠的途径了。**

推翻大脑的默认模式

电子游戏在大脑里掀起了一轮愉悦又强效的冲击，就跟在静脉中注射毒品一样。这是游戏神经科学里的第一个重大突破，这一发现相当惊人。1998 年，一群英国科学家发现，玩电子游戏会让大脑里的“愉悦”神经递质多巴胺的分泌量激增。[5] 他们吃惊地发现，玩游戏带来的多巴胺增量，等于往同一批受试者的静脉里注射安非他明带来的多巴胺增量。

游戏对大脑的影响竟然跟令人高度上瘾的药物所产生的影响近乎相同？表面上看，这一发现似乎令人担忧，特别是考虑到研究中有 1% ~ 8% 的电子游戏玩家认为自己至少会对一款心爱游戏周期性“上瘾”。[6] 这些研究中，最常见的比例是 3%；在第 4 章，我们会考察导致玩游戏过多的因素以及处理此种情况的最有效技术。如果你对多巴胺有所了解，很大可能就是在与成瘾有关的文章中听说过它的名字。从尼古丁到可卡因，很多药物或毒品产生的愉悦效果都是由中脑边缘通路，即大脑的“奖励回路”释放的大量多巴胺所致。

但中脑边缘通路参与了很多大脑运作过程，而不止是产生愉悦和成瘾。这一区域的多巴胺还被用于刺激记忆、动力、学习、情感和欲望。事实上，对绝大多数人来说，在平凡的日常生活中，奖励回路的多巴胺水平提升并非上瘾的标志，而是更常见的作为动力和决心提升的标志。[7]

它基本是这样工作的：每当你想到一个有可能实现的目标，你的大脑就会瞬间发起一次潜意识的成本效益分析，判断它是否值得付出努力去实现。[8] 你的分析较少地取决于事实，更多地取决于你大脑里此刻有多少多巴胺。

如果奖励回路里多巴胺水平高，你就不会为需要付出努力而担心，而是更易去想象和预见成功。这转化为面对挫折时更强的决心与更少的沮丧。反过来说，如果奖励回路里多巴胺不足，比如在患临床抑郁症期间有可能出现这种情况，你就会感觉所需付出的努力更沉重，并往往会放大这种沉重性，从而让目标的重要性打折扣。[9] 你也会更容易预见失败而非成功，从而令你彻底回避挑战。[10]

那么很明显，当你为了新目标努力或是面临棘手障碍的时候，多巴胺水平高有着巨大的好处。这些好处不仅事关动力和决心，奖励回路里多巴胺水平高还跟学习更快、绩效更佳有关系。[11] 这是因为如果我们以目标为导向，就会更关注自己正在做的事情。我们对反馈的反应也会更快、更有效，便于学习和改进。**实现目标的强烈动机，再加上掌握新技术和新能力所需的坚定决心和快速学习能力，这就是自我效能的神经学基础。这种强大的组合让你有更强的上进心，对自己的成功概率有更乐观的估计。**

在许多电子游戏研究人员和电子游戏玩家看来，这些神经科学的发现非常合理。毕竟，游戏玩家在玩自己喜欢的游戏时，平均有 80% 的时间都在失败。[12] 如果玩游戏的过程中没有多巴胺的激增，他们肯定早就放弃了。奖励回路里多巴胺水平高能确保玩家保持专注和动力，下定决心要成功。此外，多亏了伴随多巴胺连续释放出现的快速学习能力，玩家有更大的可能改善技能，最终实现目标。

这就难怪重度玩家连续数小时辛苦投入自己喜欢的游戏中了。随着他们做出每一个举动，大脑不断受到增强的自我效能感的引导。科学家知道，不管是在日常生活还是游戏当中，每当我们从一个以目标为导向的行动中预期反馈时，就会分泌多巴胺，因为我们会兴奋地想要了解自己做得怎样。玩电子游戏时就是如此：我们迅速采取了大量以目标为导向的行动，并立刻得到反馈，于是多巴胺快速分泌，强度就跟安非他明类药物的一样。

不过，乐观和决心并不总是有益。在某些情况下，努力去获得成功概率小、难度大的奖励，也会适得其反，甚至有些病态，尤其是在更多的努力并不见得真的有效的时候。举例来说，赌博是一种主要靠运气而不靠努力的活动，上述心态会带来可怕的后果。可卡因或尼古丁等化学药品会引发多巴胺水平激增，获得奖励的极端强烈的动机，即获得更多毒品，会让人轻视健康成本，错失我们真正想要的东西。

但在许多更日常的环境中，尤其是艰苦努力有可能带来更好结果的环境中，比如尝试学习新东西、完成困难的任务、参加运动训练、从伤病中恢复或摆脱抑郁症，神经系统对努力行动的偏好能带来强有力的积极结果。

那么，电子游戏带来的多巴胺分泌能被转移到现实生活中，用于应对挑战、解决问题吗？我们只有在玩游戏的时候，大脑连线才变得更有动力、更努力；还是说，我们可以把新增的上进心和自我效能感带到生活的其他领域呢？

研究人员发现，深度游戏玩家的确会在游戏之外，对棘手问题投入更多的努力。最近的一项研究表明，玩家表现出“完成艰巨任务的意向需求”，“面对挫折表现出高绩效标准的欲望”。[13] 如果给他们一系列简单谜题和复杂谜题，玩家就会在复杂谜题上投入明显更多的时间。而较少玩游戏的人则放弃得更快，对完成挑战性任务表现出的兴趣更低。研究人员报告，深度游戏玩家表现出了更强的毅力和耐性，他们表现出对挑战的习惯性渴望，力争在困难局面中取得成功。

是什么造就了这种特质呢？此前和电子游戏无关的研究表明，成功完成过任意需要高水平努力任务的人，会继续把高水平努力带到将来的任务上。如果通过努力工作实现了目标，这将引导我们更努力地工作。从神经系统层面上来说，就是努力过程中释放了更多的多巴胺，成瘾的生物化学过程也是如此，只不过前者是良性循环，成瘾是恶性循环。

根据这些研究所得的结果，科学家们提出，大脑多巴胺水平较高或许是职业道德的最重要驱动因素。[14] 职业道德是个受普遍重视和钦佩的品格优势，这个科学结论是对它的重要反思。职业道德不是想要成为更好的人就能培养起来的美德，但它却可以通过主动提升大脑多巴胺水平来有意识地培养。这就解释了为什么挑战性电子游戏能引导我们将更多的努力和更强的决心用于对付日常挑战。

最近又有一项研究为这一理论提供了进一步的证据，这项研究表明，深度游戏玩家的大脑因多巴胺反应的增强而发生了长期变化。成员来自德国、比利时、法国、英国和加拿大的 25 人研究团队报告说，高频玩家，即平均每星期至少玩 9 个小时游戏的人，“左腹侧纹状体”的灰质体积更大，左腹侧纹状体是大脑处理奖励的区域的一部分。[15] 更多的灰质意味着大脑更大、更强。左腹侧纹状体的灰质更多意味着，你有更多的认知资源可以投入到增强动机、决策、乐观精神和学习的能力上。

有一种可能性是，天生更喜欢挑战、更擅长学习的人，更容易受电子游戏吸引，而非电子游戏随着时间提高了人的这些优势。不过，大多数研究游戏的神经学家并不这样认为。他们认为，深度游戏玩家和轻度游戏玩家的大脑差异来自神经可塑性，神经可塑性就是大脑根据频繁的活动重新给自己接线、增强不同区域功能的能力。[16] 例如，达芙妮·芭菲莉亚（Daphne Bavelier）博士和她在瑞士日内瓦大学的认知神经科学实验室，一直在研究动作类电子游戏对大脑可塑性和学习能力的影响。经过 10 多年的研究，她认为，游戏带来了明显的神经重构，提高了注意力，带来了更快的决策力和更高的学习效率。[17] 事实上，芭菲莉亚博士确认，电子游戏恐怕是提升成年人神经可塑性最有效的干预手段。[18]

另一位神经科学家、医学博士朱迪·威利斯（Judy Willis）同样相信游戏有能力改善玩家大脑的神经连接方式。她先前是加州大学洛杉矶分校神经内科诊所住院总医师，在小儿神经科倾注了 15 年时间。如今，她与众多学校和教育工作者合作，传授有助于实现终身成功和心理健康的认知习惯。她的主要策略是：为学生提供增强自我效能感的日常体验，其中包括经常玩电子游戏。

“同步发射信号的神经元串连在一起。”她喜欢引用神经科学里的这条基本原则。[19] 你越是重复一种思考模式，驱动它的神经网络就越强。神经网络越强，你在将来也就越有可能重复这一思考模式。随着神经元发射信号的速度快了 100 倍，这种模式变得易于重现；因为该模式频繁重现，神经网络也就不容易随着时间推移出现认知衰退。

按威利斯博士的说法，这意味着，我们玩游戏时经常体验到的自我效能感并不仅仅是一种信念。它是大脑硬件产生的一种思考方式，是特定神经回路反复激活的结果。该神经回路训练大脑更容易被挑战所激励，更容易获得反馈的奖励，面对暂时的失败更具复原力。“这就是为什么没有什么能比电子游戏更快、更有效地建立起成功心态的原因，”威利斯博士告诉我，“当你有机会不断尝试不同的策略、获得反馈时，你就会得到更密集、更频繁的多巴胺分泌。你不仅得到了短暂的快感，而且心态也开始发生长期变化。你的大脑开始考虑先前认为无法实现的事情，觉得花些努力或许能够实现。大脑期待去学习、提升并最终成功，因为它通过游戏已经习惯了这么做。”

“当你不断地经历成功、达成目标时，”她解释说，“大脑的成本效益分析就彻底改变了。你将能够推翻大脑原来的默认模式，即它希望你避免在艰巨任务或挑战性目标上浪费资源。你的大脑适应了寻求更多的挑战，不再患得患失，遭到挫折时也将更具复原力。”

如果你想让大脑变得更好，那就多玩游戏

对游戏做了 15 年的神经科学研究后，威利斯博士逐渐有了一个了不起的设想：如果你想让大脑变得更好，即把动机变成自我效能、提升学习速度、培养更多复原力，那就多玩游戏。或者最起码，可以像优秀的游戏那样，用挑战性学习机会去刺激大脑。

接下来的任务是威利斯博士最喜欢的激发大脑多巴胺分泌的办法。这不是个游戏，但很有游戏的风格。她针对患者和客户应用这一简单的技术，帮助他们从精神倦怠中恢复过来。

任务 12：做预测

怎么做：对某件你可以在未来 24 小时里亲自验证结果的事情做预测。

事情可大可小，可严肃可有趣。对它的结果做个预测，看看你是不是说对了！

例子：以下是《超好》玩家做过的一些预测。

- 一场体育赛事的胜出者。
- “此时此刻我银行账户里的确切金额，精确到分。”
- “未来一小时我收到的电子邮件的数量。”
- “明天的此时此刻我的心情。”
- “今晚是谁的鼾声先吵醒我：是我丈夫，还是家里的狗？我猜是我丈夫！”
- “这场演唱会上我最喜欢的乐队演奏的第一支歌。”
- “我最好的朋友会给我们一起观赏的这部电影打多少分（10 分制）？”

- “我多快能把碗碟洗干净，而且一个也不打碎？我猜：2分15秒！”
- “未来24小时，我能从之前的老师、教练和朋友那里得到多少个拥抱？我正从远方回故乡，我有30年没回去了，所以我认为这个数字会非常高！”

原理：做预测是启动大脑奖励回路最可靠、最有效的一种途径。“你所做的每一次预测都会触发注意力和多巴胺水平的提升。”威利斯博士说。这是因为每当你做预测的时候，都有可能出现两种高回报的结果。你也许是正确的，这感觉很好！或者，你可能是错误的，而它会带来有助于你下一次做出更准确预测的信息，令人惊讶的是，这也感觉很好，因为大脑喜欢学习。事实上，“学习有益的新东西的时候，多巴胺水平提升得比你成功的时候更多。”威利斯博士说。

数十项科学研究支持这种说法。游戏玩家甚至会在失败和损失中得到多巴胺水平的提升，前提是他们还有机会再次尝试。[20]

所以，大胆做个预测吧，任何预测都行！无论对错，你都能得到多巴胺水平的提升。这是一个双赢游戏。每当你感到无聊、沮丧或者压力太大，都可以试试这一招。这是一个快速而自然地唤起好奇心和注意力的方法，同时还强化了促进决心、上进心和毅力的神经回路。如果你正跟一个感到无聊、沮丧或者压力太大的人待在一起，那就请他做个预测！

小提示：要获得额外的多巴胺水平的提升，可以试试另外找个人一起做竞争性预测。新增的社交利益会提升你对潜在回报的期待。

《超好》玩家的故事：求职者

几个星期前，我听到了好朋友卡尔文的消息。他35岁，已婚，是个拿到了博士学位的计算机科学家。我们是在加州大学伯克利分校读研究生时认识的。过去10年间，卡尔文在科技公司和大学的研究实验室都有工作经验。最近，他决定冒险一搏，找一份全职的学术工作。

“职业冒险来得又快又频繁，”他在电子邮件里对我说，“我得到了5所大学的面试机会。”他信中的笔调昂扬，但也承认，他在其中一家顶尖研究型大学的面试前压力很大。

“我有个去年在那儿面试过的朋友说，面试结束时，他差点儿哭出来。面试一开始，有一位教授就告诉我朋友，他的博士论文完全是胡扯，学校邀请他来参加面试完全是个错误。”这可不是个能鼓舞人心的故事，因为卡尔文正好要接受同一位教授的严苛面试！

哪怕是最好的情况，求职面试也充满压力，等卡尔文到学校参加为期两天的面试时，压力更是有增无减。“我最初见的几个人都提醒我要小心应对这位教授的面试，他们说，这位教授对初级研究员出了名地恶毒。说起与他的会面，人人都有一个打恶仗的故事。就连招聘委员会的主席也说，他们有点后悔，把这位教授加入我的面试审核团。

“所以，面试的前一天晚上，我很紧张。我必须冷静下来。我想，我要怎么做才能把这次面试变成一场游戏，而不是一件可怕的事情呢？于是，我决定自己设计一个猜猜乐游戏。我开始预测他会对我说的最可怕的事情以及所有能让我感到不舒服的事情。我把它们写下来，中间加了一行字——‘安全地带’。我把卡片折好，第二天去面试时放在了衣兜里。”

卡尔文给我发来了卡片的照片，所以我能亲眼看到他设计的游戏化解决方案。他的卡片囊括了各种能让应聘者心里打哆嗦的情形：

> “人身攻击或批判”，“考验我的知识和技能”，“指出我工作中的缺陷、失误或过错”，“引用我不熟悉的文献”，“说我的研究乏味，是敷衍之作”，“说我的工作不重要，否定它”，“指责我不讲原则”。

这么做有效果吗？毫无疑问，大有帮助。“结果，他真的说了我很多负面的事情，但完全没影响到我，”卡尔文说，“每当他想让我感觉渺小，我就在意识里给卡片上打个钩。它为这个真正紧张的场面平添了不少幽默感。”

卡尔文连赢两局。首先，他的猜猜乐游戏大获全胜。“那位教授跟我的猜测完全相符，”他告诉我，“他真的跟大家说的一样坏！”但紧接着，卡尔文得到了真正的胜利：大学向他发出了工作邀约。不过，他后来决定接受一份其他地方的工作，但手握多份邀约帮他谈出了最优惠的工作条件。

卡尔文如此机智地处理了一个让人伤脑筋的情况，这令我非常难忘。他或许并未有意识地要“黑进”自己的多巴胺通路，但每当他在卡片选项上打钩时，绝对体会到了多巴胺水平的提升。又因为单纯的预测行为就能够强化注意力、提升多巴胺水平，创建猜猜乐卡片的做法为卡尔文带来了更加坚定、乐观的思想状态。

“最坏情况猜猜乐”也许不是你想要玩的游戏，毕竟，谁乐意陷入充满压力又不愉快的境地呢？但如果你的确需要下定决心、提高胆量，游戏化干预就是让大脑为坚持和成功做好准备的天才之举。何不为你的下一个大日子创建一套“最好情况猜猜乐”卡片呢？想想你在旅行、重大工作活动或者特殊场合里会碰上什么样的好事情。毕竟，与在艰难日子里一样，在好玩的日子里拥有决心和乐观态度对你也是大有好处的！

SuperBetter

现在你懂了吧：玩游戏能强力提升自我效能、职业道德和决心。那么，凭借这些游戏心态带来的优势，你能够实现什么样的现实目标呢？

与虚拟人创建镜像效应

过去 10 年，斯坦福大学的一家前沿研究实验室一直致力于研究以上这个问题。虚拟人机交互实验室（Virtual Human Interaction Lab，简称 VHIL）由认知心理学家杰里米·拜伦森（Jeremy Bailenson）博士创办并主持，专门研究 VR 体验怎样把我们的现实态度和行为变得更好。通过几十个设计巧妙的实验，他们发现：置身于合适的虚拟环境短短几分钟，就能提升我们的意志力和同情心，改变我们未来 24 小时甚至下个星期的思考和行为方式。

他们得到了一些有趣的发现。

你是否想多锻炼，但似乎完全没办法唤起足够的意志力？你或许可以借助一种游戏化方法来蒙蔽大脑，让它运动你的身体，这叫作“替代锻炼”（vicarious exercise）。你需要做的就是，看电子游戏里的替身或者样子设计得跟你一样的虚拟形象在虚拟世界里锻炼。

真的，我不骗你。你不用做一个俯卧撑，甚至不用跑一步，就能塑造与锻炼相关的自我效能。你只需要花上几分钟看着自己的虚拟形象辛苦锻炼就行了。

在虚拟人机交互实验室进行的一项研究里，看着自己的虚拟替身在跑步机上奔跑的参与者说，他们对自己能有效锻炼明显有了更强的信心。而且，他们离开实验室之后，比看着自己虚拟替身无所事事地站着的参与者多锻炼了整整一个小时。在接下来的24小时里，有着奔跑替身的参与者走过了更多的街道，爬了更多级楼梯，在健身房花了更多时间。[21]

不过，只有当虚拟替身专门设计得跟参与者相像的时候，这一技术才能发挥作用。看着男女通用的虚拟替身锻炼，对参与者的实际运动毫无影响。

看到自己的虚拟版本获得成功，就能哄着大脑相信你真的成功了吗？这项研究表明，可以做到，而且它还是一条提升自我效能的有效捷径。斯坦福大学的研究人员提出，虚拟替身创造了一种"镜像效应"。[22]你大概还记得，我们在第2章介绍过，人的镜像神经元会模仿周围人的神经活动，尤其是在做着同样的活动或者感觉亲密相连的时候。由于参与者感觉跟与自己外貌相似的虚拟替身有更紧密的联系，所以镜像效应也更加强烈。这是个令人震惊的发现：我们不仅能和其他人创造镜像效应，而且能跟虚拟人创造！

有了这一潜力十足的研究垫底，虚拟人机交互实验室决定设计一种更有效的锻炼提升机制。他们保留了虚拟替身，新增了全新的互动元素。这一次，研究人员要参与者一边看着自己的替身，一边举重。参与者每成功完成一次举重，他们的虚拟替身就会有更多的肌肉，身材变得更匀称。不过，在参与者的规定休息时间，虚拟替身再次变形，体重更大、肌肉更松弛。

经过一次短短几分钟的互动式锻炼后，参与者受邀再次互动锻炼30分钟。相较于没有虚拟替身、直接举重的对照组，他们完成的举重次数是前者的10倍。想想看，如果你每次锻炼时能激励自己相较于上一次做10倍的俯卧撑、爬10倍的楼梯，那将获得怎样的效果呀！而这一切只需花上几分钟和虚拟版的自己一起锻炼而已！

和我们在本章里看到的其他研究一样，多巴胺水平激增似乎是带来这一积极变化的主要因素。拜伦森博士称之为即刻虚拟减肥的"即时满足"。"和虚拟替身锻炼意味着，你能够立刻看到锻炼带来的身体回报，"他说，"这种情况在现实世界里一般很少发生。现实中，人要几天甚至几个星期才能看到些许积极的身体改变。"但游戏替身对身体活动做出了即时响应，触发了多巴胺分泌，让大脑立刻感到了奖励。这一过程让玩家得以比正常情况更迅速地建立自我效能感，而更强的自我效能感，哪怕它来自虚拟体验，都能即刻带来现实里更多的锻炼。

为了证实这一令人惊讶的现象，迄今为止，斯坦福大学的研究人员进行了 5 轮不同的研究。**所有研究都得出了相同的结论：替代锻炼和替代减肥明显提高了自我效能，因此也增加了现实生活里的锻炼。**[23]

那么，这对今天的你意味着什么呢？尽管毫无疑问，替代锻炼技术会在将来得到普及，但虚拟人机交互实验室的虚拟替身现在尚无法提供给公众。与此同时，这项研究有力地提醒你，为困难之事建立意志力和决心的关键是自我效能而非动机。在没有 VR 技术帮助的条件下，如果你希望提升自己的自我效能感，就要专注于你想增强的具体技术和能力，哪怕每天只提升一点点。多跑一分钟、多做一个俯卧撑、多走一条街，关键是要在每一轮锻炼开始时就承诺做出具体的改进。每当你设定一个挑战性稍微强一点的目标并成功实现后，都能激活支持自我效能和意志力提升的神经网络。

不过，如果你想要完整的替身体验，今天或许就可以使用一套简化版替代锻炼。亚利桑那州凤凰城 40 岁的小学教师梅雷迪斯在玩电子游戏《模拟人生》（*The Sims*）时偶然发现了这一窍门。该游戏可以创建自定义人物，帮助他们实现职业和家庭目标。“我不敢肯定到底是怎么回事，”她最近写信给我，“但《模拟人生》似乎能鼓励我多锻炼，多跟邻居说话。”原来，梅雷迪斯给自己创建了一个虚拟娃娃，样子跟自己一模一样：一样的发色、一样的眼珠颜色、一样的身高、一样的体重，甚至一样的时尚感。看着她的虚拟替身在电脑游戏里锻炼、社交，触发了她自己也这么做的动机和自我效能。“我的虚拟娃娃锻炼、跟邻居聊天，这让娃娃立马有了满足感！”她告诉我，“化身总能得到即时奖励，这让事情显得分外容易。”

与拜伦森博士在实验室里发现的一样，虚拟反馈带来的即时满足似乎不仅触发了梅雷迪斯在现实世界里的自信，而且触发了一种对优先事项的有益觉知。“我想，说明虚拟娃娃需求的操作面板对我很有启发。”她指的是《模拟人生》里的计分方式，它提醒玩家虚拟人物需要锻炼、社交等活动来保持快乐和健康。“我开始想象自己的面板会是什么样，”梅雷迪斯告诉我，“我意识到，我需要多花时间去做能让我感觉更好的事情。一款电子游戏竟然能教你弄清楚哪些事对自己最重要，这可真有趣！”

“像超人一样飞行”，接通英雄品质

到目前为止，本章考察了决心、毅力和勇气等英雄品质。这些品格优势能帮助你跨越艰巨的障碍，达成重要的目标，让你为他人带去士气。而且，自我效能提升还能唤起另一种英雄品质：利他精神。

拜伦森博士在斯坦福大学的实验室进行的另一系列实验里，参与者受邀使用一种特殊的 VR 飞行模拟器，学习“像超人一样飞行”。[24] 玩家通过自己的肢体动作，控制飞行路线，穿越城市景观。为了让你大概了解与这种模拟器互动的感觉，请看以下发给实验参与者的游戏玩法说明。

> 双手举过头顶即可起飞。着陆时将手放至身体两侧。手指向的地方，就是你飞行的目的地。如需加快飞行速度，就两手并拢；如需减速，则双手分开。

玩家要在城市街道上寻找一个哭泣的孩子。研究人员告诉他们，那个孩子是糖尿病患者，需要你带去的胰岛素来救命。

这一游戏的肢体体验是游戏设计的关键元素，原因有二。首先，研究人员希望让参与者有机会学习一种陌生的新技能。按照指示成功地学会操作模拟器后，玩家将体验到自我效能感的爆发。其次，研究人员希望唤起参与者与超级英雄人物的典型心理联想。对大多数人而言，用自己的力量在空中飞行的能力会让他们产生“超人”的侠义感。研究人员假设：参与者如果亲身体验到了通常只有超级英雄才有的超能力，就很可能在日常生活里也对他人做出英雄行为。

为了检验这一假设，另一组参与者受邀玩同一款游戏，但规则略有不同。他们听到的指示是，在游戏里，他们将搭乘直升机穿越城市上空。他们不是直接控制自己的飞行，而是被动地体验一轮城市街道之旅。和第一组参与者一样，他们也要寻找一个哭泣的孩子，找到后从直升机上下去，为其提供救命药物。

所有的参与者都可以一直玩游戏，直到完成救援任务。不过，实验中有一个巧妙的设计，研究人员会在参与者完成游戏但尚未离开实验室的时候，上演一场假装的事故。参与者会看到有人碰到了麻烦，一位年轻的女士摔倒了，他们会去帮她吗？

事实证明，相较于戴着 VR 头盔被动搭乘直升机浏览城市景观的参与者，用模拟器自己控制飞行的参与者赶过去帮忙的速度快了两倍，帮忙时长更是翻番。事实上，每一个学习飞行的人都帮助了跌倒的女士，而直升机乘客里则有 20% 的人完全没搭理她。

这项研究表明，直接控制自己救援任务的玩家明显更乐于助人。就算所有参加者都收到了同样的“帮助他人”的亲社会信息，归根结底，自我效能感仍然是更强大的利他行为的推动因素。

这一发现在另一项科学研究中得到了侧面证实。斯坦福大学的研究人员邀请另一组参与者使用飞行模拟器，但无须完成救援任务。这一群玩家学习怎样“飞行”，但并不需要去找一个哭泣的孩子，给他送去救命药物。这一无救援任务组尽管没有接到任何“帮助他人”的任务，但跟直升机乘客外加救援任务组比起来，他们赶过去救助摔倒女士的速度也更快，提供帮助的时间也更长。哪怕没有在潜意识层面启动虚构的救援任务，单纯的超能力体验就足以改变人在现实生活中的行为了。

事实证明，相较于对成功结果的超级可控体验，超级英雄故事没有那么有用。如果你希望接通自己的英雄品质，不管是在游戏里，还是在体育运动、厨房或者车库里，那就不妨给自己一个掌握新技能、体验成功的机会。如果你感觉强大、能干，就有更大的可能运用这些优势与能力去帮助他人。

超能力 VR 模拟器并不是释放英雄利他精神的唯一游戏方式。以下任务的灵感来自过去 10 年我最喜欢的一篇科学论文，作者是麻省理工斯隆管理学院、纽约大学斯特恩商学院的研究人员，指导研究的是普林斯顿大学的心理学家。该论文题为《从学生到超级英雄》(*From Student to Superhero*)，它介绍了一个你可以随时随地运用的简单心理技巧，从而增加自己在现实生活中的英雄行为。

任务 13：超级英雄镜子

你的任务说明直接来自普林斯顿大学的心理学实验室：

> 这个任务中，我们希望你能描述一个超级英雄的特质。你设想一个超级英雄，然后列出与其特质相关的行为、价值观、生活方式和外貌。[25]

现在你来试试看。

怎么做：请至少用两分钟，列出所有你能想到的事情，用来描述耳熟能详的超级英雄——他们被什么激励，他们怎样对待别人，他们面对危险时怎么做……

要完成这个任务，你用不着是个漫画天才，只要尽力就行！你用不着形容某个具体的超级英雄，恰恰相反，请试着找出那些符合大多数超级英雄的特质。

为了让这个任务发挥最大的作用，别只是想，把答案写下来或用手机记下来。最起码，你可以自己大声说出来，这有助于你集中精力，完全解锁这一任务的益处。

原理：光是想怎样才能成为超级英雄，就能让你在将来有更大的可能做出超级英雄的行为。你将有更大的可能自愿帮助别人，为有价值的事业贡献时间。

美国麻省理工学院和纽约大学的研究的参与者所做的跟你刚看到的完全一样。研究人员发现，完成了该任务的参与者事后明显更利他。在受邀辅导本地边缘青少年时，想过超级英雄的研究参与者自愿登记的人数是没有想的参与者的两倍，前者是 51%，后者是 24%。在自愿登记的人里，超级英雄小组投入的时间是非超级英雄小组的两倍；平均而言，前者是每星期一小时，后者是每星期半小时。最叫人吃惊的是，3 个月后，超级英雄组出席志愿讨论会的概率是后者的 4 倍。

短短几分钟的思考，何以能触发长达 3 个月的明显行为变化呢？心理学家从大量的研究中了解到，如果要我们去想特定社会群体的正面特质，比如超级英雄无私无畏的行为，我们就会用自己去跟这些令人钦佩的群体做比较，并且一般是从寻找相似之处开始。我们下意识地用他们的价值观和美德去衡量自己，因为几乎人人都不愿意违背受人推崇的社会标准，我们自然而然就会去寻找途径弥补差距。这就像拿着一面只反射最佳部位的镜子。

这有点像是“积极偏向”，即我们所有人都希望自己是了不起的大好人，哪怕我们并不是。但这仍然是一套简单有效的心理学花招：充分利用你自己的偏向，花上几分钟去思考一群受你仰慕的人物的价值观与美德，比如职业运动员、消防员、急诊室护士、教师、社会活动家、CEO 或艺术家。每当你这么做时，如果正好碰到机会，你就有两倍于原来的概率抓住机会，像英雄们那样行事。

重要提醒：这一任务似乎只有在你设想的是整个英雄群体的时候才能发挥效果，设想具体的某个人反而不行。如果你单独挑出一个特别了不起的人，就很有可能用自己去跟他的美德或成就进行不公平的比较。心理学家发现，我们往往会在自己与受敬仰群体之间寻找相似之处，但却更容易注意到自己与受敬仰个人之间的差异。想到这些差异，实际上反而会降低你的动机和自我效能！所以一定要专注于受敬仰群体的整体特质，而非单个英雄人物的特质。

小提示：为了真正从这一任务中受益，你应该现在就找机会对你的英雄或任何最能鼓舞你的人投入更多的喜爱。如果你趁着脑袋里牢记着正面社会标准的时候，在精神上承诺去做某件具体的事情，将来就有更大的可能坚持到底、贯彻始终。研究人员的说法是："要在临时目标还清晰的时候，对将来的行为做出承诺。"如果你此刻正想着英雄或超级英雄，你就会更主动地接受一个利他的目标。一旦现在接受这一目标，就会让你更容易挤出时间和精力实现它，而不管是在明天、下个星期还是之后的几个月内。所以，现在就许下一个小小的承诺吧，为世界做些善事，充分收获这一任务带来的益处。

游戏科学揭示，我们比自己意识到的有更多的力量去自我激励和提升，即做出积极的改变、培养新的习惯、成为更好的人并做原本很难的事情。游戏告诉我们怎样为鼓舞自己的宏伟目标而奋斗，这些目标不仅会鼓舞我们自己，而且在奋斗的过程中，会帮助我们建立善于激励他人的优势。

技能解锁：如何打造英雄的品格优势

- 如果你想变得更好、实现艰巨的目标，那就别为动机担心。相反，你要着眼于提高自我效能，即对自己解决问题、达成目标的能力的信心。

- 提升自我效能最快和最可靠的方法是，学习玩一款新游戏。任何类型的游戏都行，因为所有的游戏都需要你学习新技能、攻克艰难的目标。
- 大脑中的多巴胺水平会影响你建立自我效能的能力。多巴胺越多，你就越觉得坚定，越不容易放弃。你还会学得更快，因为多巴胺水平高会改善注意力，帮助你更有效地处理反馈。科学研究已经证明，电子游戏对多巴胺水平的提升不亚于静脉注射安非他明。
- 每当你想提高自己的多巴胺水平，就可以玩游戏或者做预测。预测能启动大脑，让它保持更强的注意力，并期待获得奖励。玩“最坏情况猜猜乐”是结合这两种技术的好办法!
- 你也可以观看跟自己长相相似的虚拟替身在虚拟世界里完成壮举，从而提升自我效能。
- 只要有可能，就把游戏头像做成跟自己一样。每当你的游戏头像（替身）完成了了不起的事情，你的意志力和决心都会得到替代性推动。
- 自我效能感不仅能帮助你自己，而且可以激励你去帮助别人。你感觉越强大，就越有可能在恰当的场合挺身而出做出英雄行为。因此，下一次你感觉自己有超能力时，不妨停下来问问自己，该怎么运用你的力量去做好事。

第 4 章

将游戏化为游戏力

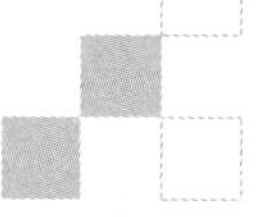

你的任务

打破游戏优势与现实生活的屏障。

到目前为止，我们已经考察了来自 100 多项科学研究的成果，揭示了我们所有人都具备的天生游戏能力，即控制自己的注意力、想法和感觉，与几乎所有人建立联系与纽带，以及增强自己的意志力和决心。

但不是所有玩游戏的人都能成功将这些来自游戏的优势转化到日常生活当中。事实上，不少游戏玩家似乎反倒因为玩得太多影响了自己的学业、社交，甚至是生理与心理健康，这让很多人对“电子游戏上瘾”产生了担忧。一部分深度游戏玩家得益于游戏，另一部分却碰上了麻烦，这是怎么回事呢？

我花了多年时间研究这个悖论，而且我不是唯一一个这么做的人。请看下面的新闻标题，它们都来自针对电子游戏影响的真实研究结果，并经同行评审过。

《研究显示电子游戏与抑郁症及生活低满意度挂钩》[1]

《研究显示深度游戏玩家体验到了更高的幸福感和生活满意度》[2]

《玩游戏跟青少年及大学生的成绩差、药物滥用挂钩》[3]

《玩电子游戏跟高中生及大学生的成绩好、少用药挂钩》[4]

《电子游戏对亲友关系有负面影响》[5]

《电子游戏会改善家庭关系，尤其是父女关系》[6]

真叫人抓狂，对吧？我见过数以百计的科学论文探讨这一话题，其中许多得出的结论令人信服，它们认为玩游戏会让你感到更加沮丧、焦虑、社交孤立。但还有更多研究同样提出了令人信服的观点，那就是经常玩游戏会让你更快乐、更健康、更有上进心，并拥有更强大的社会支持。

事实上，并没有哪一方的研究人员弄错了，他们都是对的。

如果你像我一样，考察这些存在分歧的结果背后的所有因素，就会反反复复地碰到一个问题的答案。这个问题就是，为什么只有部分玩家学会了把这些游戏优势有效运用到现实世界里，比如工作、学校、健康或家庭。答案到底是什么呢？

奇怪的是，答案的关键不在于你玩哪款游戏，或者你在玩游戏上花了多少时间；相反，它完全取决于你为什么玩游戏。你是为了逃避现实生活而玩，还是为了让现实生活过得更好而玩？

如果你不知道自己属于哪种情况，请继续读下去，本章会帮你弄清楚。

如果你玩游戏通常是为了逃避现实，也就是忽略你的问题、屏蔽不愉快的情绪或避免面对紧张局面，你恐怕就很难把游戏技巧转换到现实生活上。以逃避的态度去玩的确会加剧抑郁和社交孤立程度，降低你实现现实目标的可能性。[7]这是因为，你的生活压力越大，就会玩越多游戏，于是你对有益于解决现实问题的行动所投入的时间和精力就变少了。于是，你的问题将变得更加糟糕，结果你会花更多的时间玩游戏以求逃避现实。这是一个恶性循环。

如果你认识某个沉迷于游戏的人，几乎可以肯定的是他是怀着逃避心态玩游戏的。**事实上，研究人员发现，“利用游戏逃避日常生活”是引发游戏过度或成瘾的头号因素。**[8]

但是，如果你带着目的去玩，即带有积极的目标，比如为了切实陪伴亲友、学习新东西、在漫长一天之后为自己能量升级，你就更有可能把游戏化思考方式和行为方式带进日常生活。你玩游戏不是为了回避问题，而是为了追求益处。你明白游戏与它对你日常生活的影响这两者之间的关联，所以你能更好地在现实环境中激活游戏优势。

研究人员发现，这种有目的地玩建立起了自信和现实世界里解决问题的技能。[9]而且，与为了逃避现实而玩游戏相反的是，有目的地玩能让你更快乐、人际关系更佳、在现实生活里更成功。[10]

答案原来就这么简单。为了从中受益，你用不着去玩不同的游戏，也不必减少玩游戏的时间。**你只需停下来，不再把游戏看成现实生活的避难所，而是优势、技能和力量的真正来源**。这听起来简直容易得不像是真的，但研究结果令人信服，让我们来看一看。

自我抑制与自我扩展

虽然几乎所有的玩家在玩游戏时都体验到了深度沉浸，但事实上，沉浸有两种：自我抑制式沉浸和自我扩展式沉浸。[11]

自我抑制的时候，你想要努力避免糟糕的想法、感觉或体验。你在回避，而非追寻。

尽管这不是一种特别健康的心理应对机制，但几乎每个人都会时不时地自我抑制。有些人通过阅读有趣的小说、做艰苦的锻炼或长时间观看电视节目来自我抑制。任何逃避现实的活动都可以用来自我抑制，从精神上帮助我们屏蔽想要回避的紧张现实。

更危险的是，许多人用上瘾性物质来自我抑制，如酒精、毒品或食物。这种习惯有可能很快就让人失控：成瘾只会让你想要抑制的问题和压力越来越大，于是你会花更多的时间逃避。

就算是很少自我抑制的人，或是试图通过相对良性活动，如跑步、阅读等来逃避的人，也会体会到这一应对技术不利的一面。虽然自我抑制短期有效，能带来情绪和幸福感的暂时性改善，但它长期而言对我们有害。如果我们通过逃避现实来让自己感觉好受些，就会越来越不愿意在将来面对压力或挑战。因为我们强化了一个观念：让自己感觉好受些的最快方法是回避而非投入其中。随着时间的推移，自我抑制实际降低了我们的自我效能感和对生活的控制感。我们不再把自己看成能够有效解决自身问题的人。[12]

但自我扩展的时候，你想要的是努力促进积极的想法、感觉和体验。你积极地在自己的生活里创造好东西。你专注于那些自己想要更多的东西，不去做那些不想要的事情。自我扩展活动和自我抑制活动非常相似：阅读一小时，出门跑上 8 公里或玩一整个下午的电子游戏。**仅根据人们在做什么或者做多长时间，你无法判断他们是在自我抑制还是在自我扩展。你只能通过询问其动机和心态来找出答案。**

如果一个人有着消极动机，比如"我现在不想跟任何人打交道"或者"我就是不愿去想那件事"，他就是在自我抑制。如果他有着积极的动机，比如学习新东西、提高技能、实现目标、重振精神或巩固人际关系，那就是在自我扩展。

自我扩展活动是一种健康而积极的应对机制，尽管它同样包括了暂时忽略一阵子"现实生活"。因为当你自我扩展的时候，你在建立自信和自我效能。你把你最喜欢的休闲活动看成能让自己变强、让生活得到改善的强力工具，而不管它是体育运动、游戏、个人爱好还是其他消遣。这种自我效能感会渗透进日常生活。如果你觉得在休闲时间里成功创造了积极的想法、感受和体验，就会更愿意为挑战日常生活投入精力和创造力，从而追求积极的结果。

不过，在某些情况下，自我扩展和自我抑制之间的界限似乎并不清晰，尤其是在玩高度逼真的电子游戏时。比如，在第 1 章，我们看到了利用《冰雪世界》等 VR 游戏阻断疼痛，或是用《俄罗斯方块》等电子游戏来防止记忆闪回。这些技术利用的是自我抑制吗？毕竟，我们的目标是避免生理或心理痛苦，这听起来像是消极动机。但归根结底，一切还是要看玩家怎样看待自己在做的事。如果他们感到强大和积极，那么他们玩游戏就是在自我扩展。如果他们想的是"我具备控制自己此刻感受的能力"或者"我有力量去决定自己要不要被创伤性闪回折磨"，那么他们就有着积极的动机，他们在建立自我效能。但如果他们只是为了寻求庇护，想的是"不行啊，我应付不了，这款游戏是我唯一的出口"，那么他们就是在自我抑制。带着这种自我抑制的心态去玩，他们就降低了自己解决问题、改善生活的能力。

在类似的边缘情况中，玩家必须懂得，他们正用游戏来接通自己的优势，而不是为了回避问题。他们的行为或许相同，但不一样的心态决定了游戏优势能否在日常生活的方方面面得到有效运用。

有目的地玩游戏

那么，要想从自我抑制心态转到自我扩展心态，你究竟需要怎么做呢？**这很容易，**

你只需先确认自己想从游戏中追求的益处，接着有意识地投入能带给你所求之事的游戏习惯即可。依靠这种有目的的游戏方法，你便能把游戏优势发扬光大。

如果你喜欢体育运动、猜谜游戏或者棋牌游戏，那就应该已经想到了一些益处。体育运动不仅会改善身体健康，而且能怡情养性、稳定情绪。猜谜游戏则被普遍认为是年龄增长过程中保持大脑敏捷的大好方法。棋牌游戏经常受到表扬，它让家庭团聚时更愉快，也是与朋友面对面互动的一个途径。基本上，如果你喜欢除了电子游戏之外的其他任何一种游戏，大概已经确认了它的一些益处，因为在社会大众眼里，大部分非电子游戏都是健康、积极的。

然而，就算你在玩心爱的电子游戏过程中得到了极大的愉悦，大概也并不太清楚这些游戏到底怎样构建了你现实生活的优势，当然你从本书前 3 章了解到的内容除外。这是因为，此前的 30 年里，有关电子游戏的讨论主要集中在它们的潜在危害而非潜在益处上。

不过，2014 年，科学杂志《美国心理学家》（*American Psychologist*）刊登了一篇涉及广泛内容的分析文章《玩电子游戏的益处》（*The Benefits of Playing Video Games*）。[13] 该论文概述了来自其他 70 余项科学研究的发现，也包括你从本书中读到的不少研究。

到目前为止，在我们对玩电子游戏益处的讨论当中，重点考察的是那些有助于你更坚强、更成功地面对压力和挑战的直接益处，但其实还有许多其他益处。知道了那些额外的益处，就能让你在玩游戏时怀着更明确的目标。接下来就让我们来看一看，哪些优势跟你自己的经验相吻合。如果你并不怎么玩电子游戏，不妨跟你认识的深度游戏玩家分享这份清单，看看哪些跟他们的经验相吻合。

认知益处：游戏让你更聪明

游戏可以让你更聪明，尤其是快节奏动作游戏和赛车电子游戏，如《使命召唤》、《极限竞速》（*Forza*）和《侠盗猎车手》（*Grand Theft Auto*）。经常玩动作电子游戏的人能得到以下认知益处：

- 提升视觉注意力和空间智力方面的技能，从而有望在科学、技术、工程和数学领域取得更高成就；

- 在高压、时间紧迫的环境下，更快、更准确地做决定；
- 提升同时追踪多条信息流的能力，相较于轻度游戏玩家，深度玩家跟踪信息流的数量最高可达他们的 3 倍；
- 获得整体上更高效的神经回路，这意味着处理艰难任务时大脑所需资源较少。[14]

《星际争霸》（*StarCraft*）、《质量效应》（*Mass Effect*）、《最终幻想》等策略游戏也有助于提高具体的解决问题的能力，这一能力对于学业成功以及在日常生活中取得更高成就非常重要。具体来说，这些益处包括：

- 更高效的信息收集能力；
- 更迅速、更准确的选项评估能力；
- 更强的拟定并执行战略规划的能力；
- 更灵活地寻找备选策略或目标的能力。[15]

最后，各种类型的电子游戏都跟更优秀的创造力挂钩。花较多时间玩游戏的孩子，哪怕他玩的是含暴力内容的游戏，他在叙事、绘画和问题解决方面的创造力得分都更高。[16]

值得注意的是，从科学证据上看，相较于所谓的以改善认知功能为卖点的大脑训练游戏，以娱乐为主的传统电子游戏带来的认知益处明显更多。事实上 2014 年，70 位神经科学家联名发表公开声明，呼吁关注如下情况：经同行评审过的科学文献并未表明大脑训练游戏能带来长期的认知益处，这种游戏最出名的就是“Lumosity”系列。[17] 有研究直接对比了像科幻解谜游戏《传送门》（*Portal*）和奇幻角色扮演游戏《魔兽世界》这样的主流电子游戏以及大脑训练游戏的益处，研究发现，传统电子游戏对认知能力的提高明显强于大脑训练游戏。[18] 我跟一些研究人员谈过这些结果，他们提出了一个简单的解释：传统电子游戏更复杂、更难掌握，需要玩家学习更广泛、更具挑战性的技术和能力。因此，如果你对认知益处特别感兴趣，我就建议你玩刺激而新颖的主流电子游戏，而不要把有限的游戏时间浪费在简单的“大脑训练游戏”上。

情绪益处：游戏改变心情

玩电子游戏有助于改变心情、改善情绪状态，尤其是像《愤怒的小鸟》《宝石迷阵》

那样的益智类游戏以及如《超级马里奥》那样的平台游戏。玩自己喜欢的游戏能让你得到以下情绪益处：

- 即刻改善情绪；
- 抵御焦虑；
- 更频繁地体验积极情绪，如高兴、好奇、惊喜、自豪、惊奇、满足等。[19]

电子游戏还有助于你管理棘手的情绪，尤其是非常具有挑战性、惊悚、激烈的游戏，如《生化奇兵》（*Bioshock*）、《生化危机》和《寂静岭》。经常玩这些游戏的人会得到以下情绪益处：

- 更好地应对高压情况带来的沮丧和焦虑；
- 更纯熟地控制恐惧、愤怒等极端情绪。[20]

玩家甚至能培养出一些不同寻常的情绪"超能力"，这里面最令人惊讶的力量跟做梦有关。第一人称游戏会以英雄的视角生动地向你展现游戏世界，如《我的世界》、《光晕》（*Halo*）和《传送门》，经常玩这类游戏的人会培养出两种惊人的技能。

- 他们可以叫停噩梦，就像控制电子游戏中人物那样控制梦里的自己。
- 他们会体验更加频繁的"清醒梦"（lucid dreaming），也就是人在梦境中知道自己在做梦，能有目的地享受梦境，比如享受飞行的机会。[21]

社交益处：游戏让你获得社交技能

除了我们在第 2 章讨论过的结盟技能，多人游戏和大型多人电子游戏还可以传授重要的社交技能。经常玩以团队为基础的游戏，如《使命召唤》、《英雄联盟》和《军团要塞》（*Team Fortress*），玩家表现出：

- 在日常生活中更强大的合作心态；
- 沟通和协作能力的改善。[22]

同时，如果经常玩需要自发组队或在协同努力中指挥他人的游戏，如《激战》（*Guild Wars*）和《魔兽世界》，玩家就会得到他人如下的评价：

- 擅长领导；
- 能更有效地激励他人；
- 更乐于参加志愿服务、为慈善事业筹资等公众活动。[23]

游戏时，你追寻的是什么

以上只是你通过有目的地玩游戏可收获的一小部分益处。采纳自我扩展心态的关键是，完全清楚自己为什么而玩。你追寻的是什么，它能在日常生活中带给你哪些益处？

这个问题有很多好的答案。这个星球上有 12.3 亿人每天至少玩一个小时游戏，所以答案必定既丰富，又各有特色。你的答案是什么？

以下有一桩可帮你找出答案的任务。它专为深度游戏玩家而设计，这里的游戏可以是任意一种，包括体育运动、棋牌游戏等。但如果你并不怎么玩游戏，就可以用任何一种"硬趣味"来代替，也就是任何一种你喜欢的消遣，它可让你经常学习和提升。如果你现在还没有任何一种可称为"硬趣味"的爱好，可暂时先跳过这一任务。

如果你在生活里认识某个玩家，你又担心他玩游戏玩得太多，就不妨用这桩任务和他们聊聊怎样带着目的去玩。这是让消极游戏习惯得到控制最重要的第一步。

任务 14：带着目的去玩

带着更强的目的去玩其实很容易，只要按照以下简单的 3 步走即可。

1. 选择一款游戏。举出你经常玩的游戏名称。
2. 找出益处。你认为玩这款游戏能获得什么益处呢？那可以是你想培养的技能或才华，也可以是在感觉、想法或与他人互动方面的积极改变。你可以回顾本章提到的种种益处，从中获取灵感！
3. 将游戏与目的相连。这一益处能帮你实现什么样的真实生活

目标呢？它能帮你更有效地应对什么样的日常生活状况呢？

起初，回答这些问题或许会让你感觉别扭。如果你习惯了认为玩游戏就是为了“好玩”或者认为游戏是浪费时间的东西，那就尤其如此。但试试看再说吧！

例子：这里有一些《超好》玩家对这一任务的回答，可作参考。

南希，64 岁，来自得克萨斯州科利威尔（Colleyville）
游戏：Facebook 上的《刑事案件》（*Criminal Case*）。
益处：“我喜欢推进任务和解决罪案的感觉。我在精神上感觉相当敏锐！”
目的：“我对自己的记忆力更有自信了，这能让我心情更好，在社交场合不再羞怯。”

雅各布，23 岁，来自匹兹堡
游戏：“我平时下班后会玩《FIFA 足球》。”
益处：“玩完之后我感觉精力更充沛，就像是来了一次系统重启。”
目的：“玩过三四十分钟后，我可以‘切换档位’，更好地陪伴女友。她得到的是最好的我，而不是最糟糕的我。”

梅瑞丽，38 岁，来自印第安纳波利斯（Indianapolis）
游戏：“我跟孩子玩 Wii 上的《舞力全开》（*Just Dance*）。”
益处：“在没有个人空闲时间的日子里，我得到了锻炼。”
目的：“哪怕很忙，我也能保持身材，而且我还帮助全家人活动身体，这对我来说很重要。”

约书亚，13 岁，来自加拿大艾伯塔省埃德蒙顿 (Edmonton)
游戏：“我最喜欢的游戏是《我的世界》。”
益处：“我变得有创意了。我可以做任何想象得出来的事情！”
目的：“每当我需要为学校项目发挥创意的时候，我不再大脑一片空白。我善于想出新东西，因为我在《我的世界》里随时都在练习。”

现在轮到你了。选择一款游戏，找出益处，与目的相连。

任务完成：你能完成这 3 个步骤吗？如果能，很好。你已经开始意识到玩游戏时塑造的强大优势和技能，而认识到这些优势是将之运用到日常生活里最重要的第一步。

你越是带着目的去玩，未来对抗各种自我抑制行为的复原力就越强。和所有的认知习惯一样，自我抑制在大脑里能形成固定的神经回路。你每自我抑制一次，就强化一次敦促你将来再次逃避的神经网络。

学会控制这一认知习惯很重要，因为自我抑制跟另一种能够让你生活变得更加混乱的行为紧密相关，那就是“经验性回避”。它有时也被叫作“经验性逃避”，指的是拒绝接受或应对令人不安的想法或情绪的意愿，并伴有逃避、回避将来一切可能触发痛苦想法或情绪的企图。[24]

这里有一些经验性回避的例子：一个年轻姑娘乘坐的飞机碰上了气流，她因此感到很焦虑；事后多年内，她为了不坐飞机，总是避免长途旅行，也不出远门。有个人每次到养老公寓去探访年迈的母亲都感到内疚，于是就再也不去看望她了。在这两个例子里，当事人都不去学着管理自己的焦虑或不适，而是单纯地避免触发该情绪。他们越是试图逃避潜在的苦恼，就越是容易在未来错过积极的体验和关系。

这种逃避的心态会导致深度抑郁、社交孤立，甚至自残。最起码，不愿意去做有可能触发负面情绪或想法的事情，会严重约束、制约你的目标、上进心和生活体验。

我们将在第 7 章介绍“坏家伙”的时候，探讨更多有关经验性回避的内容。经常与坏家伙对抗会让你变得更强大、更勇敢。现在你只需要知道：带着目的去玩有助于你养成必要的心理习惯，免于各种形式的逃避，从而带着更强的目的去生活，哪怕需要面对风险、逆境或挑战。

每星期玩 21 小时就是临界点

我们之所以要理解自我抑制或逃避性玩游戏的内在机制，还有一个重要的原因：它有一个临界点，当超过一定限度，要想避免过度玩电子游戏带来的消极结果，比如抑郁、焦虑、成绩差、社交孤立，就会变得极度困难。

临界点是什么呢？我用了 5 年时间研究这一问题，我考察了各种资料，包括军方曾调查过的士兵应该花多长时间玩游戏，以及研究人员调研的玩家什么时候会开始感觉游戏有害自己的健康和幸福。我反复发现：一个星期玩 21 小时左右的电子游戏，情况就有点急转直下了。每星期玩 21 个小时就是临界点。[25]

每天玩电子游戏少于 3 个小时的人，往往能收获玩游戏的益处。他们报告说，在游戏目标和现实生活目标之间实现了良好的平衡。但是，不管是对儿童还是成年人来说，每天玩 3 个小时以上，意味着游戏从非游戏的工作、学习、身体活动和人际关系中抢夺了太多时间。这些生活方面一旦开始受到影响，就切入了自我抑制的恶性循环。

不过，只要你每星期的游戏时间少于 21 小时，益处就会切换回来。这是一个重要的发现。**如果你想为自己或是自己关心的人寻找一种切实的干预手段，不用彻底戒掉游戏或大幅减少游戏时间，只要把每星期的游戏总时间控制在 21 小时以下就行了。**对担心自己玩得太多的玩家来说，这种改变没有彻底放弃游戏那么吓人。

减少每星期玩游戏的时间并不会让人自动切入自我扩展心态。不过，这会让人安全地避开自我抑制的临界点，最终让人减少逃避行为，养成更健康的游戏习惯。

别叫他放弃游戏，问他这些问题

尽管我们现在知道逃避的危害，但仍然有高达 41% 的深度游戏玩家说："玩电子游戏是为了逃避日常生活。"[26] 难怪有这么多玩家尚未实现从游戏到游戏心态的飞跃呢！他们坚信游戏只是消遣。但这种想法不仅不对，而且有害。另一项有关游戏成瘾的研究发现，"无目的地玩游戏"会引发游戏问题或游戏成瘾。[27]

父母、配偶和教育工作者出于好意会规劝玩家"放下手里的游戏，做些实在的事情"或是"别再浪费这么多时间"，这只会让情况雪上加霜。这类劝诫虽说用心良苦，却进一步令玩家默认玩游戏没有目的，与日常生活的成功没有联系。这种人为的心理障碍让人难以发展出自我扩展心态。

如果你身边有狂热的游戏迷，与之探讨玩游戏的益处和玩家的心理优势是你能为他带去的最大帮助。别叫他放弃游戏，而是问他以下这些有力的问题。

- 迄今为止，你在游戏中做过最骄傲的事情是什么？你是怎么做到的？它需要哪些优势或技能？
- 这款游戏难在什么地方？你有什么制胜策略？你是怎么想出这些策略的？
- 你用了多久完成这一关卡或任务？你是怎么坚持下来的？你不放弃的动机来自何处？

- 你觉得这款游戏让你更擅长什么事情？你在日常生活中有什么地方能运用相同的技能或天赋去解决问题吗？
- 我今天看到书上说，玩家在某某方面比非玩家做得更好，你听说过吗？你认为在自己身上成立吗？

接下来是一个对任何玩家来说都最有力的问题，因为连接总是比逃避好：

- 我能跟你一起玩吗？

向尽量多的玩家解释以玩游戏来逃避现实和带着目的去玩之间的区别，我把这当成自己的使命，所以我在 TED 讲演上解释，在自己的第一本书里解释，在采访里解释，在 Twitter 上解释，在任何我能够接触到玩家的地方解释。通过这项工作，我有机会见到了许多游戏玩家以及玩家的父母和配偶，他们只是通过改变心态，就得以实现从单纯的玩游戏到在日常生活中保持游戏心态的飞跃。

保罗的故事很典型，这个故事是他父亲告诉我的。15 岁时，保罗似乎对在线电子游戏上瘾了。他在芝加哥地区上高中，但忽视学业，每个晚上都玩《英雄联盟》直到凌晨 3 点。因为睡眠不足，他的健康状况恶化，他的各科平均成绩降到了 D+。他的父母试过干涉，拿走了他的电脑，可惜事与愿违：保罗晚上干脆不回家，到别的地方去玩了。他的父亲告诉我，当时的保罗看起来简直没救了。

后来有一天，保罗的父亲给他看了一段我的演讲视频。他们从玩家的心理优势开始交谈，毫无疑问，保罗具备这些优势。他父亲问他，该怎么在现实中把这些优势积极地运用起来。这次谈话之后，保罗出现了巨大的转变。他并没有停止玩游戏，而是开始好奇：凭借自己获得的游戏优势，尤其是他的决心、在线研究的技能以及团队领导力，他能获得什么样的成就。

保罗开始运用这些优势，制订现实生活里的学业目标并付诸实践。他用一种游戏化方法申请大学，像完成游戏任务那样对待每一步。他规划自己解锁的每一项“成就”并加以庆祝，他先找到了自己很中意的 5 所大学，接着又收集了 3 封推荐信，最终完成了个人自述的初稿。他为自己的“大学任务”组建了一支团队，包括他的高中辅导员、父母和毕业的同学。如今，保罗在达特茅斯大学主修工程，仍然每天玩游戏，只是不再玩到凌晨 3 点了。他的父亲自豪地告诉我：“这一切都是因为他终于明白，我们当父母的也终于明白，他对游戏的热爱不是缺点，而是力量的源泉。”

保罗的故事很有戏剧性。大多数人并不需要对游戏做这样 180 度的大转变。不过如果我们不再把玩游戏当成浪费时间或忘掉烦恼的法子，而是带着目的去玩，几乎每个人都能从中受益。

哪怕付出小小的努力，将游戏优势与日常生活相连，也能带来巨大的积极转变。36 岁的纽约作家阿梅利亚·麦克唐纳 - 帕里（Amelia McDonell-Parry）就是一个例子。2013 年夏天，阿梅利亚疯狂地玩大受欢迎的三消游戏《糖果粉碎传奇》，一玩就是几个小时。她玩得太频繁，所以经常体验到视觉闪回。“一闭上眼睛，”她说，“我就看到糖果的画面。这款游戏甚至渗入了我的梦境。”

阿梅利亚想让自己投入的这些时间变成比游戏高分更有意义的事情，于是开始思考游戏对自己的优缺点有些什么启示。她认为，自己学到的最重要的一课是：“别怕向别人寻求帮助。”她这样形容自己恍然大悟的一刻：

> 只要你能放下骄傲，开口去要，同样在玩《糖果粉碎传奇》的朋友可以送给你额外的性命，帮你通关。起初，这让我很不舒服。我一般不喜欢请求别人协助，总想着自己琢磨出路。我写的文章有问题？我自己来解决。需要安装买回来的宜家家具？我才不管说明书上说那需要两个人装呢，我自己搞定！这一天过得很辛苦？不，我不想谈论它，我只想自己找个角落偷偷哭，谢谢。但生活里，有时候你需要靠在别人的肩膀上哭，需要珍贵的建议，需要额外的援助之手，或者说需要 10 多年来从未谋面、没说过话的 Facebook 好友送给你一条《糖果粉碎传奇》的命。在你需要的时候，别害怕开口提要求。[28]

阿梅利亚突破性地意识到：她在心爱游戏里有效学到的事情完全可以套用到日常生活里。寻求帮助、培养盟友，这是游戏教给她的一项技能，而且其作用并不仅限于游戏。这是实现游戏到游戏心态飞跃的典型例子。

你已经读完了本书的第一部分，这意味着你现在正准备实现同样的飞跃。你已经理解了游戏的科学，现在是时候积极利用这一科学知识改变你的生活了，是时候来玩《超好》了。

技能解锁：怎样实现从游戏到游戏心态的飞跃

- 具备游戏心态意味着，能把在玩游戏中培养起来的优势和技能运用到现实生活的目标和挑战上。
- 并不是所有玩家都能成功地把游戏优势转移到日常生活当中，其中最大的障碍是什么呢？是逃避心态，或者说是用游戏来回避或忘掉真实生活的游戏目的。
- 解决逃避心态的办法是带着目的去玩：确定你从游戏中所得的益处，每次玩游戏时都有意识地去追寻。
- 为玩游戏时想追寻的益处列一张清单。清单中可以包括你想产生的积极情绪，你想开发的认知能力或者你想要巩固人际关系的途径。
- 确认你在玩心爱游戏时发展起来的技术和能力，并寻找机会将这些优势运用到日常生活里。
- 如果你在生活中认识狂热的玩家，就不妨跟他们谈一谈游戏心态的优势，和他们分享一些有关游戏的积极研究，鼓励他们把对游戏的热爱看成力量的源泉而非弱点。
- 为了最大程度地增加益处，降低潜在危害，你可以把电子游戏或其他逃避活动的游戏时间控制在每星期 21 小时以下，留出充足的时间用于充分享受情绪、精力、人际关系、认知能力和自信心的改善，并在现实生活中运用这些优势。

SUPER
BETTER

A REVOLUTIONARY APPROACH TO GETTING STRONGER,
HAPPIER, BRAVER, AND MORE RESILIENT

第二部分

装备你的游戏力:“超好”法的 7 大规则

我们本就具备力量去带着游戏心态思考和生活，并因此变得更强大、更快乐、更勇敢。我们要做的仅仅是在游戏化框架内把这种力量转变为具体行动。

《超好》用7条简单的规则为你提供了这一框架，只要你希望在生活里应对挑战或实现积极的变化，就可以运用。这7条规则会让你更容易借助自己的天生游戏优势，即第一部分讨论过的那4项优势：

- 控制注意力，进而控制自己想法和感受的能力；
- 把所有人变成潜在盟友、巩固现有人际关系的能力；
- 你天生就有的自我激励与增强意志力、同情心和决心等英雄品质的能力；
- 你带着目的玩游戏的能力，你会自信地迎头面对挑战，而不是试图逃避。

你将在第二部分学到的这7条《超好》规则是经科学研究和数据分析验证过的，文中介绍的故事来自检验过“超好”法并改善了自己生活的40多万名玩家。研究人员对玩家们解决过的10 000多个独特挑战进行了分析，总结出了相关建议，这些挑战从“寻找新工作”、“获得健康怀孕期”到“重新靠自己的两条腿站起来”，范围很广。

具体来说就是，宾夕法尼亚大学对《超好》系统进行了随机对照试验。这项研究由博士研究生安·玛丽·勒普克主持，正是她创造了“狂喜后成长”这个词。该研究认为，玩30天《超好》明显减少了抑郁和焦虑症状，增加了乐观情绪、社会支持和自我效能。研究还发现，能坚持遵循《超好》规则一个月的人，明显更快乐、对生活更满意。[1]

此外，美国俄亥俄州立大学韦克斯纳医学中心也对《超好》系统做了临床试验，帮助年轻的脑震荡患者复健。[2] 这项研究耗时 3 年，得到了美国国家卫生研究院的资助，目的是找出在医疗环境下运用"超好"法的最佳方式。从试验中所得的量化结果以及对医患双方的访谈都有力地支持了如下结论：在康复与痊愈的过程中，游戏化方法提升了乐观精神，减少了焦虑和痛苦，强化了家庭关系。这项研究由俄亥俄州立大学医学教员丽瑟·沃森 - 查德哈里（Lise Worthen-Chaudhari）主持，她在康复研究领域有 20 年的从业经验，她说："从提升社会支持、激励患者自我照料、为看护人员带去具体而积极的帮助等方面看，我还没见过有比《超好》表现更好的东西。"

你可以在本书末尾的后记中对上述两项研究做更深入的了解。

那么，你该怎样改变自己的人生呢？你只需要一条一条地采纳游戏化规则就行。第二部分的每一章都包括以下内容：

- 一条帮助你切入游戏心态的规则；
- 《超好》玩家的成功故事以及他们怎样遵循这一规则；
- 支持该规则的重要科学原则以及对相关研究的简单介绍；
- 在日常生活里遵循该规则的实用技巧。

在第二部分，你会看到许多《超好》玩家分享他们成长和胜利的故事。我也会分享我的故事：我不仅用《超好》规则治好了轻度脑震荡，而且用它为我的第一场马拉松做准备，还最终成功完成了不孕症治疗，今年早些时候，我顺利生下了一对双胞胎女儿！

你会看到，《超好》玩家来自各行各业，游戏理由各不相同。

乔希①，25 岁，计算机程序员，患上抑郁症多年，但没有勇气把自己的挣扎告诉亲友。他说："《超好》最终让我向两个人吐露了这些年来的经历，我的哥哥和一位亲密的朋友。这听起来或许没什么，但对我来说意义重大。我从没对任何人提起过自己的抑郁症，它一直是我的大秘密，有着沉甸甸的分量。最终能够把它说出来给了我很多帮助。若是没有这款游戏，我一定没有勇气这么做。"

贝基·特朗，36 岁，受失眠折磨 20 多年，玩两个月《超好》竟治好了她的失眠。

① 有些玩家很乐意我提到他们的名字以及会被人认出的故事细节，所以我会列出他们的全名。另一些玩家却请求只提他们的教名或把一些会被认出的细节改头换面。

用她的话说就是，她从“长期睡眠不足，失魂落魄”变成“每天晚上睡觉都香甜得像个婴儿，我曾以为自己再也没办法这样了”。

乔伊斯·科文，67岁，刚刚退休，希望在“人生中找到新的火花”，尤其想要“在我丈夫面前重新变得性感”。《超好》成为她迈向新生的完美跳板。在游戏的帮助下，她开始练习写作，而且她丈夫说，她变得“比我几十年前认识她时还性感！还有什么能比这更好呢？”

卡玛拉，30岁，银行职员，因为父亲意外过世，她度过了一段非常悲痛的时光。她按照《超好》的7条规则过了一个月，发现自己在悲痛和快乐生活的愿望中找到了更好的平衡。“尝试《超好》之前，我完全卡住了。就好像我对自己的所思所感没有了控制力。我说不准它到底是怎么发挥作用的。我觉得《超好》让我再次开始发现积极的东西，哪怕它并未带走我的悲痛。它帮助我活得更充实，并借此缅怀我父亲。”

埃里克，38岁，一位终身游戏玩家，遵循《超好》规则以求“减肥，保持体形”。玩了6个星期后，他减掉了11.5公斤体重。他说：“我以前肯定会惊讶于，如果每天做些小事，就能实现巨大的不同。我以前连试都不想试，因为我觉得自己做不到。但如果把事情当成游戏来做，它就变得没什么大不了的了，我也无须担心失败。这就是改变的契机。我终于不再担心失败，而这反倒让我成功。”

索亚·劳沃尔夫，42岁，全职主妇，她介绍一个新确诊患上了多发性硬化症的朋友玩《超好》。“我想向她表达我愿意陪她一起的心意。我希望做一些具体的事情。我感觉我跟她的关系已经有了很大的改善。我们一起玩，于是有了一种简单的方法来表示我的支持。哪怕这只需要我每天花上一分钟到游戏里签到，我也能让她知道有我陪着她。”

菲利普·杰弗里，31岁，摄影师，患有一种罕见的晚期血癌。他在《超好》中扮演“创意癌症斗士菲利普”。尽管这种致命的疾病现在还没有治疗手段，菲利普仍决定利用《超好》规则，帮助自己尽量过好每一天，对抗化疗带来的种种痛苦副作用。他说：“玩《超好》是我生命中最积极的体验之一。它让我有了活着的目的，对自己的感受有了控制力。哪怕是碰上糟糕的日子，我也尽力完成至少一桩任务。为了这款游戏，我每一天都从床上爬起来。它为我的生活增添了这么多的意义，我提醒自己，哪怕是患上了癌症，我也能够发挥创造力，我能够做得到。”3年后，他经历了好几轮缓解期，目前仍在做任务。

玛丽莲，54 岁，一位中学老师，她说："我没有什么大问题，只想变得超好。"她眼下的生活并没有什么重大障碍，只想感觉更快乐、更健康、更自信。她和曾帮助我们研究"超好"法的 40 万名玩家一样，想要活得更充实，提高复原力，享受更多的快乐时光，未来面对任何潜在挑战时都更加强大。

本书第一部分从科学的角度探讨了为什么游戏让你变得擅长应对棘手的挑战，第二部分则将教你怎样把这些游戏技能运用到日常生活当中。

无论你是想从创伤、疾病或伤害中变得超好，还是只想成为最优秀的自己，本书的这一部分都会教给你所需了解的一切，让你运用游戏优势解锁狂喜后及创伤后成长所蕴含的极大益处。

你准备好去过更忠于梦想、再无遗憾的生活了吗？如果你已整装待发，就让我们动手玩起来吧！

第 5 章

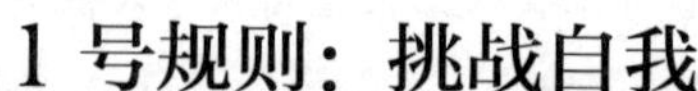

1 号规则：挑战自我

怎样切入

要想变得更快乐、更健康、更强大、更勇敢，有成千上万种方法。判断一下你想解决什么现实问题或最想先做出什么积极转变。

关于游戏，有这样一个有趣的事实：玩游戏的时候，人几乎不会感到绝望。真的，我不骗你。心理学家研究了游戏过程中最常见的情绪，真正的焦虑和悲观极为罕见。即使在游戏中兵败如山倒或是百般挣扎纠结，我们往往也觉得意志坚定、乐观向上，而不是惊慌失措、软弱无力。[1] 就算是事业、生计都有赖比赛表现的职业运动员和扑克玩家也不例外。[2] 原因正如你将在本章了解到的，游戏心态自然而然地让我们更轻松有效地管理焦虑，关注机会而非威胁，不那么害怕失败。

为什么会这样？因为我们玩游戏的时候，焦点放在目标和成长上。我们自愿寻求挑战，愿意细细咀嚼困难的滋味。我们玩游戏不是为了回避失败，而是为了发现自己能够做些什么。我们相信，哪怕胜利的机会极其渺茫，也有可能实现。

如果你把这种游戏心态带到现实生活的困难应对上，那会怎么样呢？在赌注更高、失败后果更严重的日常生活中，你有没有可能感受到同样的乐观、勇气和好奇心呢？而且，这样做会不会反而更加明智？

把游戏心态带到现实障碍上是绝对有可能，也绝对更明智的。这就是所谓的“挑战与威胁”心态，你会在本章看到它的相关研究。

找一个真正紧迫的目标

挑战，指的是任何能让我们渴望去检验自己的力量和能力，并带给我们改善机会的事情。其中的关键是，挑战必须要人主动接受。没有人可以强迫你去解决它，你必须挺身而出。

以下是《超好》玩家采用游戏心态后成功解决的一些挑战：①

- 对抗来自工作的可怕压力；
- 还清所有账单，再也不负债；
- 捐赠自己的肾脏；
- 努力克服口吃；
- 卧床休养期间怀孕；
- 喜欢自己，也相信别人喜欢自己；
- 从事福音传道工作；
- 从糟糕的分手中恢复；
- 21 天糖戒断；
- 克服偏头痛和极度疲劳；
- 成人注意力缺陷多动障碍；
- 做个出色的自由职业者；
- 为离婚做准备；
- 少几根懒骨头；
- 不怯懦，也不动怒；
- 养育一个快乐、成功的自闭症孩子；
- 完成自己的第一个铁人三项比赛；
- 做个更好的人；
- 从车祸带来的创伤后应激障碍中恢复；
- 从中风中恢复；
- 向家人出柜；
- 戒烟；

---

① 在《超好》游戏中，成功的定义是，完成至少一次华丽制胜（epic win），我们将在第 11 章更详细地解释这一特殊的目标。

- 度过遭到强奸后的可怕日子；
- 对抗癌症；
- 平复生活伴侣去世带来的哀痛，他们已经在一起生活了 20 多年；
- 用饱满的热情拥抱生活；
- 告别受害者心态，转变成幸存者心态。

这些挑战里，有些完全出于自我选择，是玩家自己想实现的积极人生转变。不过，也有许多是没人愿意碰上的意外挑战，比如受伤、生病、遭受创伤、经历失败。你可能会认为，这类挑战是游戏化方法解决不了的，因为它们太严肃、太痛苦、事关生死，不可能被“视同儿戏”。好在事实并非如此。事实上，相较于用它实现自己主动选择要做的积极改变，用游戏化方法去应对生活向你抛来的意外挑战，效果反而更好。

这就是为什么我建议你去找一个真正紧迫的目标，比如免于焦虑的生活、寻找新工作、改变饮食结构、承受慢性疼痛的同时拥抱生活或者快速展开一段爱情。去解决生活里的重要问题，哪怕它此刻看起来困难无比，超出你的控制范围。

事实上，越是看起来困难，越是让你感觉无法控制的问题，你就越要去试着解决它。游戏化想法和行动极其适用于让人感到绝望、想要放弃的情况。其实，根据来自 40 多万《超好》玩家的数据，问题越棘手，挑战越让你望而生畏，游戏化方法似乎就越有效。这是因为它的方方面面都在帮助你建立更强的控制力、获得更多力量，让你可以将它们用于感到力不从心、自我怀疑之时。所以，别退缩，为自己挑选一个你感觉能真正改变生活的棘手挑战。

如果你想要获得创伤后成长，你的挑战可能会是以下问题。

- 更有效地管理外伤或疾病；
- 尽力熬过艰苦的磨难；
- 为自己或家人解决某个问题；
- 从创伤中恢复；
- 解决各类障碍。

以下是 10 种《超好》玩家选择解决的最常见的创伤后成长挑战，它们按顺序排列，排得越靠前就越常见。

1. 摆脱抑郁症；
2. 克服焦虑；
3. 应付慢性疾病或慢性疼痛；
4. 找到一份新工作或解决失业难题；
5. 从离婚或与家人的分离中恢复；
6. 从人身伤害中痊愈，包括创伤性脑损伤；
7. 从学业或事业挫折中振作；
8. 从创伤后应激障碍中恢复；
9. 虽然患有学习障碍或神经系统疾病，却仍能有所发展，这个问题通常由父母和孩子一起解决；
10. 平复亲人离世的悲痛。

如果你想要追求狂喜后成长，你的挑战可能包含在以下情况中。

- 培养一个新习惯；
- 开发一项天赋；
- 学习或提高一种技能；
- 巩固一段人际关系；
- 实现身体或运动方面的突破；
- 完成一个有意义的项目；
- 追求毕生的梦想；
- 实现其他任何一种积极的生活变化。

因为每个人都有不同的梦想和才华，所以狂喜后成长的目标往往更加多样化。我们在《超好》玩家中看到的一些较受欢迎的目标包括：吃得更健康，拿到学位，写一本书，改善睡眠，“做些让我害怕的事”，创业，在压力管理上做得更好，减肥，跑 5 公里或完成一场马拉松，学习冥想，成家立业，存钱并计划一场梦想之旅，帮助一个面临挑战的朋友，为一份良好的事业做出贡献，做更好的父母，以及成为更好的丈夫或妻子。

你此刻或许正面临着人生中的重大逆境或创伤，但这并不意味着你不能追求狂喜后成长。许多《超好》玩家都通过追求有意义的个人目标或梦想，成功地缓解了焦虑、抑郁或痛苦。你兴许觉得，相较于直接专注于疾病或创伤，你会有更强的动力和乐观精神去完成积极的目标。这完全没问题！先解决什么样的挑战不存在对错。

认知重评，让“兴奋起来”技术发挥作用

你是不是已经想到了要跨越的障碍？很好。不过，在你一头扎进去之前，还需要掌握一种技能。它叫作“认知重评”（cognitive reappraisal），意思是改变你对生活里压力问题的想法和感受。

它是怎么运作的呢？其实，我现在就能教你一个非常简单的花招，这是经过科学验证的方法。它可以帮助你把焦虑转化为兴奋，而且也是学起来最简单的认知重评方式。

原来，从生理上看，焦虑和兴奋是完全相同的情绪。无论你是为某事感到担心还是兴奋，你的身体都以近乎相同的“高唤醒”状态作为响应。如果你有过剩的精力，就可能会觉得恶心想吐、心跳加快，等等。这意味着，如果你为一个问题感到焦虑，试着兴奋地解决它，比试着冷静下来更容易。要想冷静下来，你就必须放慢心跳，降低肾上腺素水平。这不太容易，尤其在你正面对紧张情况的时候。但要想兴奋起来，你却完全不必改变身体的感觉，而只需要改变意识对身体感觉的阐释就行了。你可以对肾上腺素水平和心跳加速重新评估，把它们看成你充满热情、渴望甚至兴奋的迹象。

这做起来很容易的。哈佛商学院的研究员、心理学家艾莉森·伍德·布鲁克斯（Alison Wood Brooks）根据身心科学设计了一种将焦虑变为兴奋的简单技巧。[3] 你准备好学习了吗？你只需要做以下事情。

想一件通常会让你感到紧张的事情，它不是真正的创伤，而是你想要感觉更自信、没有那么多消极压力的日常情况。它可以是当众讲演，参加考试，找老板要求加薪，搭乘飞机或者独自去参加聚会。如果你知道让你紧张的具体事情就更好了，比如，必须做一次强硬的谈话、去看病、听取别人对你的工作反馈、第一次约会。聚精会神地想着它，不管是什么调动了你的神经，不断想象它，直到你觉得恶心。

只要你感觉到了自己的神经活动，就对自己说“我很兴奋”或者“兴奋起来”。你可以大声地说，多说几次。“我很兴奋。兴奋起来！”就这样做，整个招式就这么简单。据布鲁克斯博士的研究，这真的足以让人们不那么焦虑，更乐观、更成功地解决问题

或承担紧张的任务。如果不去想紧张的念头，我们就能够把脑力和体力自由地运用起来，更有创造性、更关注问题本身，把事情办成。这就解释了为什么在布鲁克斯博士的实验室，参与者运用这一技术，不仅感到更加乐观，而且执行高压工作时的表现也更好，比如在评委面前唱歌。

让“兴奋起来”技术发挥作用的关键是，对这样一个可能性保持开放心态，即你对自认为担心的事情，其实至少是有一点点兴奋的。你心中会问：难道不会出现好结果吗？对于要发生的事情有什么值得期待的理由吗？如果是这样，你就真的有可能兴奋起来，不再焦虑。

这并不仅仅是一个你跟自己玩的心理游戏。焦虑和兴奋之间的界限非常模糊，你对两者有着相同的身体反应，大脑并不见得总能判断其区别。也就是说，大多数时候，你能够真正在焦虑感和兴奋感之间做出选择。游戏玩家和运动员随时都在进行这一选择，这就是为什么足球运动员碰到别人追着自己满场跑或想要粗暴地拦截他时，他会感到兴奋而不是恐惧的原因。

把这种力量当成你的优势吧，别犹豫，毕竟它这么简单，只要说区区 4 个字。它不仅让你在这一刻感觉更强大、更快乐，而且提高了你解决棘手障碍、达成目标的能力。

用挑战心态替换威胁心态

“兴奋起来”技术最适用于利害关系不大、你只想更好地控制自己神经的情况。但你也可以把认知重评的力量用于更严重的问题。

面对意义重大的变故，你可以运用认知重评把它看成自己有能力迎接的挑战，而不是会压倒你、伤害你的威胁。这就是用挑战心态替换威胁心态。[4] 而且，这也是带着游戏心态生活的头号规则。

在威胁心态下，你专注于潜在的风险、危险、伤害或损失。你感到了避免消极结果的压力，而不是力争实现积极结果。威胁心态常出现在你自我效能感低的时候，你觉得改变局面、避免消极后果超出了自己的控制力或能力范围。

在挑战心态下，你专注于成长的机遇和积极的结果。就算你承认自己可能面临风险、伤害或损失，你也感到了合乎实际的乐观情绪，认为自己能够开发有用的技能或策略，实现最好的结果。你收集了资源，借助个人的优势，面对艰难时刻做好了准备。具有较高自我效能感的人往往容易采用挑战心态。玩游戏玩得多的人也是这样。[5]事实上，“寻求挑战”是常玩游戏的人最常见的个人特质之一。[6]

我们每次玩游戏的时候，都会带着挑战心态对待它，你现在要学习怎样把这种心态带到现实生活的目标和障碍上。但首先，让我们来谈谈为什么挑战心态至关重要。

心理学家研究“挑战与威胁”心态有 30 多年了，他们想知道，这对人应对压力和逆境的能力有什么样的影响，以下是他们发现的主要区别。

带着威胁心态工作，除了要应对挣扎，你还可能出现焦虑和抑郁。这样一来，你在压力下表现出来的能力就受到了不利影响。同时，你不会倾向于开发有用的应对技能或去寻找新的资源，而是更容易采取逃避和自我防御行为，比如社交孤立、吸毒和酗酒，或是单纯地假装看不到问题，纵容它继续恶化。[7]然而，如果怀着挑战心态，你体验到的焦虑和抑郁就会更少，并能更有效地适应和调整。你不会尝试逃避自己的问题，而是利用社会支持等重要资源助推自身的能力。你会提升技能，从而更好地解决问题。总之，你有更大的可能获得当前条件下最好的结果。[8]

挑战心态和威胁心态之间的区别不仅限于心理层面，它们还决定了你的身体对压力的反应。

处在威胁心态时，你的动脉会收缩，心脏必须更努力地泵动整个身体的血液。从短期来看，这会增加你心脏病发作的概率。长此以往，如果你有几个月甚至几年都处于威胁心态下，你的心脏或许会因为负荷太大而功能衰退。

与此相反，处在挑战心态时，你的动脉会扩张，你会体验到更有效的心输出量。这样，你就用更少的努力改善了血液循环，换句话说，挑战心态让你的心脏健康而放松。

处在威胁心态下，你会切入应激本能，激活交感神经系统。如果你的交感神经系统连续运转数小时、数天、数周甚至更长时间，你的免疫系统会受到波及，让你更容易生病。

处在挑战心态时，你的神经系统能在交感神经和副交感神经反应，即战斗 - 逃跑模式和平静 - 连接模式之间达到更好的平衡。这种平衡有助于避免神经衰弱和倦怠。

最后，威胁心态导致应激激素皮质醇和代谢激素胰岛素的水平提升。皮质醇和胰岛素水平提升，跟体重变大、肌肉难以锻炼及糖尿病相关。

总而言之，威胁心态不仅是心理障碍，而且不利于你的身体健康。而采用挑战心态则可同时增强自己的心理和生理的复原力。

你离挑战心态有多远

现在，你懂得了挑战心态有多么重要，是时候弄清你离实现挑战心态还有多远了。实现它的最佳途径是什么呢？来做个任务吧！

任务 15：挑战与威胁

想象你此刻最大的个人挑战、目标或最大的压力来源，我们把这称为你的障碍。回答下面有关障碍的 20 个问题，你就可以判断自己到底是用威胁还是挑战心态在应对它了。

怎么做：对你能够认同的说法打上钩或做标记。如果不认同，就跳过去。

1. 我渴望着应对这个障碍。
2. 一想到这个障碍，我就紧张。
3. 我担心这个障碍可能会暴露我的弱点。
4. 因为这个障碍，我能变成一个更强大的人。
5. 如有需要，我能向某人求助应对这一障碍。
6. 应对这一障碍的过程似乎让人精疲力竭。
7. 不管我怎么做，这个障碍都很可能对我的生活造成整体的消极影响。
8. 一想到要应对这一障碍，我就动力十足。
9. 这个障碍威胁着我或家人的健康和幸福。
10. 我担心自己缺乏应对这一障碍所需的资源。

11. 这个障碍给了我掂量自己真正斤两的机会。
12. 我感觉，这个障碍基本上代表了绝望。
13. 想到应对这一障碍可能带来的结果，我就兴奋。
14. 我不介意为应对这个障碍而战斗，甚至偶尔失败，因为结果对我很重要。
15. 我想，我具备或能够掌握成功应对这一障碍所需的能力。
16. 如果我成功应对这一障碍，将对我或家人的健康和幸福产生积极的影响。
17. 有效应对这一障碍所需要的力量大概比我现有的多。
18. 如果我不能应对这一障碍，就会给我和我的生活造成重大的消极后果。
19. 对于这个障碍，没有人能帮我的忙。
20. 在尽我所能应对这一障碍的过程中，我大概能学到些东西。

得分：在第 1、4、5、8、11、13、14、15、16、20 中，你同意几条？你同意的条数就是你的挑战得分。在第 2、3、6、7、9、10、12、17、18、19 中，你同意几条？你同意的条数就是你的威胁得分。

为了获得挑战心态带来的益处，你要争取让挑战得分高于威胁得分。两者的差距越大越好。

如果你已经百分百地处于挑战心态，威胁得分为 0，那就太棒了。不过，更有可能的是，你处在威胁与挑战这两极之间的某个地方。

你的目标是，在你读完这一章的时候离开威胁心态，朝着完全的挑战心态前进一两分。

这里，请记住一件重要的事：对完全相同的情况，有些人会认为是威胁，有些人会认为是挑战，这取决于他们怎样评估伤害或发展的可能性。**你所面临的实际紧张情况并不决定你是把它看成威胁还是挑战，真正的决定因素在于你选择怎样应对压力。**

事实上，对于人能在什么样的紧张情况下成功培养起挑战心态，研究人员至今尚未找到任何限制条件。根据 30 多年的研究，无论你面对的是经济困境、医疗危机，还是生活在战争冲突地区的现实，都有可能实现挑战心态，所以它跟客观存在的环境威胁无关。

科学家已经证明，应对以下几种压力类型时，培养起挑战心态可为其带来重大益处。

- 在赛季之初就具备挑战心态的大学生运动员在整个赛季里的表现更好，赢得的比赛更多。[9]
- 在参加考试之前采用挑战心态的学生得分明显更高。[10]
- 如果艾滋病和癌症患者把自己的诊断视为挑战而非威胁，感到抑郁和焦虑的概率会低得多。[11]
- 生育有困难的夫妇如果采用挑战心态，就会争执较少、压力更小、婚姻关系更亲密。[12]
- 在消极情绪管理上培养起挑战心态的男女能更好地控制自己的愤怒情绪。[13]
- 从小学升入中学的过渡期，具有挑战心态的孩子会体验到更多社交和学业方面的成功，行为问题较少。[14]
- 痛失伴侣的人如果在哀悼过程中发现了要应对的具体挑战，就会身体更健康，焦虑和抑郁都更少。[15]
- 坚信自己有能力成功应对战区压力这一挑战的平民和士兵，出现创伤后应激障碍的概率更低。[16]

有一件重要的事情我必须说清楚：挑战心态并不要求你随时都往积极的方向想或忽视自己的痛苦和损失，而是更多地考察自己的优势和能力，并努力提升。

同样，具备挑战心态并不意味着对潜在的负面结果持否定态度，而是对积极的结果或个人成长给予更多的关注，投入更多的努力。这意味着，不把消极视为必然，或者说，哪怕消极的结果不可避免，也不让它彻底决定你的体验。

凭借挑战心态，你会努力寻找消极之外的东西以及能为你的奋斗带来意义和目的的东西。

切换挑战心态的 3 种技术和 3 类目标

那么，你要怎样才能从威胁心态转到挑战心态呢？这里有 3 种技术可供尝试。

1. **写出挑战心态的 10 种表现，即任务 15 中的第 1、4、5、8、11、13、14、15、16、20 条，把清单放到一个你每天都能看到的地方。**每天看这份清单，提醒自己挑战心态是种什么感觉。这能带来极大的帮助，尤其在挑战心态没办法自然而然地从你的当前局面中出现的时候。你可以试着每隔一天大声朗读这些陈述，就像念咒语一样。这不会让它们自动成真，但能给你一个思考它们成真可能性的机会。事实上，你说得越多，就越容易做出有助于促成挑战心态的选择或改变。

2. **问问自己，有可能出现的最好结果会是什么？**当我们处在威胁心态下，往往会花掉大量时间琢磨“最糟糕的结果会是什么”，而且我们通常会想出许多答案。为了平衡这一认知习惯，可以问一问自己相反的问题，看看你能想出多少答案。它有助于你对潜在的积极结果或创伤后成长保持开放心态。

3. **你要说自己正在某件事上变得超好，而不是因为某件事变得超好。**仅仅是提起“超好”之旅时的用语方式，就会决定你是采用威胁心态还是挑战心态。因为某件事而变得超好暗示了威胁，但在某件事上变得超好则暗示了成长的机会。

如果你追求狂喜后成长，这种措辞方式就会出现得很自然。“我在写小说上变得超好。”“我在环球旅行上变得超好。”“我在铁人三项运动上变得超好。”“我在‘市议会选举’[①]活动中变得超好！”但对于创伤后成长，这或许需要一点再思考。比方说，你不该说“因为焦虑而变得超好”，而应该说“在表现勇敢、找到平静、避免恐慌（可以是你想要体验到的积极变化或成长的任何东西）上变得超好”。你不要说，你因为失眠而变得超好；而应该说，你在睡眠上变得超好。不要说，你因为脑震荡而变得超好；而要说，你在大脑痊愈上变得超好。

最后，随着你不断变得超好，也随着你学会接下来 6 条怀着游戏心态生活的规则，自然而然地，你的挑战心态就会得到强化。这是因为，这些规则旨在帮助你增加个人资源，专注于获得成长和积极结果的潜力。收集补充能量块，会为你带来更多的生理和情绪资源。对抗坏家伙，能让你开发新的心理资源。完成任务以及设计自己的任务，

① 信不信由你，这个挑战来自一位真正的《超好》玩家。我在一个地方商务午餐会上碰到了市议员，他告诉我，他用《超好》来帮助自己应对选举期间的压力！

能帮助你获得应对挑战的新技巧和新能力。招募盟友，提升了你的社交资源。追求华丽制胜，能帮你聚焦在实现成长和积极后果的机会上。采用秘密身份并记分，能凸显你的进步和不断提升的优势。即便你此刻感觉还没有准备好为最紧迫的问题切入挑战心态，也不要担心，坚持下去。实现挑战心态，是以游戏心态对待障碍必然会出现的结果。

另外，这里还有另一种认知重评技术以及一桩任务，它们帮助你现在就拿出挑战心态，挤压威胁心态。它叫作**"寻找不必要障碍"**，这比艾莉森·伍德·布鲁克斯博士的"兴奋起来"技术更难掌握，但你应该已经准备好接受挑战了吧！

为了掌握这一技术，你需要学习一种我最喜欢的游戏定义，它来自已故哲学家伯纳德·苏茨（Bernard Suits）。苏茨有一句名言："玩游戏就是自愿尝试克服种种不必要的障碍。"[17]

高尔夫是"寻找不必要障碍"的经典案例。在日常生活中，如果你的目标是把一颗小球放进小洞，你只需走到洞口，把球小心地放下去。但因为高尔夫是游戏，所以你愿意站在离洞很远的地方，这是第一个不必要障碍。为了提高难度，你还愿意使用一根长棍，即高尔夫球杆，试着把球打进洞，这是第二个不必要障碍。我们并没有必要的逻辑或理由以这样的方式让小球进入小洞。我们这样做，纯粹是为了全身心地参与一项棘手的挑战，享受它带来的乐趣。我们之所以这么做，是因为喜欢检验自己的能力并加以提高。

每一种游戏的运作方式都一样。它们都为我们提供了接受挑战性目标的机会，该目标有意设计得需要我们延展自身能力、开发新技能。这就是为什么游戏心态和挑战心态之间存在着很强的相关性。**我们玩游戏的时候，是自愿接受挑战。**没有人强迫我们尝试解决游戏中的难题，击败另一支球队或达到一定的分数。因为我们对是否接受一款游戏的挑战有着充分的控制力，所以玩的时候不会体验到焦虑或抑郁，尽管我们有很大的概率要遭受损失或失败。我们主要体验到的是自主力，而非威胁。

但在日常生活中，我们并不总能选择自己的障碍。如果有得选，你现在面临的挑战可能是你永远也不想主动去应对的。这就是保持游戏心态的难点了。当你感觉被威胁吓得傻眼的时候，就很难专注于取得积极结果的机会。

认知重评可以帮助你恢复自主力和选择感。它能帮你获得力量，在不请自来的挑战里找出不必要障碍。其中的关键是要在一个大挑战里识别出一个你感觉有能力应对的障碍，一个其他人可能不会选择去应对的障碍。

为了了解“寻找不必要障碍”技术的原理，让我们来试试以下任务。

任务 16：寻找不必要障碍

想想你眼下意外面临的最大困难或者你生活里经受的任何个人挫折、失望。

怎么做：运用你的想象力回答这个问题：如果发生最糟糕的情况，什么样的反应对你或任何与你身处相同处境的人最没有帮助?

你的想象不必完全符合现实，可以极端一些。以下是来自《超好》玩家的一些例子：

- “丢了工作，走向犯罪道路。”
- “患上反复发作的莱姆病，放弃治疗，不再下床。”
- “书稿遭到每一家出版社的拒绝，从此不再写一个字。”
- “怀孕困难，于是每晚借着冰激凌消愁解闷，跟丈夫吵架，最后再也受不了跟彼此发生性行为。”
- “骑自行车出了事故，发生脑震荡，从此以后蜷缩在狭窄拥挤的小屋里，只求不再受伤。”
- “遭遇裁员，于是在社交媒体上对前雇主和同事大肆吐槽诋毁，令其他公司以后不太可能雇用我。”
- “母亲最近过世，于是我辍学、陷入悲痛、不再吃东西、自怨自艾，直到母亲从另一个世界向我传信：我放弃梦想，让她无比伤心。”

如你所见，有些人带着幽默感来对待这桩任务。另一些人则觉得，坦承自己可能做出的最坏反应更合适。这桩任务里的两种常见反应是：“要是其他人与我的情况一样，可能什么也不做，直接就放弃了。”或者更严重的是：“我想过最糟糕的事情恐怕是自杀。”要是你确实这么想，不妨承认它，着手解决它。

那么，最糟糕反应的对立面是什么呢？以下是一些例子：

- “走向犯罪道路”变成“走向奉献生涯”。
- “放弃治疗，不再下床”变成“每天都起床，哪怕只是一分钟”。
- “从此不再写一个字”变成“每天都写点什么”。
- “每晚借着冰激凌消愁解闷，跟丈夫吵架，最后再也受不了跟彼此发生性行为，”变成“健康饮食，让身体做好怀上宝宝的准备，每晚结束的时候都对丈夫说些甜蜜的话”。
- “从此以后蜷缩在狭窄拥挤的小屋里，只求不再受伤”变成“在养伤期间寻找 3 种新的室外空间”。
- “在社交媒体上对前雇主和同事大肆吐槽诋毁”变成“每天在社交媒体上，寻找我佩服其工作成果的公司或人，说一些积极的话。如果他们看到了，说不定就能帮我建立人际网络呢”。
- “辍学，陷入悲痛，不再吃东西，自怨自艾，受过世母亲的折磨”变成“每天都尽量让母亲为自己感到骄傲”。
- “什么也不做，直接放弃”变成“做点什么，什么都行。只管去做一件我能表明自己没有放弃的事情就好”。
- “自杀”变成“活下去”。

不管你“最糟糕、最无济于事的反应”的对立面是什么，试试把它当成你的不必要障碍。挑战自己，去做一件需要付出更多力量和决心的事情。

原理：完成这桩任务有两点益处。首先，当你想象面对逆境时的最糟糕反应时，你会突出该情况下的个人自主力。你是有选择的。只要不做出最糟糕的反应，你就能够挑战自己去做一些更好的事情。这或许不是完全的自主和选择，但会涉及一定的自主和选择，而这足以激活挑战心态。

其次，想象最糟糕反应的对立面，这给了你一个积极并有意义的具体目标。这个目标现在成了一种你有望实现的东西。当前的逆境或许并不是出于你的选择，但你可以选择挑战自己，以一种能增加你成长和成功机会的方式投入其中。

你对不必要障碍的设想越具体，就越容易把它视为挑战。一位《超好》玩家发现，一个非常具体的目标造就了挑战心态和威胁心态之间的所有区别。

《超好》玩家的故事：破碎的艺术家

40 岁的洛文是密苏里州的自由艺术家，最近右胳膊患上了极为疼痛的肌腱炎。“那可是我画画的胳膊。”她在《超好》玩家的在线论坛上解释说。这次受伤让她变得焦虑。“我需要好转才能继续工作。这是我梦寐以求的工作，而且绘画生意是我唯一的收入来源。”

洛文希望胳膊尽快痊愈，但没能如愿以偿。“它逐渐发展成慢性疼痛，”她写道，“如果我让它就这样下去，那就太让人灰心了，但我毫无办法。”她知道自己必须改变心态，于是决定寻找不必要障碍。

她对自己的肌腱炎最糟糕的反应是什么呢？“无视疼痛，尝试带伤工作。”什么样的做法最无济于事呢？“继续滥用肌腱，直至胳膊永久损坏。”那么，它的对立做法是什么呢？

“我要学着用左手做事，让我可怜的右胳膊休息休息。”有一天，她宣布，这成为她全新的不必要障碍，即学习用自己的辅助手做 10 件新的事情。

洛文开始每天练习，并查找关于怎么用一只手做事的网络视频。“用左手居然能做那么多事情，我真的很惊讶，我以前从来没试过，比如用一只手开罐子。”当然了，开罐子不是她最终的目标，恢复工作才是。但很快，挑战心态带来的益处就显现了出来，包括乐观的态度和辨识成长机会的能力。“我开始重新思考一切，”她写道，“现在，我的焦点放在一点上，即我有一条完全健康的胳膊，而且我能让这条胳膊变得更强。”

洛文找到了对自己而言最完美的不必要障碍。它足以让人感受可控性，但又具有足够的挑战性，唤醒她的好奇心，拓展她的能力。而且，这对她目前的状况真的很有帮助。通过学习新技能来挑战自己，她积极地帮助自己的惯用手加快痊愈。

如果因为某些原因，她的右手臂未能痊愈，变强的左胳膊也能为她的未来打开新的机会之窗。

一周周过去，她的情绪好转，她不再为自己的处境感到无助和绝望。她意识到，自己或许要一辈子忍受右手臂的肌腱炎了。但此刻通过把努力集中在一个较小的自愿障碍上，她主动提高了自己继续开展绘画事业的概率。

SuperBetter

但愿，你已经开始感受到认知重评的巧妙之处。但也有时候，不管你怎么努力对问题重新评估，它似乎仍然像威胁多过挑战。这很自然。有些问题确实有着更高的利害关系，或是会不可避免地触发悲伤或愤怒。严重的疾病、至爱的去世、家人的入狱、严重的经济困难，把它们看成成长的机会不免让人觉得荒唐、不自然。这一类逆境和损失极难做重新评估，尤其是在你刚开始应对它们的时候。尽管所有逆境都蕴含着创伤后成长的潜力，但太快去寻找“一线生机”总会令人感觉不对劲、不忠诚或者不合适，事实的确如此。

但如果你此刻正处在这样的位置，也仍然有着比你自己意识到的更多的力量。如果你正面临着事实上无论如何都没办法把它视为挑战的威胁或损失，这里另有一种你可以采用的游戏技术。**它叫作“采用策略性目标”，它能让你在威胁或损失心态下至少可以暂时更自然、更恰当地应对，同时帮你获得挑战心态的诸多益处。**以下是它的实践方法。

任何面对障碍或挣扎的人，都能采用 3 类目标：艰难的目标、“尽自己所能”的目标和策略性目标。[18] 为说明这 3 类目标之间的差异，让我们举两个潜在障碍的例子：完成一个马拉松和摆脱信用卡债务。

采用艰难的目标，意思是努力实现一项非常具体、非常具有挑战性的目标。这种目标，哪怕你已经尽了全力，也有可能失败。马拉松选手的艰难目标可以是：“我希望在 4 小时之内完成这场马拉松，这个完赛时间比以前我跑过的都要短。”信用卡卡奴的艰难目标可以是：“从今天开始的一年之内，我希望自己一分钱都不透支。”在普通或者低风险的生活环境中，比如为了好玩而跑马拉松，艰难的目标很有激励作用，也很有效。但在利害关系重大的情况下，比如摆脱债务，艰难的目标更容易为你增添消极压力，让你难以振作。

采用“尽自己所能”的目标，意味着你不管得到什么样的结果，都会付出全部努力。你整体上希望做得很好，但你对结果没有具体的期待。马拉松选手的“尽自己所能”的目标可以是：“完成这场赛跑，中途不停下来走路，但如果只能靠走的，也没办法。尽自己的全力吧！”信用卡卡奴的“尽自己所能”的目标可以是：“我要多关注自己的花销，尽量不买负担不起的东西。”“尽自己所能”的目标能缓解绩效焦虑，在某些环境下会很有好处。但一般来说，除非你的最大问题是太过担心自己达不到最佳目标，否则，“尽自己所能”的目标的激励效果和作用都不太好。

采用策略性目标的意思是，下定决心去发掘、掌握有助于你成功的策略。它的焦点并不放在具体的结果（艰难的目标）上，也不放在整体努力程度（“尽自己所能”的目标）上，而是关注学习并改善有助于你将来做得更好的具体技能和策略。马拉松选手的策略性目标可以是：“这次赛跑我要尝试一种新的策略。我的上半程要跑得比训练速度慢一些，这样到了比赛后半程，我能保留更多的体力。”信用卡卡奴的策略性目标可以是：“在未来 6 个月的每个星期里，我都会采用一种新的策略来省钱，以便逐步还清债务。这个星期的策略是午饭自带便当，而不是吃外卖。从现在开始的半年里，我会做 25 件事来帮助还债。”如果你采用策略性目标，不管你是否赢得了比赛、是否跑完全程、是否彻底还清了债务、是否一路上进展顺利，都可以算是成功了。只要你在学习、在进步，你就成功了。

研究人员已弄清，对处在威胁心态下的人来说，策略性目标是最适合的。[19] 如果你面临高风险、大损失，那么策略性目标心态就能提高你的人性，改善你的应对能力。

为什么这种做法管用呢？那是因为把焦点放在开发、实践有效策略上，会让你逐渐建立起新的优势和能力。这些优势和能力日后会成为你真正的资源。即便面对威胁或损失的现实，有了它们的帮助，你也会更勇敢、更快乐、更健康、更成功。你的策略可能无法改变现实，但能帮你针对所面临的障碍，找到自己的力量并将之最大化，自我感觉达到最佳。

采用策略性目标也像是采用迷你挑战心态。你以学习和进步作为自我挑战，哪怕总体局面仍然令人窒息或者客观情况不受你控制。迷你挑战心态有助于触发挑战心态的部分心理和生理益处，比如减少抑郁和焦虑、降低皮质醇和胰岛素水平。而且它还有额外的奖励：每当你学习并掌握新的策略，你都将体验到因实现目标而为神经系统带来的益处，比如第 3 章中介绍的决心和乐观精神。

总之，如果你已经尝试这一章中的所有任务，觉得眼下采用挑战心态不太合乎你的实际情况，也不要担心，你还可以采用策略性目标。其实，我心里想到了一个专门为你设计的策略性目标：**不断学习，尽可能多地实践各种策略来提高你的 4 种复原力，也就是你的生理、心理、社交和情绪优势。**

这里有一个《超好》玩家的故事，他采用这一策略性目标体验到了成功。

《超好》玩家的故事：追寻意义的人

66 岁的丹尼斯住在堪萨斯州农村。过去 40 年，他从事高等教育工作，负责低收入学生的资助计划，并担任他们的学业顾问。他同时也是个《超好》玩家。他最近给我写信，说到自己面临的一项重大损失以及他采用的游戏化应对策略。

“退休的日子越来越近，老实讲，我真的很不安。我辛辛苦苦帮助那些准备不充分的学生在大学里走向成功。这么多年来，我为这项职责投入了大量的心力。但现在，我和妻子却在真真切切地讨论退休和具体的退休日期。请别误会，我喜欢住在孙子们附近，在他们的生活里扮演重要角色，这是退休的好的方面。但我难以应对生活的巨大变化，感觉就像丧失了生活的目标。

“过去半年来，我发现自己在家里表现出抑郁症的症状。我陷入了一种冻结状态，无法切实地从情绪和实践上应对这一变化。不久，我发现了《超好》这款游戏。我决定我的策略是要同时在‘生理’和‘心理’上下功夫。

“于是，我每隔一个小时就站起来，为从前忽视的项目至少做一件小事。我发现，这么做让夜晚变得很有意思。我的项目逐渐从浇花、整理笔记本电脑、整理书籍、做伸展运动这些简单的事情，过渡到比较大型的活动，比如给整栋房子吸尘、为花园除草或者像前 3 天晚上那样深度清洁一楼的地毯。我决定这个周末开始打扫二楼。我还有一个重大项目正在推进，那就是写日记，记下自己的想法，制订计划。

“对我而言，这么做的意义在于，它让我摆脱了向下走、往内收的螺旋，把焦点重新放在外部。最终，我设计好了退休计划，并跟妻子探讨。我开始考虑该怎样从协助学生转向志愿协助其他人。我越来越为这种过渡感到兴奋。

“一路上，我还建立了另外两项优势。我把一张小宝宝在笑的照片放在工作台上，以求情绪优势。每当我看到它，就忍不住咧嘴。过去几十年，我一直让学生们用这张照片帮助自己对抗考试焦虑。我总是告诉他们，看到别人在笑，自己也会笑起来，哪怕时间很短。现在我意识到，我也可以在生活里应用同一技巧。

“哦，社交方面我用不着担心，因为我疯狂地爱着妻子，还经常外出去看孙子们。但关注一下我在这方面有多少优势，对我也是很好的。”

和其他许多变得超好的人一样，丹尼斯不断通过电子邮件告诉我他的进展。提到他的游戏活动时，他从不说玩，而是说“我的 4 项复原力工作”。这是认知重评的绝佳例子！他从一份真正有意义的工作上退休，能重新振作、调动他的不一定是游戏，而是能投入的工作。而且，它似乎带来了巨大的积极转变。他今天刚给我写信说：“我该怎么说才好呢？这 4 种复原力正在改变我，也在改变我的生活。看到自己的进步，知道自己会随着时间的推移具备更多洞见，这让我很高兴。”

SuperBetter

丹尼斯的态度是采用策略性目标的完美案例。他专注于取得进展，每一天都变得更强。

你可以现在就采用策略性目标。你已经在前言里了解了复原力的 4 种类型，并且一路上完成了不少强化它们的任务。你可以现在拿定主意，继续学习和实践新的方法，建立生理、心理、社交和情绪复原力，以应对眼下面临的为你带来痛苦和艰辛的逆境。在《超好》中，我们把这一挑战称为“变得超好”。

追求狂喜后成长可选择的挑战

本章的大多数建议针对的是那些或许会被视为威胁的障碍，这些建议能帮助你采用挑战心态来应对它们。但是，如果你目前生活里并没有什么真正重大的障碍，又该怎么做呢？

如果你正在追求蜕变式成长，就需要把自己放在一个有巨大挑战的位置上。在这种时候，跟那些面临个人挫折、伤病和损失的人一样，挑选一项挑战对你来说就很重要。毕竟，和重大挑战角力正是你体验“不劳而获”的途径，也就是安·玛丽·勒普克所谓的狂喜后成长。

但你该怎样选择合适的活动，从而最大程度提高自己体验狂喜后成长的概率呢？

第一次为人父母、跑马拉松当然是两个典型的例子，但大多数人在人生的特定时候，并不一定处在这两者之一的境地。于是，我问勒普克博士，如果要追求狂喜后成长，《超好》玩家该选择什么类型的挑战呢？

根据自己的研究、临床实践和个人经验，她在回信中设计了如下的任务。来试试看吧！

任务 17：争取“不劳而获”

你在寻找灵感吗？以下是有助于实现狂喜后成长、排名最靠前的 3 个问题。

怎么做：向自己提出以下 3 个问题中的一个、两个或全部，从而判断最适合自己《超好》之旅的挑战。

1. 如果焦虑和恐惧不曾扯我的后腿，我会怎么做？“积极体验并不总是让人觉得完完全全的‘积极’，”勒普克博士说，“很多时候，人们列举为最佳体验的事情其实包含了挣扎与痛苦，而不仅是热爱与鼓舞。想想狂喜后成长的两个经典例子：生孩子和参加马拉松训练！所谓的积极和消极体验之间以及狂喜后成长和创伤后成长之间，界限说不定很模糊。当我们一边感到挣扎与挑战，一边感到舒服和鼓舞之时，说不定就是我们生命中最丰富的时刻。就好像运动员，当他一边精疲力竭地锻炼，一边补充营养、休息恢复之时，能获得最佳表现。黑暗与光明并列，这种心理的明暗对比或许有助于我们最充分地成长。”

2. 我生命中迄今为止最激励人心、鼓舞士气的是什么？“我们大多数人总有几段重要经历的闪回式记忆，我们可以将之作为洞见和动力，”勒普克博士提议，“或许这些记忆发生在很久以前，乍看起来并不适用于我们现在的情况。但我们能透过这些经历的表面特点，把背后的重要内容分离出来，从而设计出能击中相同痛点的新体验。”

3. 经过一段漫长而圆满的人生之后，有什么是我希望别人记住的呢？“想想看，在你的讣告里或在你 90 岁生日宴会的祝酒词上，你希望人们对你说些什么？你将代表些什么？你最为人们敬爱的地方是什么？你做过哪些超过自身存在意义的宏大事业？如果你能回答这个问题，就能有更好的办法去采取行动，这些行动对切实促进你的成长将具有足够的个人意义。

诸如此类的问题能帮助你瞄准最终带来成长的积极挑战。不过，勒普克博士也提醒我们：“促成一段体验和强扭一段体验，是存在区别的。从某些方面来看，努力让自己获得一段成长体验，就像是努力让自己坠入爱河。生活里有些事情蕴含着不可控制、不可预测的元素，因此我们最好是放松地对待体验出现的各种形式。”换句话说，别急着寻找完美的狂喜后成长挑战。通过与任何一种棘手而有意义的障碍角力，你都能建立技能，在此刻和将来的挑战中获得成长。

现在，你已经掌握了游戏人生的 1 号规则——挑战自我，有目的地应对具有改变生活潜力的障碍。是时候挑选你的第一个《超好》挑战了。

任务 18：选择你的挑战

如果你一次专注于一个挑战，就会取得“超好”法的最佳效果。如果你能在某件事上变得更坚强、更快乐、更健康或更勇敢，那会是什么事情呢？

我会在 ______________________ 上变得超好。

提示：措辞很重要！你会在某件事上变得超好，而不是因为某件事而变得超好。

解锁技能：怎样选择你的挑战

- 应对紧张情况有两种反应方式：威胁心态和挑战心态。威胁心态会增加焦虑和抑郁，影响你的身体健康。但挑战心态将提高你实现目标的能力，同时减轻伴随紧张或创伤体验而来的痛苦。
- 面对逆境产生威胁心态是很自然的反应，但不要让这种状态持续下去。你可以使用本章所学到的认知重评技能，如“兴奋起来”和“寻找不必要障碍”，重新考虑你面对紧张或创伤性情况的情绪反应。
- 如果你很难采用挑战心态，不妨试试像念咒语那样反复念诵任务 15 中的挑战心态宣言。问问自己，有可能出现的最好结果会是什么？你要说正在某件事情上变得超好，而不是因为某件事情而变得超好。
- 具备挑战心态并不意味着你乐于面对眼下的障碍，也不意味着你不希望事情有所不同。它的意思只是，你能辨识出自己的复原力，并希望积极探索可以把事情做得更好的途径。

第 6 章

2 号规则：能量升级

怎样切入

收集并激活补充能量块，也就是能确实让你感觉更快乐、更健康或更强大的好事情。

对于大多数电子游戏，补充能量块必不可少。它们是奖励物品，能带给你更多的能量或额外的命。例如，《吃豆人》（*Pac-Man*）里让你能吞掉鬼怪的能量丸，《使命召唤》里恢复士兵健康的医疗包，《愤怒的小鸟》里让弹弓上的小鸟个头变大、砸烂更厚墙壁的超级种子。

如果在现实生活里，我们也能收集并激活补充能量块，会是什么情形呢？事实上，我们的确可以，而且比你想象中更容易。

这里有一些我最喜欢的现实世界的补充能量块：上 YouTube 看小动物视频；从窗户往外眺望 30 秒；握住丈夫的手 6 秒；吃 10 颗核桃仁，因为它们对我的大脑有益；试着让我的狗微笑起来；给妈妈发送短信；听我最喜欢的宝莱坞电影插曲；做 10 个俯卧撑，哪怕当时筋疲力尽，事实上，筋疲力尽时这么做很舒服，因为我喜欢它带来的强壮感。在做俯卧撑时，我心想着：去你的，疲惫！看看我多能干！我把这叫作“去你的俯卧撑”，感觉棒极了。（自白：我刚才就做了一组，对抗“写手之困顿”[writer’s block]！）

这些补充能量块有什么共同点呢？我可以轻松地完成它们，无须任何成本，它们永远能让我感觉稍微好一点，不管我那天怎么想、有什么感觉、有多么纠结。

对于怀着游戏心态生活的人，这是他军械库里最强大的一种武器。那是一种不管何时何地，无论怎样都能让感觉变得更好的能力。

正如你在电子游戏里使用补充能量块来打通特别困难的关卡或完成一项看似不可能的任务那样，在现实生活里使用补充能量块也能让你在艰难时期振作精神。

不同的补充能量块适合不同的人。本章要讲的是，实验并收集适合你的补充能量块。

能量升级，实现高迷走神经张力

补充能量块可以是任何你能轻松采取的积极活动，它能迅速为你创造充满愉悦、力量、勇气或连接感的瞬间。收集补充能量块的意思很简单，就是把这些你乐于尝试的事物识别出来。激活补充能量块的意思则是在日常生活里真正去实践它们。

补充能量块使用起来很简单，就是做一些能激发你精力、积极情感、社会支持或动机的小事情。但补充能量块不仅能让你在一瞬间感觉更好，而且会以非常重要且长期的方式改变你的生物学指标，让你在压力面前不再那么脆弱，有更大的可能体验到创伤后或狂喜后成长。接下来，你将了解这些生物学上的积极变化。不过，首先请让我们给你升级一轮能量吧。

SUPER BETTER

历来受追捧的补充能量块

过去3年，《超好》玩家们已经收集并激活了100多万个补充能量块，哪些是他们的最爱呢？这里按复原力类型，列出了历年来被最多人激活、分享的补充能量块。如果你想快速提升自己的生理、情绪、社交或心理复原力，不妨现在就来试试以下的补充能量块！

生理复原力

喝一杯水！不管是改善情绪、锻炼肌肉、控制食欲，还是增加精力、增强免疫系统，几乎没有它帮不上忙的事情！

情绪复原力

调动肺部，大声歌唱！选一首你最熟悉的歌曲，调动肺活量大声地唱出来。“用肺部歌唱”是最关键的部分，它把唱歌变成了有氧活动，从而触发、释放“快乐激素”内啡肽。所以，别憋着唱，而是真正敞开喉咙，这样才能获得这些益处！

社交复原力

传播关爱！对照时钟或者启动定时器，在 3 分钟里，给尽量多的朋友、家人的社交媒体帖子点赞、收藏或发表积极评论。如果你不上社交媒体，就用这 3 分钟向尽量多的熟人发送“你真棒”“想你了”的短信或邮件。你只有 3 分钟，所以别想了，快去传播关爱吧！

心理复原力

未来提升！说出两件你下个星期期待碰上的具体事情，大小皆可。这一提升多巴胺水平的补充能量块的灵感来自一句古老的谚语：“总有两件事情值得期待。”如果你想不出未来 7 天里有什么真正令你期待的事情，那现在就着手安排吧。

一旦你选择好挑战，收集并激活补充能量块就成了你日常游戏化生活里最重要的部分。这是因为，为了从压力中恢复、成功应对重大的生活障碍，你需要科学家们所称的“高迷走神经张力”（high vagal tone），而补充能量块是实现它的最佳途径。

迷走神经张力指的是迷走神经的健康，迷走神经从大脑一路延伸到内脏。迷走神经与你的心脏、肺部、喉咙、耳朵和胃部相连，几乎帮助调节大脑和身体的每一项重要功能，包括情绪、心率、呼吸频率、肌肉运动和消化功能。[1]

由于迷走神经对大量生理心理功能都十分重要，所以它的健康是测量你身心复原力的极佳指标。事实上，近 25 年来的研究都表明，迷走神经张力是有效衡量人心肺和大脑压力响应度的最佳指标。[2]

如果你想对迷走神经张力有更具体的感觉，就来试试这一招：把手指放在脖子侧面的血脉上。感觉几秒你的脉搏，对它的速度有个认识。现在，尽量慢地吸气和呼气。

你应该会注意到，自己的脉搏在吸气时微微加快，在呼气时又微微减缓。如果你默数每一次心跳，可能就会更容易发现。用一分钟时间来感觉这一点。

吸气和呼气时的脉搏有着细微的区别，科学家们把它叫作“呼吸性窦性心律不齐”，简称 RSA（respiratory sinus arrhythmia）。[3] 心律不齐的字面意思是“没有稳定的节拍”，大多数人把这个词跟心脏有问题、心跳不规律变化联系在一起。然而，心率在一定范围内可变是绝对健康、正常和必要的。如果吸气时心脏速率不加快、呼气时不减缓，你会有更大的得心肌梗死、中风、衰老性认知衰退和患上压力相关疾病的风险。[4] 事实上，吸气和呼气时心率差异越明显越好。

差异越大，你的 RSA 就越厉害，也就是说，你的迷走神经张力就越强。迷走神经张力越强，你就越能更好地控制自己的情绪和想法，你能忍受的生理疼痛就越大，患上各种疾病，如糖尿病、肠易激综合征、社会焦虑、孤独、抑郁、创伤后应激障碍等，概率越小。[5]

北卡罗来纳大学教堂山分校的神经科学家斯蒂芬·博格斯（Stephen Porges）博士第一个确认了迷走神经张力是压力易感性的生理指标，并对此做了数十年不懈的研究。他认为，提高迷走神经张力可能是最全面的心理和生理健康干预途径，因为决定你心理和生理健康的不是你是否处在紧张的生活环境下或者你怎样应对紧张情况，而是你遭遇该紧张情况之前的神经生理状态或身心力量。基于你建立的力量强度，你既可能更有复原力，能更好地体验到成长；也可能更脆弱，只能体验到消极影响。

最有效的策略，收集积极情绪的小喷涌

现在，你大概想知道自己的迷走神经张力有多强以及有没有办法测量它，并想将它跟他人的做比较。

如果你参与了正式的科学研究，研究人员会用复杂的实验室设备测量你的迷走神

经张力。心回波图（ECG）电极会跟踪你的心率，围在你胸口的“气动风箱”则会测量你气息的起伏，这能生成一段非常精确的 RSA 值。

如果你家里没有这台设备，光是摸着脉搏，你无法得到准确的 RSA 值。但也别泄气，有另外一种方式能确定你的迷走神经张力数值，而且完全不需要任何特殊设备。事实上，它甚至不测量你的呼吸或心率。相反，它测量的是你的情绪，具体而言就是你一天当中感受到了多少积极的情绪和消极的情绪。这一测量指标叫作“情绪比率”（emotional ratio），它看似非常主观，但科学研究表明，它可以有效地预测迷走神经张力。**你每天感觉到的积极与消极情绪之比越大，你的迷走神经张力越强。**[6]

情绪比率和迷走神经张力之间的关系，最初是由顶尖心理学家兼身心科学家芭芭拉·弗雷德里克森博士发现的，她是北卡罗来纳大学积极情绪及身心实验室的主任。弗雷德里克森博士正在考察能解释积极情绪与生理健康关系的潜在身体机制。几十年来，研究人员早就知道，在日常生活里体验到更多积极情绪，与身体更健康相关。成千上万人次的纵向研究证明，体验到好奇、希望、欢笑和惊喜等，似乎能让人更好地抵御疾病和伤害。事实上，更频繁体验到积极情绪的人不仅更加快乐，而且能多活 10 多年。一路走来，他们患感冒、头痛的次数更少，身体出现的炎症更少，痛感少，患心血管疾病的概率较低。与更强社会关系相关的情绪，如感恩、关爱等，似乎是健康及长寿的有力推动因素。[7]

研究表明，快乐的人更健康，不仅是因为他们没有值得担忧的健康问题，而且是因为积极的情绪能为健康提供保护。体验到更多积极情绪的人能更快地从各种疾病或损伤中痊愈，更好地避免逐渐磨损健康的慢性身体疾病，如高血压、高血糖等。[8]

是什么造就了这种身心连接呢？弗雷德里克森博士的身心实验室首先洞察了真相：迷走神经将意识与人体内诸多重要器官相连，是最有可能影响情绪和生理健康之间关系的因素。多年来，研究人员观察到，有着更强迷走神经的人似乎对自己的情绪有更强的控制力，在日常生活中能体验到更多的积极情绪。这一事实以及数十年来对迷走神经张力与生理复原力二者关系的研究，令弗雷德里克森博士相信：迷走神经是积极情绪和更好的健康状况之间的缺失环节。

这种预感很快得到了一定的证实。在一系列研究中，她和同事证明，旨在提高积极情绪的干预措施，如本章所述的补充能量块，直接改善了迷走神经的健康状况，从而提高了代表身体应对压力的复原力的 RSA 值。不仅如此，迷走神经越强，参与者每天就越容易感觉到、激发起积极的情绪。[9] 这造就了弗雷德里克森博士所称的积极情绪与生理复原力之间的“向上盘旋动力”（upward spiral dynamic）。改善迷走神经张力会让你更容易对日常生活产生积极情绪反应，而你所感受到的每一波积极情绪都让你的迷走神经变得更强。这就是为什么测量你每天感受到的积极情绪，居然是测量迷走神经张力的有效、可靠的替代指标。[10]

现在，你知道了背后的原理，让我们来测量一下你的迷走神经张力吧。这桩任务的灵感得自弗雷德里克森博士在实验室采用的技术。

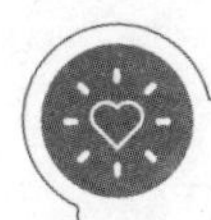

任务 19：你的数值是多少

要计算你的积极情绪比例，我们可以快速数一下你今天醒来以后感觉到的所有情绪。如果你刚醒，那就用昨天来代替！

怎么做：观察下面的情绪体验列表。如果你觉得今天产生过这种感觉，就打个钩。

如果你感觉它很强烈或是持续了很长时间，而不仅仅是短短的一瞬间，大胆给它打上 2 个、3 个、4 个甚至 5 个钩。举例来说，如果你今天早上完成了一个大项目，觉得非常自豪，你或许认为，在“自豪”之前只打一个钩不足以代表你的感受，它可能抵得上两三个钩。又或者，你今天早晨的大部分时间都因为被严重冒犯而大动肝火，那就不妨在“愤怒”前打 5 个钩。如果你的感觉是轻微的、稍纵即逝的，一个钩就可以了。

积极情绪

好玩，笑
自豪，成就
爱上某人
感兴趣，好奇
希望，乐观
鼓舞，激励

感恩，感谢
兴奋，活力
连接，成为某件大事的一部分
快乐，欣喜
愉悦，满足，满意
惊喜

安宁，平静	期待某事
敬畏，惊奇	品味愉悦回忆

消极情绪

愤怒	痛恨某人
无聊	无助
沮丧	伤感
厌恶	羞耻
尴尬	不满
害怕	寂寞
愧疚	为将来的某事担心或焦虑
挫败	反复回忆消极经历

记分：数一数积极情绪前打的钩，这是你的总积极情绪值（PE）。再数一数消极情绪前打的钩，这是你的总消极情绪值（NE）。现在，用 PE 除以 NE，这就是你的积极情绪比例。例如，如果你在积极情绪前打了 6 个钩，消极情绪前打了 4 个钩，你的比例就是 6/4，即 1.5。

提示：如果你发现很难记住 24 小时里自己分别有什么样的感觉，弗雷德里克森博士建议你记下之后 24 小时里的活动。把你去的地方、做的事情、跟谁说了什么话都记下来，一天结束的时候，你可以借助它回忆你曾产生的种种感受。这种做法要你付出更多的精力，但好处是结果更加准确。[11]

现在你知道了自己的积极情绪比例，它是什么意思呢？

一般来说，你的积极情绪比消极情绪多得越多越好，你的比率越大，迷走神经张力越强。如果您的比率是 1∶1 甚至更低，即你的消极情绪跟积极情绪相同甚至更多，你就更容易遭受压力，难以体验到创伤后或狂喜后成长。如果你的比率高于 1 ∶ 1，你很可能已经具备了强大的复原力，但要是把数值提高到 2 ∶ 1、3 ∶ 1 甚至更高，你会更加强大。

为了了解积极情绪比例跟积极的生活结果和应压复原力存在怎样的关系，让我们看看以下来自科学研究的发现。

- 如果伴侣评价彼此之间人际互动的情绪比率在 5：1 时，婚姻关系就会健康发展。互动情绪比率接近 1：1 甚至更低的伴侣，分手或离婚的可能性更大。[12]
- 患有临床抑郁症的人往往报告说，情绪比率在 1：1 左右。经妥当治疗后，其比率通常上升到 2：1 到 4：1 之间。[13]
- 情绪比率在 3：1 到 4：1 之间的员工，老板往往会评价其在工作中更具创造力、效率更高。[14]
- 情绪比率高于 1：1 的癌症患者，以多种方式更好地应对压力，体验到的抑郁、否定、愧疚和自杀念头更少。但经观察，比率提高到 3：1 之上并没有出现明显的益处。[15]
- 笼罩在导弹攻击阴影下的平民，如果情绪比率的基准在 2：1 或以上，不容易感到焦虑、抑郁或患创伤后应激障碍。[16]
- 在两年的过程中逐渐提高情绪比率的老年人，体验到的消极压力较少，觉得对老年相关问题控制感更强。情绪比率高的老年人，注意力和记忆力衰退也不那么严重。[17]

请注意，情绪比率不像数学公式那么精确。你无法像计算圆的周长、液体的沸点那样准确地计算自己应对压力的复原力。与此同时，大量的研究表明，平均而言，积极情绪多于消极情绪是极为有益的。如果你的积极情绪是消极情绪的 2 倍、3 倍甚至 4 倍，你所受的益处或许也更多。但这里并没有最佳或最优值，也没有神奇临界点，让你一旦越过它，生活就从举步维艰变成充满欢笑、健康又成功。

我们不如把情绪比率视为必要时能够维持或建立的基准线。如果你想提高自己应对压力的复原力，提高自己体验创伤后或狂喜后成长的概率，就提高这一比率。不管你的数值是从 1 升到 2，从 2.5 升到 3，抑或从 3 升到 3.1，你都是在强化自己的迷走神经张力，并因此体验到各种各样的身心益处。

那么，为什么补充能量块是提高你情绪比率、强化迷走神经张力的重要工具呢？弗雷德里克森博士的实验室有一个有趣的发现，直接减少你感受到的消极情绪次数，几乎没有什么好处。迷走神经张力高的人每天体验到的消极情绪跟迷走神经张力低的人一样多，事实上，一些研究还认为，前一种人的消极情绪反而更多。迷走神经张力的高低之差取决于你累积起来用于平衡并抵消消极情绪的积极情绪次数。这是个好消息，因为寻找感觉开心的小事并与之连接，比彻底屏蔽或阻止消极情绪要容易多了。

研究还表明，就积极情绪而言，积极情绪的频率比强度重要。[18] 积极的小事情很关键，也能够累积起来。为了提高复原力，你不必在生活里做出重大改进或体验积极情绪的强有力大爆发；相反，最有效的策略是在一天当中尽量多地收集积极情绪的小喷涌。

快速提升复原力的方法

在治疗脑震荡期间，我哪怕是置身于最黑暗的日子，补充能量块还是给了我一些控制力，让我可以去做任何能帮自己变得强壮一些的事情。当我回头去看那段艰苦岁月，我认为，使用补充能量块是我打破焦虑和抑郁循环最有效、最重要的一步。

以下是其他《超好》玩家谈论的自己喜欢的快速提升复原力的方法以及补充能量块对他们的意义。

SUPER BETTER

怎样能量升级：玩家的最爱

以下的补充能量块全都在《超好》玩家社群得到了极佳评价，并被认为高度有效。

生理补充能量块

阳光洒在你肩头：到室外去，让阳光接触你的肌肤至少 5 分钟。

> 这个补充能量块是医院里一位护士推荐给我的，当时我正因脑外伤接受治疗。她说，就把晒太阳想成从太阳里收获维生素 D。我必须承认，哪怕是在感觉自己什么事情也做不好的日子里，这件事也可以做好。①

德文，24 岁

他的挑战是从创伤性脑外伤中恢复

跳舞休息：停下你手边在做的任何事，配合你最喜欢的歌曲跳舞。

① 临床试验表明，提高维生素 D 水平能改善大脑的愈合情况。活化的维生素 D 是神经类固醇，可以刺激新的神经生长，保护现有的神经元。

我和自己6岁、8岁的两个女儿这么做，尤其是在她俩打架、让我手忙脚乱的时候。心情最糟糕的人挑选舞曲。这有利于我们的生理健康，而且它确实把所有人都从闹剧里拉了出来。

特蕾泽，33岁

她的挑战是做个享受更多安宁时光的快乐妈妈

结交新的细菌朋友：多喝酸奶或口服益生菌药丸，加强你的肠道生态系统。这不仅会改善消化功能，而且酸奶和益生菌补剂里的友好细菌会直接通过迷走神经与大脑沟通，向大脑发送信号，分泌减少焦虑、提升情绪的神经递质。[19] 你的迷走神经张力越高，这一补充能量块的效果就越好！

一开始，我真的觉得这是个古怪的主意，但从以往的经验来看，压力和焦虑似乎的确会让我的胃病更严重。所以，相较于大脑导致了肠道不舒服这样的说法，我更愿意相信的是我的肠道能让大脑放松下来。

杰姬，45岁

她的挑战是终结自己的肠易激综合征

心理补充能量块

崭新的一天：如果你碰到可怕、恐怖、不太好、非常糟糕的一天，那就回到床上，盖上被子，闭上眼睛躺一分钟。接着滚下床，就好像你才刚刚醒来一样。

当我太过拖延，开始自责的时候，这能帮到我。我为自己浪费了整整一天而感觉不好，所以我回到床上又跳起来自问："利兹，你今天到底是怎么想的？来吧，我们现在就开干吧！”

利兹，23岁

她面临的挑战是要弄清楚自己到底想过怎样的生活

停下来，质疑，再选择： 这是一剂意志力强心针。在进食之前停下来，质疑你的选择：真的没有任何办法能让这顿饭或者这道点心变得更健康吗？现在，根据你的健康或减肥目标，做出一项小小的积极改变。

这比节食容易多了。每当吃东西的时候，我就会做一个有一点改进的决定。我少挤一点番茄酱，减少糖分的摄入，抑或吃别的东西之前先咬一口绿色蔬菜。我不再只看自己不应该做什么事，而是看自己能够做些什么。挑战自己很有趣。而且，我每一顿饭都感觉良好，而不是心怀内疚，因为我知道自己至少做了一件正确的事。

弗昂，31岁

他的挑战是重获健康的体重

数字排毒： 关闭电源，从一切带屏幕的东西，如手机、平板、电脑、电视机旁走开。整整10分钟，不开机，也不把它们拿起来。看看现实世界有什么人、什么东西吸引了你的注意力。不，你不能作弊，所以不要用手机来计时！去找一台时钟！

经过自我诊断，我觉得自己是个工作狂。在家里的时候，我努力想给妻子和儿子更多的关注，我想在这方面变得超好。一走进大门，我就进行数字排毒。

马可，41岁

他的挑战是找到工作与生活的平衡

情绪补充能量块

抱抱自己：胳膊往后搂，给自己一个拥抱，同时告诉你的身体这件事有多棒。

> 我感觉，我总是在跟自己的身体战斗，总是为之抓狂，总是为它失望。当我需要像对待亲爱的朋友那样对待自己的身体时，我就激活这一补充能量块，伴以激情、善良和温暖。
>
> 米娅，21 岁
>
> 她患上了肌痛性脑脊髓炎，挑战是在患病条件下力争完成大学学业

发现自己的声音：大声朗读你最喜欢的诗歌或名言。

> 我大声地朗读马娅·安杰卢（Maya Angelou，美国黑人作家）的诗《我仍傲立》（*Still I Rise*）。当读到最后三句“我还是站了起来，站了起来，站了起来”，我感觉什么也阻挡不了我。
>
> 特里，48 岁
>
> 她的挑战是减轻压力、更好地为社区服务

认真地自我照料的行为：参与一件有助于你照料自己的简单小事：刷牙，梳头，洗一件衣服，拉伸一分钟，穿戴上你喜欢的饰品……

> 总有些日子，我感觉这种能量升级的方式就是我唯一能做到的。可你知道吗？没什么大不了的。我在接受抑郁症治疗，能意识到自己在照料自己，这感觉很好。
>
> 迈克，28 岁
>
> 他的挑战是控制自己的抑郁症

社交补充能量块

加油打气：选一个人，对他们今天所做、所遭遇的事情发去鼓励或支持的言语。

> 这是我的最爱。当我选择一个人，想到某件事，并告诉他们的时候，我感觉棒极了。
>
> 杰克，40 岁
>
> 他的挑战是为了家人而变得更健康

寻找一样的袜子：通过注意到你和另一个人之间存在共性，你总能激活对方的热情、对其表达关注，而你自己也升级了能量！哪怕就是发现彼此穿着相同颜色的袜子这么简单的事也行！

> 当我觉得生气、烦躁或对另一个人挑三拣四的时候，我就这么做。我总能找到我们之间的共同之处，哪怕只有一件事，比如我们都是面临着保持苗条美丽这一压力的女性，或者我们俩家里都有新生的宠物要照料，都希望给自己的宠物提供最好的条件。这不是说我们一定要成为最好的朋友，但每次这么做，我的心就会变得柔软一些。
>
> 路易莎，38 岁
>
> 她的挑战是变得超好

听亲友发来的歌单：发送电子邮件或写一篇社交媒体帖子，请你所有的亲朋好友选一首歌，生成一份歌单。为这份歌单定一个主题或场景，类似假期、“在通勤中求生”、锻炼或“安抚我的神经”。每当你听到这份歌单，你就知道，它是专门为你挑选的音乐。如果你需要另一轮音乐拥抱，就创建一份新的歌单。你可以使用 Spotify 等流式音频服务或 YouTube 等视频共享网站来创建歌单。

> 我请朋友和家人为我创建了一份“美好时光”歌单，在化疗时听。我让他们挑选一首能叫人回想起自己人生中最美好时光的歌，并告诉我背后的故事。它能让我在漫长的有时甚至长达4小时的治疗过程中，有一些特别的事情可想。每当听这份歌单时，我都感觉跟他们变得更熟悉了。
>
> 丽莎，52岁
>
> 她的挑战是战胜乳腺癌活下去

但愿你渐渐发现，想出并筹集补充能量块很容易。但这里有个为难之处：要是你本就拥有强壮的迷走神经，会更容易唤起积极情绪，但如果你眼下并未体验到太多的积极情绪，想要强化你的迷走神经张力就比较难。因此，着眼于构建情绪和心理复原力的补充能量块尤其如此。[20]

但就算你属于这种情况，也别担心。虽然你也许此刻对心理和情绪补充能量块的耐受性更强，但研究显示，生理补充能量块（如运动、良好的睡眠、ω-3脂肪酸的消耗）和社交补充能量块（如多和家人朋友在一起、参与信仰团体等）对迷走神经张力低的人仍然有效。[21]等你的积极情绪比例升高，你对积极事件和体验会变得更敏感、更开放，这样一来，更多类型的补充能量块就逐渐适用于你了。与此同时，如果你的情绪比率目前低于1∶1，不妨就尽量多地收集和激活生理及社交补充能量块。

找一个适合你的快乐范围

那么，补充能量块是不是越多越好呢？也不尽然。好东西太多也会过火，哪怕是想变得更强大。研究人员提醒说，如果你的情绪比率达到30∶1甚至更高，或许就是躁郁症的迹象，这是一种以过度兴奋、爱做冒险活动为特征的精神障碍。如果你已经知道自己容易进入躁狂期，不妨把迅速攀升的比率视为重要的报警信号。[22]

而且，比率太高还可能暗示缺乏消极情绪，你或许会吃惊吧，心理学家认为这同样是个问题。如果完全没有消极情绪，你就缺乏足够的动力去识别、处理生活里的问题。事实上，按弗雷德里克森博士的说法，非常高的 PE 值恐怕是心理否认的标志。[23]

如果你一天里几乎没感到过消极情绪，或许是因为你碰到了非同寻常的好日子，也可能是因为你只是在隐藏糟糕的部分。我们在第 7 章会说到，对消极体验和感受保持开发心态同样重要。所以，如果你的积极情绪比例高达两位数，一定要仔细看清自己是不是在否认棘手的东西。

最后，什么样的积极情绪比例算是过高呢？科学家并未指出确切的数字，也就是说，并没有补充能量块成为危险之源或适得其反的临界点。只不过，你要明白，你的目标不是一个劲儿地提升你的积极情绪比例，让它越来越高。相反，你要找一个适合你的快乐范围，比如 2∶1，10∶1 也行。等你找到了自己的快乐范围，或许就永远都不想追求更高了，而这完全没问题。

充分利用你的第一批补充能量块

你收集的每一个补充能量块都是能在你最需要的时候改变自己感受的资源。所以，就让我们着手建立这些资源，并提高你的控制力吧！来试试以下的任务。

任务 20：收集你最初的 5 个补充能量块

你周围的世界到处都是补充能量块，你要做的就是把它们识别出来，让我们动手吧。

怎么做：收集你最初的 5 个补充能量块。记住，凡是能让你感觉更快乐、更强大、更健康、更好地与周围人连接的东西，都是补充能量块。

你可以收集本章已经分享过的补充能量块。如果你希望自己的清单有些个性，这里有一些帮你理清思路的头脑风暴问题。

- 什么歌让你感觉力量满满？

- 哪些食物会让你感到精力充沛？
- 谁或者什么东西，能让你感觉平静而放松？
- 有没有什么口头禅能让你感觉更有动力？
- 什么样的身体活动能让你精力充沛？
- 有什么内容，你只要看到就感觉备受鼓舞？
- 什么样的回忆，只要你稍微一想（比如 30 秒），就能带给你极大的满足？
- 有没有什么小事，你乐意去做从而帮助别人？
- 有什么照片、视频或图像，总能让你笑出来？
- 有没有哪种日常习惯，只要你记得去做，就能让你感觉更好？
- 有没有什么地方或空间能轻松地让你感到愉悦或舒服？
- 有没有一个最适合的人，你乐意给他打电话、发短信、写信或互相见面，从而让你快速振作起来？

我的补充能量块清单：

1.
2.
3.
4.
5.

任务完成：恭喜！你收集了最初的 5 个补充能量块。总有一天，你能拥有一个“超好”军械库，里面有数百种补充能量块。你的军械库越大，你对每一天的控制力就越强，越容易感觉良好，而不管面对什么样的压力、痛苦或逆境。

奖励任务：我向你发起挑战，在你继续往下读之前，请激活一份补充能量块！

现在，你已经得到了自己的第一批补充能量块，下面要介绍的是怎样充分利用它们。

试着每天激活至少 3 个补充能量块。如果有帮助，可以早中晚各一个。如果你希望无论如何每天都激活 3 个以上，尽管去做！倘若你需要提升，每小时来上一个也行！

坚持收集。你越知道怎样激活补充能量块，就越强。收集补充能量块是一种思维习惯，一种看待周围世界的方式。要想动手培养这一思维习惯，不妨挑战自己，未来一星期每天都找到一种新的补充能量块，这样，你手里就有十几个补充能量块可供调遣了。

交易。大部分《超好》玩家都说，他们最喜欢的补充能量块通常都来自朋友和家人的推荐。收集这些补充能量块最简单的方法是问这样一个简单的问题："你能在 5 分钟内做什么简单的事情，让你觉得更快乐、更健康或更坚强？"你可以向你能问的所有人提这个问题。

使用社交媒体交换点子，收集更多的补充能量块。从任务 20 里选择一个问题，贴在 Facebook、Twitter 或你喜欢的任意论坛，集思广益。如果你喜欢视觉形式，那就请朋友们在 Instagram 或 Pinterest 等平台上分享照片，展示他们喜欢的补充能量块。请找出什么方式能让你身边人感觉更好，这也是提升你社交复原力的好办法。

不懈实验！发现新技巧，找到出乎意料的力量来源，这也是收集补充能量块有趣的一部分。不要羞于尝试新的补充能量块。不试试看，你永远不知道什么东西适合自己。如果它不能让你感觉更好，没问题，下一回不再用就行了！补充能量块是发挥创意、学习新事物的机会。面对新的补充能量块，你的心态越开放越好。

放弃对你没用的补充能量块。补充能量块可能不会一直都好用。要留心，并确保自己获得最大的提升。如果提升程度比过去小，你可能就需要更新自己的力量之歌、口头禅、能量食物或者"总能让我笑"的照片了。

提升所有的 4 种复原力。要特别注意收集并激活有助于你建立心理、生理、情绪和社交复原力的各种补充能量块。大多数人在日常生活中都存在盲点，也就是有一种复原力他们会较少去开发。弄清楚你的盲点是什么，有意识地收集和激活该类型的补充能量块。

社交回味，与他人分享

最后，请记住，能量升级不仅是为了自己改善，而且可以与他人分享。

如果你有孩子，能量升级是帮助他们锻炼情绪调节能力、培养积极习惯的有效方式。

自我唤起积极情绪的能力是一项重要的生活技能，尽早学会能让儿童建立持久的复原力。比如，有研究显示，迷走神经张力高的孩子在学校的注意力更集中，并能免受父母冲突的影响，炎症相关的应激激素皮质醇（面对紧张挑战时会产生）浓度更低。[24]

幸运的是，得益于在电子游戏上的丰富经验，大多数孩子能轻松掌握现实世界补充能量块的概念。这里有一个来自《超好》玩家的故事，她发现自己的小女儿天生就有以游戏心态建立复原力的能力。

《超好》玩家的故事："天生神力"的女儿

雷瓦，36 岁，凤凰城的自卫术教练，去年，为了对付一种神秘而难以诊断的自身免疫性疾病，她开始玩《超好》。她最近写信和我分享她的喜悦：她全家都想要参与游戏，尤其是她 7 岁的女儿。

"在确诊这一慢性疾病的最初阶段，《超好》带给我很大的帮助。所以，过去几个月，我嘴里总挂着它。我的女儿阿蒂缇好奇心很强，对《超好》提出了各种各样的问题！我基本上只是告诉她，这是一款游戏，我玩它是为了实现让自己感觉更好的目标。我还解释说，和我们在 iPhone 和 iPad 上玩的其他游戏不一样，它有特定的用途，可能更适合成年人。但阿蒂缇才不会轻易放弃呢！

"昨天，我们开车去拜访我母亲。她家和我家离得有点远，所以我告诉阿蒂缇，她可以带上 iPad。回家的路上，她的 iPad 用完了电，在充电期间，阿蒂缇要求玩玩我手机上的游戏。透过后视镜，我看到她玩得很带劲，但没有问她玩的是什么。我想大概是通常的《吃豆人》、《游戏化妆》（*Makeup Girls*）或者《水果忍者》吧。但等到了家，她才告诉我，她在玩《超好》。事实上，她不仅在玩，而且创造了自己的补充能量块！

"所以，当她向我展示她创造的'界限'能量块，把这件不愉快的事情变成自己学习力量的一课时，我大感惊讶。（假设有个男孩喜欢你，如果这让你感觉怪怪的，那就设立界限！并告诉你的父母。）她还创造了'跳舞'能量块，这是她最喜欢的保持健康的活动。（你应该经常跳舞，这对你的身体好。另外，可以听着你喜欢的歌跳舞。）她甚至从我的相机里导入了自己的照片！

"我平时只提到过这款游戏的少数细节，主要还是跟丈夫说的，可她却把这些细节吸收起来，并切题地应用到了自己的生活里，而且没借助我的任何直接指点，这给我留下了深刻的印象。"

雷瓦的经历反映了一种更广泛的现象：得益于电子游戏的普及，今天的小孩子对游戏语言和概念的运用都惊人地流畅。阿蒂缇天生就有的把紧张经历转化为变强催发剂的能力，说明了孩子们采用游戏心态构建复原力是多么容易。你或许会发现，补充能量块是跟孩子讨论如何处理紧张局面、如何保持快乐与健康的美妙途径。

SuperBetter

你能够为自己选择无限的补充能量块。但我希望你再尝试一种经过科学检验、证明超有效的补充能量块。这就是所谓的“社交回味”（social reflection），它甚至适用于迷走神经张力极低的人。这一点很重要，因为想必你还记得，迷走神经张力低的人对不少补充能量块存在耐受性。**除了体育锻炼，社交回味是唯一得到研究证明可提升处于极端紧张、倦怠、创伤或抑郁状况下的人，即情绪比率低于 1：1 的人的迷走神经张力和情绪比率的补充能量块。**[25]

让我们用一桩任务来学习这一补充能量块。该任务的灵感来自贝瑟尼·柯克（Bethany Kok）博士的研究，他是马克斯·普朗克人类认知及大脑科学研究所的一位科学家。

任务 21：尝试“社交回味”补充能量块

社交回味是补充能量块中的王者。不管你感到多么苦恼、绝望和萎靡，它都能提升你的复原力。

怎么做：在睡觉之前的几分钟，想想你今天时间最长的 3 次社交互动。它们可以发生在家里、工作中、学校、教堂或者任何公共及社会场所。它们可以是面对面的直接互动、电话或视频聊天，甚至是通过电子邮件或短信进行的扩展对话。它们也可以是与一群人的互动，比如参加体育运动、讨论组、工作组、健身课或俱乐部，甚至是坐在人已半满的咖啡馆、剧场或大厅。

如果你今天大部分时间都是独处，不妨想想其他为时较短的互动，比如跟商店收银员的对话或是与陌生人的闲聊。它们甚至可以是跟同一个人的3次不同互动，就看你是怎么度过这一天的了。这种情况经常发生在我身上，因为我在家工作，所以我全天唯一看得到、能说说话的就是我丈夫！

好了，你想好这3次社交互动了吗？现在，把它们放在一起想，问问你自己，对于以下陈述，你的认同度是多少。

1. 在这3次社交互动中，我觉得跟对方很亲近。

2. 在这些社交互动中，我觉得跟他人很合得来。

按10分制评分，0代表“我完全不同意这一陈述”，10分代表“我完全同意”。完成这一补充能量块后，你应当得到了两个0 ~ 10的数字。

原理：柯克博士和同事们提出的理论说明，回味社交互动能以若干方式带来帮助。它给了你一个机会去品味自己进行的积极互动，提升积极情绪。它可以帮助你识别将来的潜在盟友，增加你的社会资源。如果你的社交互动比你设想里要低或者少，它也给了你机会注意到这一点，以便安排明天多做些社交。

怎样运用：这一简单技术的力量来自重复。你需要至少连续3天每天晚上激活这一补充能量块，它的益处才能显现出来。根据柯克博士的研究，如果你坚持这一习惯一个月或更长时间，影响会达到最大。这个要求或许显得有点苛刻了，但现在先保证至少连续试用它3天。

为了确保自己不忘记，现在就在你的手机或者电子邮件中设定好睡前日程，或是把写着这个任务的便利贴粘在牙刷上或床头，以便每天晚上一定会看到它。毕竟，如果你忘了激活补充能量块，单纯地收集是毫无意义的！

技能解锁：怎样随时随地能量升级

- 补充能量块是能让你随时随地都感觉更好、更强、更健康、跟周围连接更紧密的简单积极行动。
- 补充能量块能强化你的迷走神经张力，迷走神经张力是用来衡量你心脏、肺部和大脑应对压力状况的一项生理指标。你的迷走神经张力越强，复原力就越好，也就有越大的可能体验创伤后或狂喜后成长。
- 你可以比较一天内感觉到的积极和消极情绪的次数和强度，也就是你的情绪比率，从而衡量自己的迷走神经张力。在一段时间内跟踪这一比率，有助于你看到补充能量块对你迷走神经张力的影响。
- 如果你正处在非常困难的时期，每天体验到的积极情绪都很少，那就要注重社交和生理补充能量块，直到你更容易激活心理和情绪补充能量块。

第 7 章

3 号规则：对抗坏家伙

怎样切入

找到坏家伙并与之战斗。坏家伙就是一切阻止你进步，带给你焦虑、痛苦或困扰的事情。

我们都知道电子游戏里的坏家伙是怎么回事。它们迫使我们发挥创造力和聪明才智，比如《糖果粉碎传奇》里阻止我们移动的无情巧克力喷泉；它们让我们试得更多，跳得更高，比如《超级马里奥》里到处都是、必须躲开的乌龟。真正棘手的坏家伙还会促使我们向朋友询问建议或请求援手。有哪一位第一次玩《我的世界》的玩家没找过人帮忙，以便弄清到底怎么避开那些讨厌的爬行动物？许多非电子游戏同样有坏家伙，尽管我们不这么叫，比如高尔夫里的沙坑、篮球里的防守方或拼字游戏里的字母“J”。

日常生活里的坏家伙们也做着同样的事，它们让事情变得更棘手。但坏家伙在让我们更难以实现目标的同时，也帮助我们培养了技巧和策略，最终让我们变得更聪明、更强大、更迅捷，从而能在将来实现更大的目标。

这就是为什么我们要跟坏家伙战斗，因为我们要变得更好。正如诗人 T. S. 艾略特（T. S. Eliot）的名言：“若是你不昂起头来，怎么知道你有多高呢？”

这不只是一种自我感觉良好的情绪，而且是经过检验的科学发现。为了变得更快乐、更健康，我们需要研究人员所谓的“心理灵活性”，即面对困难的勇气。我们必须对失败和消极体验保持开放态度，不仅是在游戏里，而且是在日常生活里。我们必须知道什么时候撤退、重组，直到我们觉得已经准备好再度尝试。

带着游戏心态生活，有助于你培养这种灵活性。《超好》玩家对抗着 50 多万种来自现实生活的坏家伙。根据我们的数据，经历一场战斗之后，《超好》玩家总是感觉更好，即更强大、更自信、更乐观，而无关战斗的输赢。

以下是《超好》玩家对抗的一小部分现实生活中的坏家伙。

“火山夫人。她在我心里爆发，让我朝深爱的孩子和丈夫吼叫出可怕的字眼。”

“电梯海妖。每当我想要活动一下，试着走楼梯，她们就诱惑地叫住我。她们说：‘你理当享受一场轻松之旅，到我这里来，到我这里来。’”

“不可能老爷。如果我计划某些好事情，他就来找我，对我说那不可能。‘你还不够好，你没有运气，它太困难，你没有足够的钱，你永远不会完成你的任何计划，你遇到要付出努力的事情就会放弃。看看你的周围，你看到有谁能做得到吗？就算有，但他们比你更健康、更富有、更聪明、更年轻、更年长，等等。’”

“我的 4 种恶魔食物：比萨、汽水、棉花糖和热巧克力。不想那么多不该吃的食物，只顾着对抗这四巨头，这种感觉真的就像是解放。我已经在棉花糖袋子上打了叉，画了一张丑怪的脸。等到下一回特别想吃这蓬松的垃圾糖果的时候，我就要面对自己必须摧毁的可怕怪物……只要我不吃，我就消灭了它。”

“遗憾大游行。那些我生活里做过，但又感到遗憾的事情，总是随机地在我脑袋里飘来荡去。”

“深夜计算机怪和深夜电视怪。这些家伙可不得了，它们不仅在我最容易分心的晚上展开攻击，还一打就是好几个小时。当你闻到 Netflix 电视台和 XBox 游戏机的独特气味，你就知道它们要来了。”

“悲情午睡。有时候，我在大中午就会上床休息，只因为我很无聊、很抑郁，而不是我真的感到疲惫。它们往往会持续很长时间，搞砸我晚上的睡眠，从而启动一段难以摆脱的悲情午睡循环。”

“永不消失的疼痛。我患有风湿性关节炎，很难治疗。对我来说，击败这个坏家伙不是要摆脱疼痛，因为它很难消失，而是让生活更容易管理，让自己不把疼痛当成不开心的借口。”

“不幸之龙。它基本上就是自怨自艾。但你猜怎么着？它并不是一头强大有力的怪物。它很荒谬，所以我可以嘲笑它。”

打败坏家伙的 3 种办法和 2 个关键步骤

如你所见，生活中有各种各样的坏家伙：心理的、情绪的、生理的和社交的。它们可能是一些无助于生活的想法或不良习惯（心理的）；扼杀你精力、专注度或者动力的不愉快情绪（情绪的）；让你感觉不适的行动或者导致疼痛、限制你活动的症状（生理的）；或者与他人的消极互动方式，它们让你更难以寻找盟友并维持关系（社交的）。

总之，现实生活中的坏家伙就是所有阻止你做想做或者需要做以求变得超好的事情。辨识坏家伙，意味着把它当成潜在的烦恼或痛苦源头给标注出来。对抗坏家伙意味着尝试用不同的策略有效解决它。在战斗中获胜意味着，不让它妨碍你度过美好的一天，或者不让它妨碍你朝着自己的目标前进。

你大概注意到了，上述所有例子中，坏家伙都有一个传奇大坏蛋才配有的名字。名字倒不一定非得起得这么有创意，但它可以帮助你更有效地发现坏家伙并与之战斗。一名玩家解释说：“我的坏家伙全都有独特的名字和身份。要不然，我感觉自己就像是对着空气胡乱出拳。此外，名字能帮我区分它们。它们不再是随时萦绕着我、始终不消散的暗黑物质。”

我的坏家伙名单随时都在变，你的也应该这样。经常直面坏家伙，你最终能变得足够强大、聪明，或是掌握足够的技巧，一劳永逸地战胜它们。有些事情今天对你来说是坏家伙，但 6 个月之后可能就不是了。

举个例子，我在因为脑震荡而玩《超好》的时候，我的现实坏家伙包括明亮的灯光、拥挤的空间、较长时间的读写。这些坏家伙触发了我的症状，所以我必须躲开它们。但渐渐地，我能容忍它们了，最终，我的大脑痊愈了。现在，我再也不用躲开它们了。**这是打败坏家伙的一种办法：变得足够强大，让它不再打扰你。**

我为自己的第一次马拉松训练时，坏家伙包括痛死人的血泡和一阵阵抽搐的外胫夹。打败这些坏家伙的唯一办法是更聪明地训练。我没有放弃跑步，也没有偷懒，而是学会用更好的方法跑步，进行交叉训练。我对羊毛袜的了解也更深入了。**这是另一种打败坏家伙的做法：变得聪明，智取它们。**

我和丈夫想要孩子的时候，事情对我们也很不容易。我们接受了生育治疗，做各种吓人的事情：给自己注射激素、连续好几个星期每天抽血，甚至进行手术。但是，这些东西不是坏家伙，而是帮助我朝着目标迈进的积极步骤。真正的坏家伙是接受这些关键步骤时让我焦虑、悲观的念头。在生育治疗期间，我最大的坏家伙“埃斯梅拉达夫人”（我给它起的绰号）是脑袋里的通灵师，她总是看着水晶球预测，一切都会错得离谱。她从来没有一次预测一切会进展顺利！所以，我只好叫埃斯梅拉达夫人住口，不再预测未来，我还是让自己的思想和身体都关注现状会更好。**这是第三种打败坏家伙的办法：学习新技能压倒它。**等我学会屏蔽灾难性想法，不去预想最糟的情况，我的焦虑大为降低，我知道这对身体成功回应治疗有积极的效果。最后事实证明，埃斯梅拉达夫人的预测全被现实否定了，我和丈夫生了一对双胞胎女儿，自豪地为人父母！

本章中，你将学习怎样识别自己的坏家伙，培养与之进行日常作战的勇气。你将练习让你变得更强大、更聪明、技巧更娴熟的简单技术，直到永久地击败这些坏家伙。

首先，且让我为你介绍 4 种最常束缚、折磨《超好》玩家的坏家伙。

SUPER BETTER
见过超级恶棍

《超好》玩家已经识别出 50 多万个坏家伙并与之作战。以下是我们玩家最常锁定的 4 种坏家伙，它们按复原力的类型区分。它们是最大最大的坏家伙，如果你乐意的话，不如叫它们“超级恶棍”。

生理复原力

粘粘椅。也有时化身为“粘粘床”或“粘粘沙发”。它欺骗我们，让我们整天坐着、躺着，懒得动弹。

社交复原力

单独监禁。这个坏家伙整天把你冻结在它的冰壳里，阻止你进行任何有意义的人际接触。它是个比你想象中更棘手的敌人！如果你故步自封、玩着电子设备，所有的想法和感觉都只对自己分享的话，哪怕你身边围着其他人，你说不定也会发现自己正处在单独监禁状态下。

心理复原力

太头怪兽。每当你冒出“我太……，没法……”的念头，就落入了这个坏家伙的魔爪。比如，“我太累了，没法……”“我太沮丧了，没法……”“我太害怕了，没法……”“我太笨了，没法……”“我太胖了，没法……”“那太疼了，我没法……”。这类念头或说法往往是你自己找的借口，好让你不去做真正想做、真正需要做以变得超好的事情。

情绪复原力

愧疚双生子。这个坏家伙把感恩的积极感觉扭曲成愧疚的消极感觉。它远比我们想的更容易、更经常出现。据加州大学伯克利分校至善科学中心的研究人员所称，愧疚其实和感恩同胞所生，只不过是邪恶的那一位。[1] 如果我们替别人的善意或宽容感到不值，就会让自己为某种好事觉得愧疚。

那你该拿这些潜伏在你生活里的坏家伙们怎么办呢？我们挖掘了来自斯坦福大学、加州大学伯克利分校、俄亥俄州立大学和宾夕法尼亚大学的心理学家、医生及研究人员的见解，得出了最有效的作战策略。[2] 如果你已经认出了《超好》里的这些超级恶棍，现在就试试看我们推荐的作战策略吧！

对抗粘粘椅策略：要对抗这个坏家伙，不妨站起身数5下。如需额外刺激，数到5的时候，大声对自己说："我自由啦！"等你数完5，如果仍然不想动，也可以又坐下、躺下。但一旦你逃过粘粘椅的魔爪，就会发现，你至少想再稍微保持一下自由身！

对抗单独监禁策略：为对抗这一坏家伙，要用人际接触的温暖光线刺穿隔离，你可以向某人发一条"想念你"的信息；跟人对话；向陌生人微笑；拿起电话，告诉某人你的感受；跟别人击掌或拥抱；或者把你的数码设备留在家里，专心出去跟别人溜达溜达。

对抗太头怪兽策略：无论你有什么样的借口，就在今天，试着摆脱"太"！就当做一次实验好了。别再说"我太累了，没法做饭"，换个说法："我很累，但我还是要去做一顿健康的晚餐。"别再说"我太沮丧了，没法起床"，改说"我很沮丧，但我还是要起床，打扮打扮"。别再说"我跑5公里太慢"，改说"我很慢，但我今天还是要跑5公里"。当你采用这一策略作战的时候，你会发现，你用不着改变对自己的感觉或想法，也能去做对自己有利的事情，让你变得更强大、更优秀、更快乐或者更健康。所以，别让"太头怪兽"阻止你。承认它，可还是照样去做你想干的事。

对抗愧疚双生子策略：如果你发现自己感到愧疚，问问自己：对他人表达的善意或宽恕，你是否将自己的感恩扭曲成了愧疚？如果是这样，请提醒自己，你配得上这些善意与宽恕！同时，向对方表示感谢，以缓解你的愧疚。感谢他们投入的时间、

> 努力、支持和体贴，或者感谢他们对你的重视与爱，从而让你足以原谅自己的错误。以书面或当面的形式表达你的感激之情，让“愧疚双生子”变成它更好的那一半。

虽然像这 4 个超级恶棍一样的坏家伙看似都是极大的麻烦，但对抗它们能让你极大地受益。每次跟坏家伙战斗的时候，你都提高了觉知，知道到底是什么真正在挡你的路，还拓宽了你潜在策略的库存。这些正是心理复原力的两个关键元素：提升对棘手事物的觉知，尝试不同反应的意愿。[3]

你会记得，心理复原力是面对艰难事情的勇气，而培养这种勇气的过程分为两部分。

首先，对于一切阻止你进步，让你痛苦、艰难或困扰的事物，你必须提升觉知或正念。保持正念意味着密切关注消极的想法、感受和体验，不会试图否认、回避或抑制它们。关注消极面有助于你更有效地应对它。毕竟，假装它不存在是解决不了问题、改变不了行为的。

随着时间的推移，正念还可以帮助你把消极感受和体验视为日常生活里很自然的一部分。这包括在尝试克服棘手挑战、实现有意义目标的过程中，你不可避免要面对的暂时性挫折和失败。最终，你会逐渐发现，不管坏家伙多强大、持久，都不一定能阻挡你度过美好的一天，过上有意义而满足的人生。意识到这一点，是迈向创伤后或狂喜后成长的关键一步。研究表明，在保持正念、接受消极因素是日常生活一部分的人群中，更容易看到蜕变式成长。[4]

接着，等你完全了解了这些坏家伙，就可以努力开发出对付它们的多种策略。心理学家称这个过程为灵活反应（flexible response）。你不再只是依赖一种主导策略，而是涉及多种方法进行有效应对。根据你所面对的一种坏家伙，你会估算当时掌握着哪些可用资源，还有什么事情有可能损害你的动力、体能、注意力等因素，从而做出不同的反应。

拥有多种策略，能让你在面对挫折时复原力更强。要是猝不及防碰上坏家伙打击你，或是多个坏家伙同时联手对付你，你的反应会更敏捷、更灵活。就算一种策略行不通，你完全放弃的可能性也较小。你将集中注意力，改变策略，继续努力有所进展。你手里的策略越多，就越有可能朝着目标继续采取行动，不管你面对多少困难、不快或不确定性。

辨识坏家伙、和坏家伙作战，这两个说法以游戏化方法描述了那两种关键的心理优势。如果你发现了坏家伙，你就对消极因素有了觉知。如果你和坏家伙作战，你就正在培养灵活的反应。

那么，为什么这两种心理优势这么重要呢？研究表明，拥有更大心理灵活性的人体验到的心理问题更少、积极情绪更多、事业更成功、人际关系更紧密、整体生活质量更高。[5]此外，对各种各样的伤害、疾病、悲痛、经济困难、事业挫折和个人损失，具备心理灵活性的人也应对得更好、恢复得更快。[6]

另一方面，心理欠灵活或者说忽略、否认、避免困难之事的倾向，有更高的可能与应对更糟、恢复时间更长、自我伤害及上瘾等有关。[7]心理欠灵活还提高了经历创伤后出现创伤后应激障碍的概率。[8]

你要承认现实，与坏家伙们战斗

为了理解为何一种简单的心理优势就能给结果带来如此巨大的差异，让我们仔细看看心理灵活性研究最有趣的一个领域：严重背伤后慢性背痛和残疾的发展。

多年来，研究人员都知道：有些患严重背伤的患者能成功恢复，并过上充实圆满的生活，而另一些人则经历持续的疼痛，甚至最终导致残疾。出人意料的是，预测什么人能痊愈、什么人会持续受苦的最准确指标，并不是背部受伤的类型、严重程度或最初经历的疼痛级别。相反，一切要看患者受伤时的心理灵活性。[9]

患者的心理越灵活，返回工作岗位就越快，锻炼得也越多，而且他们报告的疼痛症状也随着时间的推移越来越少。但如果心理灵活性较差，就难以再回到就业市场，背痛甚至有可能持续数月、数年，妨碍他们的正常生活。

20多年的疼痛及心理研究有助于解释这一现象。事实证明，疼痛、不适或对失败的恐惧，可能会让生病或受伤的人进入一种从普通活动中撤退的恶性循环。为努力避免触发疼痛或遭遇失败，他们大幅限制自己的活动，比如回避体力活动、出差和工作。一开始，这可能是有益的自然的反应，但如果这些自我强加的限制不经受挑战、不常得到检验，往往会变成通往充实生活的人为障碍。一个人变得不爱挑战自我，也就不太可能发现自己其实已经越来越强壮了，或是虽然疼痛，也仍能做很多重要的事情。

限制日常活动让人把更多的时间和注意力放在了自己的生理症状上，进一步加剧了恶性循环。这会让他们更加相信，自己的伤势或疾病严重到需要进一步限制活动。[10] 不光背痛如此，偏头痛、慢性疲劳综合征、纤维肌痛、肠易激综合征、慢性焦虑以及许多其他具有潜在破坏性的慢性病也都是这样。[11] 在所有这些案例中，回避疼痛和失败带来了更多而非更少的痛苦和障碍。

临床心理学家证明，避免这种恶性循环的唯一途径是，完全投入你的目标和生活当中，哪怕面对极端消极的想法、感觉或体验。

换句话说，你要承认现实，与坏家伙们战斗。你永远不能让它们说服你放弃、停止寻找方法过上美好的生活。

用正念获得心理灵活性

我曾面对过的最大恶棍是在脑震荡恢复过程中出现的自杀念头。它们很有说服力，又不屈不挠，我以前从没应付过类似的事情。我用了几乎一个星期才意识到，这些自杀念头并不是转瞬即逝的感觉，而是我的大脑里发生了一些事情，有些开关被断开了，而且这些想法会越变越强、不再消失。

我记得自己对丈夫说："我不想吓坏你，但我始终听到脑袋里有个声音说，我应该自杀。"我能够意识到这件事的严重性，所以才会说出来。"我并不真的想自杀，"我对他说，"但总是会有这些念头。我困在了这个黑暗的地方，不知道怎么脱身。"

等我化身"震荡猎人简"的时候，我意识到，我必须真正为这个问题做些什么。于是我请丈夫在互联网上搜索有关脑震荡和自杀念头的科学论文。它是否常见呢？我很想知道。如果是的话，会持续多久呢？我应该怎么办？

短短几分钟，我们就发现一篇文章说，创伤性脑外伤患者产生自杀意念十分普遍，高达 1/3 的脑震荡患者都有过持续的自杀念头。这是一种并发症，是大脑在自行愈合期间大脑化学物质发生改变所致。研究人员写道，它通常会在数星期或数月后消失。

不管是此前还是此后，我都不记得自己生命中还有哪一刻比当时更如释重负的了。我立刻把自杀念头还原成它们本来的样子：它们并非对我当时情况的理性反应，不是我应该严肃对待的一种选择，而仅仅是大脑试图痊愈带来的副作用。

我记得自己对丈夫说："那不是我，只是一种症状！"我意识到，我用不着相信自己脑袋里的自杀声音，因为它并不代表我的真实想法或感受。这并不容易，但我要争取多保持几个星期或几个月的强硬态度，让大脑自我痊愈。我不必为自杀的念头着迷。我只需要承认它们，等待它们自己消失。

我想要活下去，大脑却对我说，我想死。我努力保持这两种矛盾念头的平衡，直到我的大脑平衡，自杀的想法消失。我当时并不知道，但救了我一命的其实就是心理灵活性这一优势。

现在你知道心理灵活性是什么以及它为什么这么重要了，接下来，我们来谈谈怎样测量、增强它。

研究人员设计了若干科学问卷来衡量心理灵活性，《接纳与行动问卷》（*Acceptance and Action Questionnaire*）是其中最流行的。[12] 它检测的是你面对消极想法、感觉和体验时，投入自己最重要目标的意愿。

你此刻的灵活性有多强？让我们来一探究竟吧！在你接下来的任务中，我选择了《接纳与行动问卷》中最重要的部分项目。如果你想完成49道题目的完整问卷，可参考本书注释里的在线版链接。[13] 让我们看看你认同哪些项目，你的哪部分心理肌肉还需要继续拉伸！

任务22：触摸心灵的脚趾

测量你的心理灵活性，倒也不完全像弯下腰摸脚趾那么容易，但它终归是能够做到的。

怎么做：现在花一点时间，看看以下来自《接纳与行动问卷》中的说法，你有多少完全认同。如果你对某个说法拿不准，就跳过去。

- 偶尔感到沮丧或焦虑没关系。
- 哪怕我害怕自己会失败、犯错，也会对问题采取行动。
- 我不会回避让我感觉紧张的情况。
- 如果我记得某些不愉快的事情也没关系。
- 我可以朝着重要的目标前进，哪怕我对自己感觉不太好。
- 我用不着非得摆脱脑海里出现的所有可怕或不快画面。
- 与其回避不愉快的想法和感受，我宁愿去实现自己的目标。

这些说法里，你有多少能够全心全意地认同？如果你至少认同一句，这就是好消息，因为你已经具备一定的心理灵活性，而且可以努力提高。如果你能辨识出坏家伙并与之作战，不对自己进行消极判断，你就拉伸得更长了一点。

如果你一条都不认同，也别担心。每天辨识坏家伙，和它们战斗，你会提升对消极体验的接受度，同时朝着目标采取行动。

如果对这份清单上的每一条说法，你已经完全认同了，恭喜！你正用超级心理灵活性应对着你的《超好》挑战！跟坏家伙作战有助于你保持灵活，充分利用自己本就具备的优势。

小提示：复制这份清单，把它放在你每天都能看到的地方，时刻提醒自己要建立这些心理优势。如果你真的想提升自己，就每隔一天大声朗读这份清单，就像祷告一样。要特别注意那些你尚不能完全认同的说法，这会是你进步最快的领域。跟坏家伙们战斗两个星期之后，一定要再次自我检验，几乎可以肯定，你能看出自己的灵活性在提高。

现在，你对自己一开始具备的心理灵活性有了更好的认识，让我们把它用起来，做些有助于你提升这些关键心理优势的游戏活动。

如你所知，获得心理灵活性的第一步是更好的觉知或曰正念。当你保持正念，你就能够观察、描述让你感觉困扰或艰难的具体事情。

每当你识别出一个坏家伙、给它起了名字时，你就是在训练这一技能。让我们现在就动手提升你的正念，去完成一项辨识坏家伙的任务！

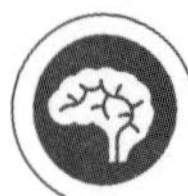

任务 23：辨识 3 个坏家伙

如果你想变得超好，就不能躲着坏家伙。你必须辨识它们、正视它们，这样才能弄清楚该怎样更有效地与之战斗。

请记住，坏家伙指的是任何阻碍你变得超好的习惯、症状、想法、感觉或行为。

怎么做：创建坏家伙名单。你认出本章中已经分享过的坏家伙了吗？如果是，现在就请将它们加入名单。

如果你想追捕一些新的坏家伙，这里有一些问题可以帮助你。

- 你有什么想要戒掉的习惯？
- 什么会让你做事分心？
- 什么原因导致了你身体上的疼痛或不适？
- 什么让你紧张或不舒服？
- 什么压榨了你的精力？
- 什么想法或感觉贯穿你的脑海，让你怀疑自己的目标或能力？
- 有什么事情，医生或治疗师建议你少做或不做？
- 你碰到什么事会觉得压力太大？
- 什么样的症状让你的日子变得更辛苦？
- 什么样的情绪让你只想待在家里，什么也不做？
- 有什么触发因素是你想极力避免的？
- 你想放弃什么样的行为？

我的坏家伙名单：

1.

2.

3.

任务完成：干得好！你已经确定了自己的 3 个最大的坏家伙。给它们起好名字，你就朝着抵消它们迈出了一大步。

小提示：很多《超好》玩家发现，给坏家伙起一个傻气或有创意的名字有助于自己用更积极的心态去解决它们。但你用不着非得给坏家伙们起机灵的名字，光是辨识它们就是一项巨大成就了。

战胜坏家伙的 5 种最有效策略

恐怕已经有几个坏家伙进入你的视线了。现在，让我们来谈谈怎样灵活应对，与它们展开有效的战斗。为了保证你始终向坏家伙采取有针对性和积极的行动，你需要准备、尝试多种策略。但你应该从哪儿开始呢？

我花了 3 年时间和《超好》玩家们共事，我研究他们，努力想弄清战胜坏家伙的最有效策略。我找到了 5 种有望成功抗击所有坏家伙的方法：躲避、抵抗、适应、挑战和转换。

让我们来逐一考察这些策略，并配以来自资深《超好》玩家的一些案例。请记住，大多数成功的《超好》玩家是在尝试过全部的 5 种策略后，才判断出哪种策略最适合哪一个坏家伙的。

|1. 躲避|

这是最简单的策略。如果那是一个坏习惯，就尽量不要做。如果是疼痛或疾病的症状，就尽量不去感觉它。如果是一种令人不快或无济于事的想法，就尽量不那么想。这里有一个例子，可以说明躲避法怎样发挥作用：

坏家伙：咬第一口！
躲避策略：坚决不咬第一口！

我正在努力减肥。我对自己说，我只咬一口想吃但不该吃的东西。但我还没反应过来，就吃了整整“一吨”了。可如果我不去咬第一口，也就用不着叫停了！

米歇尔，45 岁

说来叫人惊讶，虽然躲避是最容易理解、最方便采用的策略，但它的用处其实最小。这是因为，人不可能永远躲避消极的想法、感觉或体验。没有人有完美的意志力。如果避免某事在你力所能及的范围，回避它也没有什么私人的代价，不妨先试试这一策略。但你绝对想要也需要开发更多的策略，让自己哪怕如履薄冰也享受美好的一天，或是在感到无法回避疼痛或困难的情况下，仍然过上充实而有意义的生活。

|2. 抵抗|

抵抗是一种与坏家伙积极搏斗、努力阻挡其来势的方法。如果你有一种无益的想法，试着改变它。如果你正疼痛，试着缓解它。如果你把自己和别人孤立开来，试试与他们重建联系。如果你拖延症发作，跳起来采取行动。这里有一个例子：

坏家伙：不断地想着出了岔子的小事，而不是继续前进。

抵抗策略：花 30 秒做一些有成效的事情，打断思路。

每当碰到不顺心的事，我就没法释怀。我一直在尝试这种策略，它很适合我。我对自己说，只需要花 30 秒做点富有成效的事。通常这足以让我走出内心的焦灼。但就算我径直回去坐下来继续懊悔，至少我也做完了一件事。

杰森，25 岁

抵抗策略比单纯地躲避坏家伙更强大。当你抵抗坏家伙时，你会运用自己独特的技能和力量，防止坏家伙带给你太多消极影响。哪怕你无法控制客观形势，这一策略也能发挥作用。

有一点很重要：抵抗坏家伙时别对自己下消极判断。坏家伙的出现不是你的错，每个人每天都会碰到坏家伙。相反，要向自己表示恭喜，因为你以正念识别出了正在干坏事的坏家伙，并鼓起勇气直接迎击它。

|3. 适应|

适应意味着对坏家伙做出重大的改变，或是寻找一种长期解决方案。坏家伙逮到你，你可能无法躲避、无法抵抗，但你或许可以想出一种聪明或有创意的规避方式，极大地限制它对你的影响力。

坏家伙：忘记服药。

适应策略：在手机上设定每晚 7 点、8 点和 9 点的提醒。

我的抑郁症有了一种新的处方药。我总是“忘记”服药，我想那只是我在躲避，不愿承诺坚持尝试以确定这种药能不能帮到我。这一策略给了 3 次服药的机会。如果我真的决定不服药，至少我是有意识做出这个决定的，而不是半真半假地“忘记”服。这种策略是一位盟友推荐给我的。有了 3 次闹钟，我基本上没办法再“忘记”服药了，所以我绝对地打败了这个坏家伙。

克里夫，33 岁

其他人是帮你想出适应策略的好资源，去问问看，说一句话：“如果碰到这个问题，你会怎么解决呢？”

|4. 挑战|

挑战坏家伙的意思是，问你自己：“这对我真的不好吗？有没有可能，在我能过上幸福、健康、有意义的生活之前，我根本不必放弃这种感觉、想法或者习惯呢？”

坏家伙：缺乏自信。

挑战策略：问问你自己“要是我真的缺乏自信怎么办，真有那么要紧吗”。

我人生此刻最大的恐惧是，我没法完成大学学业、找到好工作。我对这件事恐慌极了。我充满自我怀疑，对自己的成功缺乏信心。但我的盟友帮助我从另一个角度去思考。或许，我这么担心是因为我真正在乎，而这并不一定是坏事。它同时也表明我内心的动力超级大。另外，我确实想在生活里更加自信。但疑虑或恐惧不一定就会阻止我。我仍然可以按时上课，可以继续申请实习。我认为，现在朝着目标迈进比解决我的感觉更重要。

朱利安，20 岁

这是你应该尽早和经常采取的策略。你要保持开放的心态，相信坏家伙们或许没你想的那么有力量、有影响。过去让你感到紧张或不舒服的事情，说不定今天已完全正常。如果某件事情总是让你感到紧张、焦虑、疲惫或身体不舒服，你能不能坦率地承认这些感觉，接纳它们呢？你真的需要感到平静、舒畅、没有痛苦，才能去追求自己的目标吗？这是你能实现的最强大的心理灵活性：不管你能不能减轻疼痛、不适、沮丧，能不能把它们从你的生活里消灭掉，你都能自由自在地坚守重要承诺，追求你的梦想。

|5. 转换|

转换的意思是，想办法把你的坏家伙变成补充能量块。举例来说，如果你感到疼痛，它可以帮助你对同样处在疼痛中的人产生更多的同情；如果你感到生气，你可以把它当成精力的来源，并将之疏导到富有成效的事情上。你能想象类似的情况吗：你身边的坏家伙非但不伤害你，反而帮你的忙？

坏家伙：对刺激上瘾。

转换策略：以他人的刺激为启发，做更好的自己。

我总是跟把各种刺激带进我生活的人建立友谊和人际关系。这让我分心，没法把时间和精力投入自己的计划当中。最后，我想结识更多积极的人。但生活里还有些人，不管怎么样，都是为了我好。他们是家人。我无法改变他们，但我可以通过他们得到启发，做得更好，好上加好。他们为我提供灵感，让我培养自己的非刺激特质，比如耐心、宽恕。

特雷泽，36 岁

把坏家伙转换成补充能量块不是件容易事，但它值得付出额外的努力。这是你心理灵活性最大程度的拉伸。

《超好》玩家的故事：梦之战士

29 岁的米娅很自豪地称自己是幸存者。

26 岁时，她从一段充满了暴力和虐待的婚姻中逃了出来。但多年来遭受的身体虐待和性侵犯，让她无时无刻不处在高度戒备的状态下，肾上腺素蓄势待发，深信自己面临危险。理所当然的，她发现自己与社会隔离，很难相信新认识的人。治疗师确诊她患有创伤后应激障碍。

米娅决心夺回自己的生活。在治疗师的支持下，除了常规辅导，她开始玩《超好》以缓解创伤后应激障碍的症状。在此期间，她努力了解病情，这不仅是为了自助，而且是为了帮助他人。她开始写博客鼓励其他家庭暴力的受害者保护自己。

她取得了巨大的进步，但有一个坏家伙仍在折磨她。毫无疑问，在生活中，她是幸存者。但在她的梦里，她仍然是受害者。她在博客里解释说："我几乎每天晚上都做遭遇攻击的噩梦。昨天晚上，我梦见一个陌生人在家里袭击了我，还想杀死我。噩梦如此强烈，让人觉得就像是真发生了一样。我常常尖叫着醒来。"

米娅宣布，噩梦是自己的头号坏家伙。她开始向盟友寻求帮助。接下来的几个星期，她开始尝试不同的策略。

一位盟友给她的第一条建议是学习做"清醒梦"。"它的概念是，你训练自己做梦的时候能意识到那是在做梦。这样一来，你睡着之后，会突然意识到：'嘿，等等，这可是个梦。'接着，你就有能力改变梦里的内容了。"

米娅带着这个想法去找治疗师，治疗师教给她学习控制噩梦的具体技巧。她学到一种简单的练习，叫作"改变结局"。以下是该方法的运作方式：在白天，你回想经常出现在噩梦里的场景，比如被危险的男子追赶。趁着你清醒的时候，你为这一场景生动地想象各种不同的结局。你可以想象追你的人越变越小或者越跑越慢，直到他根本无法再威胁你。

接下来的 6 个星期里，米娅越来越擅长把噩梦拦在半路上。"我的梦总是很鲜活，只是我以前从来没有意识到自己对梦境有这么大的影响力。我仍然会做充满了烦心事的梦，但它们不再像噩梦那样困扰我了。有意识地控制做梦，真的大有帮助。"

但米娅也意识到，虽然清醒梦是适应问题的好办法，但并非完全解决问题的办法。噩梦有时难以控制，她偶尔仍然会大汗淋漓、哭泣、颤抖着醒过来。她需要更灵活的作战方式，于是决定改用挑战策略。

为挑战噩梦，她问自己："要是它们并不完全是坏事呢？"她琢磨起了一种新的思考方式："或许噩梦只是在提醒我，不要感到太舒服，不要对有可能出现的坏事丧失警觉性。噩梦只是我的大脑理解、应对创伤并痊愈的方式。它们并不想折磨我，而是想帮我。"虽然这一认知重评并没有阻止噩梦，却帮助米娅不再因为做噩梦而受到惊扰。更重要的是，它让她看到噩梦的潜在益处，这是她以前无法想象的。如果她的噩梦只是对她的提醒，那能不能用它们来积极地改变自己清醒时的行为呢？

有一天，她对盟友写道："过去几个月，我都过得很挺好，直到前一天晚上，我做了个可怕的噩梦，醒来时我哭个不停、叫个不停。在梦里，我奄奄一息，马上就要死了，血流了一地。我置身于一个十分痛苦的地狱，周围没人帮忙。我深深地为孤独死去、没人帮忙而反省。"

运用新策略，米娅决定把这个可怕的梦当成有益的提醒。或许，它向自己传递着什么重要的信息？“近来，我一直觉得跟朋友们很有隔阂，”她意识到，“我想这就是梦的深意。”她抛开梦境里的可怕画面，接受了它蕴含的洞见。第二天，她决定借此去找自己的哥哥和一位朋友。“我的确需要更多的社会支持，当我迈出求助这一步，感觉就好多了。”

米娅通过接受可怕噩梦带来的积极暗示，把坏家伙变成了补充能量块。今天，米娅仍然运用着她所有心爱的策略（抵抗、挑战和转换），由此带来的结果是，她感到更快乐、更勇敢了。“如果我再做噩梦，就不再觉得自己输掉了战斗。我未必能阻止噩梦，但不管是在梦中还是醒后，我总能取得胜利。而且，最好的一点是，我可以把学到的应付坏家伙的心得分享给同样要面对它们的人。这才是变得超好里最好的那一部分。”

SuperBetter

现在，你知道了对付坏家伙的所有 5 种方式，让我们把知识付诸行动吧。

任务 24：制订作战计划

让我们来看看你的心理灵活性能拉伸到什么程度。

怎么做：选择你的一个坏家伙。选好了？很好。让我们为你的坏家伙制订一套包括所有 5 种可行策略的作战计划。

针对每一种策略，试着想出你能做的一件事，不让这个坏家伙毁掉你的一天或阻碍你进步。如果你发现自己受困于同一种策略，别担心，尽力就好。如果你需要点子，就问问朋友或家人的意见。你也可以稍后再回来增加更多的策略。如果你一直想着它，在大脑深处反复酝酿一两天，就能更成功地完成这一任务。

例子：为了帮助你，我把成功完成这一任务的另一位《超好》玩家的反馈记录如下。利兹是一位 32 岁的老师，她的挑战是战胜失眠。她为这一任务选中的坏家伙是“白夜”，她这样介绍说：“一个无穷无尽的漫长夜晚，我躺在床上睡不着，直到凌晨。”

策略 1：躲避

你可以做什么事情，从而让这个坏家伙今天不出现在你生活里呢？利兹说：“为尽量避免今晚出现‘白夜’，我上午 9 点之后绝不摄入咖啡因。”

策略 2：抵抗

如果这个坏家伙露面，你可以做什么事来减少它的影响呢？利兹说：“我可以在床上做些拉伸，以填补心灵、放松身体。第二天，我还可以接受额外的照料去支持我的免疫系统，因为每当我缺觉就爱生病。我可以服用维生素 C，多洗手。”

策略 3：适应

你可以做什么事情来规避或一劳永逸地解决这个坏家伙带来的问题呢？利兹说：“我最大的担心是疲劳驾驶。我可不想因为无法冷静思考、保持清醒而出车祸。短期的解决办法或许是搭乘公交上班，这基本上消除了我对缺觉最大的一项恐惧。我绝对要试试这种做法，哪怕几天也好，看看它能否减少问题。”

策略 4：挑战

你可以做什么事来证明这个坏家伙没你想象中那么有力呢？利兹说：“我猜，挑战因缺觉而焦虑的最佳方式是，在失眠的第二天过得很好，工作很有成效。等下一次我碰到‘白夜’，我会付出额外的努力，激活大量补充能量块，至少完成待办事项表里的一件大事。如果我能向自己表明，哪怕过了一个不眠之夜，我还是很强，那么或许下一次就不会太恐慌了。”

策略 5：转换

你该怎样把这个坏家伙转换成补充能量块呢？利兹说：“我必须在这里真正发挥创意，因为我很讨厌‘白夜’！但我不妨列一张清单，罗列在半夜可以做的事情。这样，如果我无法入睡，就能起来，从午夜待办事项清单上划掉一项。我可以阅读神秘小说、整理衣柜、涂指甲，这些都是我喜欢却没时间做的事情。这不是个完美的解决方案，我当然宁愿睡觉，但我猜，利用午夜的时间算是把它转换成好事的一条途径。长久以来，我一直在跟这个坏家伙作战，所以如果从完全不同的角度思考它，我看得出其中的好处！”

小提示：每多一种策略，你的心理灵活性也随之提高，所以要不断寻找更多与坏家伙战斗的方法。

恭喜你制订出了第一套作战计划！随着你建立起对坏家伙的觉知，不断尝试不同的行动，你会发现，在战斗中发挥创意也更容易了。

和所有游戏一样，你无法打败每一个坏家伙。学会应对偶尔的失利是发展心理灵活性的重要组成部分。

“当你不如自己希望的那么强，甚至还比不上昨天的时候，”乔治梅森大学（George Mason University）幸福促进中心的心理学教授和资深科学家托德·卡什丹（Todd Kashdan）博士建议，“不要评判你自己。你要允许自己偶尔出现小故障，经历小小的失败。”

卡什丹博士因心理灵活性研究而出名，也是“超好”法的支持者。最近，我请他向感觉被坏家伙打压得不堪重负的《超好》玩家提些建议。“面对艰难情况，你此刻是否被坏家伙打败并不重要，”他回答说，“而是要从长远来看。在任何特定的时刻，如果坏家伙压制着你，如果你后退，甚至连续 3 次失败，这都没什么。**只要你连续观察两三个星期，愿意接近那些令你紧张的事情，愿意吸收随之而来的压力和不适……这才是真正的心理灵活性。**”

跟坏家伙作战的 4 个小提示

每天至少战斗一次。每天至少一次，花点时间留心那些有可能妨碍你健康、幸福或复原力的想法、感觉或习惯。如果你今天尚未识别出任何坏家伙，你要么已经是世界级超好冠军，要么就是观察得还不够仔细，后者的可能性更大！

战斗结束后务必能量升级。不管你是成功地抗击了坏家伙，还是觉得它吸干了你的精力，一定要激活至少一块补充能量块以恢复活力。补充能量块能让你接通积极情绪，让未来的战斗变得更轻松。

跟踪记录你的遭遇。你尝试过什么策略，哪些发挥了作用？坏家伙最常在什么地方出现，什么时候出现？请把它们记录在日记、电子表格或任何你觉得方便的地方。你还可以借用一位《超好》玩家琳达的创意，她的挑战是更好地处理压力："我把坏家伙写在便利贴上，粘在家里的冰箱上，提醒自己要当心。每当它们逮到我，我就打一个叉。如果我逮到了它们，我就打一个钩。通过对比叉和钩的数目，我很方便地看到了自己的输赢记录。如果我得的叉太多，我就知道自己需要采用更好的策略了。"

跟无法消失的坏家伙交朋友。你恐怕永远无法彻底消除特定的疼痛、焦虑或来自生活的压力。如果坏家伙怎么也除不掉，你就要不停地尝试，了解坏家伙的运作原理。以拖延为最大坏家伙的《超好》玩家凯尔说："就算你跟坏家伙的胜负记录是 30 天里连输 30 次，这仍然是胜利，因为看看你，你竟然一次又一次地跟它战斗。你学会了识破这个坏家伙的每一种伪装。你是个英雄。"

技能解锁：怎样识别坏家伙并与之作战

- 不要压抑你的消极想法、感受或体验。接受它们，把它们当成你变得更强、实现目标的一部分。
- 当你发现了新的坏家伙，思考你可以与之战斗的所有方法：躲避它、抵抗它、适应它、挑战它、把它转换成补充能量块。
- 尝试不同的策略。对可行的策略，不至少试一次绝不要否决。如果它不管用，不要自责；相反，从尝试中汲取经验再试一次，或者改用下一种策略。
- 使用任务 22 中的 7 条陈述，跟踪记录你的心理灵活性，提醒自己面对坏家伙究竟要怎样才能鼓起勇气。
- 请记住，没有哪一天会不出现任何坏家伙。不要等到完美的一天才去做那些能让你变得更强大、更快乐、更健康的事情。不管今天你碰到了多少障碍，都要坚持采取行动，朝着目标前进。

第 8 章

4 号规则：寻找并完成任务

怎样切入

任务，就是有助于你达成更大目标的简单日常行为。

每一段英雄之旅都由无数的支线任务构成。不管是文学或神话中的旅程，还是体育电影或电子游戏里的旅程，莫不如此。从史诗般的希腊英雄奥德修斯到中国替父从军的花木兰，从一文不名的拳击手洛基到《饥饿游戏》里的凯妮丝·埃弗汀（Katniss Everdeen），每一个英雄都必须去完成许多小规模的壮举和使命。每一个任务都只让主人公变得更聪明、更强大、更勇敢了一点，也为将来更大的挑战做了更多准备。

在“超好”法中，一桩任务并不仅仅是你待办事项清单上的一个项目，而且是你所采取的一个有目的的行为，因为在一个更大追求的背景之下，它有其意义。也许，你要寻找的是更好的健康状况、更和睦的关系、更好的工作或全家人更好的生活；也许，你只是在寻找自己的下一桩伟大冒险。不管是什么，完成日常生活里的任务，能让你朝着目标更近一步。

你在本书中已经解决了许多任务。每一桩任务的设计目的都是为你配备有助于你英雄之旅的新优势和新能力。这里还有几桩你能够即刻解决的任务。在继续往下读之前，请至少挑选其中之一完成。

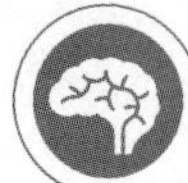

任务 25：绷紧肌肉

想要抵挡一波冲动？想要鼓起勇气做一件困难的事情？以下方法可让你获得即时的心理复原力。

怎么做： 尽量绷紧一块或多块肌肉，坚持 5 秒钟。手、肱二头肌、腹肌、臂部、小腿，任何肌肉都可以。你绷紧的肌肉越多，召唤出的心理力量就越强。

原理： 研究人员把这种强大的身心效应叫作“具身认知”（embodied cognition）。大脑观察身体以寻找线索，强壮的身体暗示强壮的大脑，令人容易召唤更多的勇气，坚持到底。[1]

如果你喜欢这桩任务，不妨试着用它去抗击部分坏家伙！它可以被完美地加入任何作战计划。

任务 26：去做个梦

如果你胆子够大的话，这里有个简单的方法可提高你的社交复原力：告诉别人你昨天晚上做了一个梦。

怎么做： 直接说“我昨晚做了一个有趣的梦”，接着简短地描述这个梦，然后问“你觉得这是什么意思”。

原理： 研究表明，分享梦境并进行讨论能促进信任感，提升两个人之间的亲密关系。你的梦越奇怪、越强烈，这么做的益处就越大。[2]

如果你不记得你最近做过的梦，或者最近做的梦太私人、太尴尬，可以讲一个多次出现或最难忘的梦。

任务 27：哼唱 60 秒

如果你想让身体变得更强壮，不妨哼唱 60 秒。你可以哼唱任何你喜欢的歌曲。

原理：哼唱能提高你鼻子及鼻窦腔里一氧化氮的浓度。一氧化氮浓度越高，你的鼻腔就越不容易发炎，也就意味着越不容易头痛、过敏、感冒、哮喘和感染。[3]

如果你挑一首具体的歌，哼唱整整 60 秒就会更简单些。没哼满一分钟前，尽量别放弃！

任务 28：寻找幸运

就算你不迷信，也请为自己挑选一个幸运符。

幸运袜、幸运硬币、幸运笔、幸运口红，什么都可以，全看你自己的喜好。选好幸运符之后，在脑海里尽量清晰地想象它，如果你现在就能把它拿在手里紧紧握住，那就更好了。

不管你选择的是什么东西，只要你真的相信它能带给你幸运，它就会让你更容易成功。这是因为幸运符让你在心理上更强大、更坚定、更上进。

原理：按照科学研究，相信幸运物能提升自我效能，也就是“我能做到”的感觉（见第 3 章）。自我效能是一种强大的精神状态，能切实地提升你的成功概率。自我效能感越强，你为自己设定的目标就越高，在事情进展不顺利时越能长久坚持。所以，别为奇思妙想感到害怕！[4]

小提示：别总是想着这一任务背后的科学道理。研究表明，你越是记得真正的力量不是来自神奇物品，而是来自自信的力量，它的效果就越差。所以，如果你相信好运，就带着这个信念去努力吧！

为什么要寻找并完成这样的简单任务呢？它们有助于你培养宝贵的新技能，并锻炼你的英雄品质中的意志力，却又不磨损它。

研究人员证明，意志力跟肌肉一样，越锻炼就越强，但你不能把它给耗尽了。[5]在一天当中采取有意识的行动，激发你的动力，扩展你对自己能力的感觉。

锻炼你的意志力特别重要，尤其是在你想要做出重大改变，或者要应对慢性压力、疾病或创伤性事件的时候。每当你下定决心要做一件事，接着成功地做到它，你就是在提醒自己：你对自己要做什么、想什么和感觉什么拥有控制力。

研究人员称之为“带承诺的行动”（committed action），即根据你的目标和价值观，每天完成小步骤，哪怕碰到了艰难时刻。[6]

任务可以帮你把时间和精力投到对你重要、益处最大的事情上，哪怕你疲惫、生病、忙碌或者沮丧。根据《超好》研究，每天只要完成一桩任务，就能在幸福、健康和勇敢方面造就明显的差异。而随着你建立起意志力肌肉、幸福和目标感，你将可以应付更大的任务。

那么，该怎样选择任务呢？任务设计是电子游戏设计师不断学习与实践的一项技能。任务必须始终出现在对玩家来说正确的时间和地点，以便保证你肯定成功。而且，任务必须要有趣！最出色的任务能激发你的好奇心和冒险意识。本章，我会向你介绍，怎样像电子游戏那样为自己的生活设计有趣、便于完成的任务。

带着承诺行动，积累动力和意志力的 3 块基石

我深知，好的任务哪怕在最艰难的时刻都能激发动力、点燃希望，因为我曾亲身体验过。

在从脑震荡变得超好期间，我平时的生活目标早早就出局了。工作？锻炼？游戏？忘了这一切吧。我处于彻彻底底的认知休息中，也就是说我不能做任何刺激大脑的事情：不能阅读，不能写作，不能发电子邮件，不能工作，也不能用电脑。哪怕只是看电视、玩游戏、跟别人聊天，也会带来严重的头痛，所以它们也出局了。与此同时，任何形式的体力活动几乎都会引发眩晕和恶心。我躺在床上，没法自己找乐、做富有成效的活动，更没法跟周围的世界建立联系。很难想象我还能做些什么度过美好的一天。更

糟糕的是，脑震荡后遗症没有已知有效的治疗方法，也就是说，没有药可以吃，没有恢复性的锻炼可以做。“休息、等待”是唯一的处方。毫不夸张地说，我真的无事可做。

好几个星期过去了，我没有任何好转。一天又一天，我怀着对漫长时间的恐惧醒来。我无聊又孤独。我从来没有对自己的生活感到如此无奈与绝望。不管我多么迫切地想要好转，医生却始终告诉我，没有任何事情能帮助我的大脑加快愈合。我当时焦虑得不得了，因为我没法工作，而我丈夫又刚砸了饭碗。

无望感很快压了上来。每一天都充斥着疼痛、恶心和沮丧，我却拿不出任何一项积极的成就来向它们示威。我每天蜷缩成一团，一哭就是好几个小时，因为怕让丈夫担心，我还得尽量哭得小声些。

不过，在抑郁和自杀念头不断涌现的一个月之后，我的游戏设计师本能醒了过来。我知道自己需要找一件事每天做，以便让自己感受到有目标和成效。如果游戏里没有事情可以做，没有目标要追求，没有更进一步的有效方法，玩家就会退出。而无论我的自杀意念多么强烈，我内心深处都知道，自己并不想放弃。哪怕不能下床，不能打开电脑，我也得找到某种事情来做，任何事情都好。我需要一桩任务。我需要一种方法来打赢每一天。

那时候，我的思维因为脑损伤变得相当混乱，情绪也处在低谷。我不得不请别人帮自己弄清应该设定什么样的任务。于是，我请自己的双胞胎妹妹凯利每天给我打一次电话，为我未来 24 小时安排一桩任务。

她给我的第一桩任务是：“你的床靠近窗户，对吧？我要你花些时间望向窗外，等明天告诉我，你是否看到了什么有趣的东西，至少跟我讲一件有趣的事情。”看着窗外。这件事我能在床上做，而且也不需要太多的思考。它有着明确的目标：在发现有趣的事情之前不停地看！

真希望我还记得那天我从窗外看到了些什么，只可惜，我完全不记得了。脑震荡最初的几个月里，我的记忆有点断断续续。但我还记得，那一天我感到自己有了目标。我从窗户往外看世界。我期待着跟妹妹说，告诉她我成功地完成了任务。等到完成的时候，我感觉棒极了。有人让我做一件事，而我做成了。我觉得大获全胜！

现在，我第一次承认：表面上看，看着窗外并不是什么特别了不起的成就，但它对我有着令人难以置信的意义。长久以来，我头一次下定决心去做一件事，而且成功了。我钦佩、热爱我的妹妹，不管那是多么小的一桩任务，能够对她履行我许下的承诺让我感觉好极了。

我当时并不知道，但我在那天产生的感觉就是采取带承诺的行动带来的益处，或者更准确地说是 3 大好处。你想必记得，采取带承诺的行动意味着，不管路上有多大的障碍，每天都至少做一件符合你最重要目标和价值观的事情。**研究人员已经证明，每次你成功地采取带承诺的行动，都是在提升自己的希望、乐观精神和自我效能。**[7]

希望、乐观精神和自我效能是相似的优势，但在一些重要的方面又有所不同。

希望是当你相信有可能实现好结果时所产生的感觉。好结果可以是你想要感受到的积极情绪，想要实现的目标，想要做出的改变，想要完成的任务或想带给他人的益处。如果你能想象好结果，不管可能性多么渺茫，你都会心怀希望。你能想象的好结果越多，你心怀的希望就越多。

乐观精神是你相信好结果不仅有可能实现，而且很有可能实现时所产生的感受。这样一来，你愿意设定更高的目标，并为实现目标投入更大的努力。你还会更开放地尝试新事物并听取他人意见，而做到这两点，往往能带来更大的成功。当然，过分乐观也是有可能的。如果你盲目乐观，就会把努力变成徒劳无功的追求，无法采取必要的预防措施避免消极结果。但总体来说，乐观精神是动力的重要来源。如果把时间和精力投入真正有可能带来成功的简单行动中，你就能轻松地避免乐观精神的不利之处。

自我效能是动力拼图的最后一块。你应该还记得，自我效能感就是“我能做到”的感觉。如果你的自我效能感高，就不仅会相信自己能实现好结果，而且相信好结果来自你的直接控制。你具备了处理自己问题、达成目标的能力和技巧。

希望、乐观精神和自我效能，这三者共同构成了势不可当的动力和意志力。研究人员把这 3 种优势称为“能力和控制力信念”。[8]你觉得自己有能力为生活带去积极的情绪、体验和结果吗？你觉得你对自己的健康、幸福和成功有多强的控制力呢？**你对自己拥有的能力和控制力的信念越强，就越愿意努力去做那些最重要的事情。这就是培养希望、乐观精神和自我效能的重要性所在，而任务就是实现这一点的理想途径。**

设计任务，是积极想象好结果的一种方式。哪怕你还没着手完成任务，仅是想着它，就已经在建立希望了。毕竟，任务是在描述一种能实现好结果的具体行动。心理学家把这一类行动叫作“前进路径”。你能想到的前进路径越多，心怀的希望就越大。[9]

你接受的或为自己设计的每一个任务都会带给你一条新的前进路径。所以，别害怕集思广益，而是要多多征集任务。光是简单地列一份潜在任务清单，就足以带来巨大的希望。这就是为什么最流行的角色扮演类电子游戏通常会让玩家同时接受多桩任务。在任何时刻，玩家的“任务日志”，即他们准备要应付的潜在任务列表里兴许都包含着多达 10 条以上的追寻路径。有这么多的选择，玩家在游戏的过程中自然不会丧失希望，他们总觉得能够有所进展。

完成任务是体验成功的一种方式。你完成的任务越多，就会越乐观。这是因为你体验到好结果的次数变多了，而这是提升乐观精神的最有效方式之一。[10]

实际上，研究表明，成功的次数比成功的大小更加重要。所以，即使你的任务琐碎、容易，也无关紧要。事实上，琐碎、容易的任务对你很有帮助，因为它提升了你成功的概率。伴随着你每一次的成功，你会越来越期待未来的成功。这就是为什么游戏开发商总把游戏的最初关卡设计得那么容易的原因。一开始就让玩家尝到胜利的感觉，能让他们为之后的挑战建立情绪复原力。

任务让你变得更好。随着时间的推移，一连串的任务会让你客观上变得更好，因为每一桩任务都建立在前一桩任务的基础之上，需要稍多的努力、技巧或创造力。你会培养有用的技能，学习重要的信息，扩展你的策略。[11] 由于你完成的每一桩任务都让你在具体而特定的方面变得更好了，所以你对自己的力量有了更强的信心，你相信自己能对个人的健康、幸福和未来发挥积极的影响。

新技能结合信心，让你在未来能去应付更困难的任务。这将建立起积极向上的成功螺旋。游戏设计师使用同样的方法，构建玩家的技能，在游戏世界里创造不断升级的挑战。随着时间的推移，玩家想要感受自己更强大、更娴熟，这就是为什么你在游戏里玩得越久，任务就越难。但是，为了让玩家在这些大目标上取得成功，游戏设计师必须首先为他们提供训练机会，让他们掌握必要的技能。

每天至少完成一桩任务

我亲身经历了这样一轮向上的螺旋，它开始于我完成第一桩脑震荡恢复任务那一刻。在随后的日子里，我丈夫、我妹妹和我自己想出了各种各样的创意任务。每一个完成的任务都增强了我的希望、乐观精神和自我效能。有一天，我躺在床上，用细马克笔在自己胳膊、腹部和腿上画着临时文身。我那一天的任务是丈夫提议的：如果你身上有能向世界展示你有多强大的文身，它们会是什么样子的呢？我在左大腿外侧写了“疼痛无法免”，右腿外侧则写上了“苦难可选择”。还有一天，我的任务是：在心里列一张清单，举出你大脑尚未痊愈之前仍然能够做的工作。这是一个我自己选择的任务。一想到有可能永远无法从事研究、写作、设计工作，不能再次当着听众的面讲演，我就感到焦虑。我知道，有效对付这种恐慌的唯一办法就是，虽然接受可能出现的现实，但仍然去设想幸福的生活。所以，我一整天都躺在床上，为自己想象哪怕大脑再无好转，我仍可以达到的最好结局。我最喜欢的两个点子是，替人带宠物狗散步以及为他人烘焙饼干和蛋糕。除了游戏，我最喜欢的就是狗和烘焙了。

几个星期之后，我能勉强站起来了，于是接受了一桩迄今为止最让人满意的任务。既然我有可能要以烘焙为业，我决定尝试做巧克力曲奇饼，不是从头开始，而是用商店买来的饼干面团，因为我当时还没有恢复到能阅读食谱的程度。我知道这听起来有点可怜，但在当时，能站起身在厨房里转悠、热锅、把面团切开，简直让我惊喜万分。更重要的是，我不是要为自己做饼干！我打算以送饼干为借口，离开公寓去拜访别人。因为必须卧床休息，不能使用电子邮件，难以与人对话，我已经好长时间没见过外人，与他人交谈了。我琢磨着自己每天最想和什么人见面聊天，接着惊讶地意识到：我很想念路口咖啡店里的咖啡师！我以前每天都要到那家店里买两次咖啡。于是我开始了做饼干的任务，并带着新鲜出炉的饼干去找了咖啡师。

我永远不会忘记看到我拿出饼干盒时，他们多么惊讶和高兴。这让我兴奋了整整一个星期。我兴奋地意识到，就算处在超级糊涂、抑郁和焦虑的状态中，我仍然可以让别人感到快乐。哪怕极为微薄，我仍然有为世界做些好事的力量。

最后，能够继续在这个世界做好事的希望和乐观精神，让我开始与其他人分享我创作的游戏《震荡猎人简》。先是通过视频，因为我当时还不能写，后来通过博客文章。如你所知，人们对该游戏的反馈最终让我创作出了《超好》。很难相信，做饼干这样的简单任务让我走上了完成这辈子有意义、最重要的作品的道路，但事实就是如此。

在生理、心理和情绪处于绝对最低谷的状态下完成任务，让我懂得了一件重要的事情：不管未来发生了什么，我都有力量每天做一件自己选择的简单事情，让自己感受人生的意义所在。

你同样拥有这种力量，而且，你还将随着每一桩任务的完成来提升这一力量。随着时间的推移，最微不足道的有意义行为不断累积，从而让你逐渐靠近忠于梦想、不留遗憾的生活。

目标常换常新，价值观却永远和你在一起

到现在为止，你已经完成前面我为你设计的任务，但你要完成的最重要任务必须是你为自己创建的。

所以，你应该从哪里开始呢？让我们从游戏设计的世界寻找线索吧。

在游戏中，英雄的价值观是每一桩任务背后的动力所在。不管是要拯救世界、保护无辜的人，还是过冒险的生活，英雄的行为总是与其最根深蒂固的价值观相吻合。你的任务，即你每天所投入的行动，同样应该以你最重要的价值观为动力。

价值观到底是什么呢？它是一种为生活带去目的与意义的方式；它是你想要展现的力量，希望坚守的美德，想要体现的素质或为宏大事业奉献的途径。以下就是价值观的一些例子。

- 永不停止学习。
- 成为最优秀的家长。
- 始终挑战身体极限，激励其他人。
- 做一个充满爱和关怀的人，成为良友。
- 贴近大自然，尊重大自然。
- 生命短暂，不如尽情享受一切，绝不感到无聊。
- 要忠实地侍奉上帝，并通过行动成为其他人的榜样。
- 探索整个世界，尽量多地了解不同的文化。
- 做重要的事，哪怕挣到的钱更少。

如你所见，价值观和目标不一样。价值观不是学位、晋升、4.5 公斤肌肉、浪漫伴

侣、大病痊愈这一类你能得到或者达到的东西。相反，价值观描述的是你希望怎样生活。它是你人生每一天的目标，它是一种去学习、关爱、创新、做害怕之事、帮助他人或做其他你在意之事的愿望。

目标常换常新，价值观却永远和你在一起。

列举你最深刻的价值观是解锁你未开发的动力、精力和意志力资源的关键。研究表明，以价值观作为行动指引非常有利于完成看似不可能的壮举。价值观可以在你面对抑郁、悲伤、焦虑、成瘾、艰难和痛苦时激励你、为你升级能量，帮你克服无聊、沮丧、疲惫或自我怀疑。[12]

也许，你发现识别自己的价值观很容易。如果是这样，就太好了！但很多人也觉得，尝试一些创意练习有助于找到自己的价值观。以下有 3 桩任务，它们能帮助你探索自己的价值观。我建议你现在就从这 3 个练习里挑一个试试看！

小提示：所有这些任务都要求你运用想象力。如果它们看起来有点牵强，别管它，顺着走下去就行了！

任务 29：重视自己

心理学家识别出了人们对生活最重视的 12 个不同领域。[13] 看看下面的列表，选择此刻对你最重要的 3 个领域。

怎么做：假设你的一天拥有 27 小时，而不像别人那样只有 24 小时。你会把这额外的 3 小时分配给哪 3 个生活领域呢？

- 婚姻、浪漫伴侣或亲密关系；
- 育儿；
- 家庭（除了孩子或伴侣之外的部分）；
- 朋友和社交生活；
- 工作和事业；
- 教育、训练、学习；
- 休闲和乐趣；

- 灵性、宗教；
- 社区生活（俱乐部、组织、社会活动、志愿服务）；
- 自我身体照料（饮食、运动、睡眠）；
- 环保、爱护地球；
- 美学（美术、音乐、写作、阅读、媒体、美好的事物）。

现在，如果你选出了最重要的3个生活领域，就可以确定自己最靠前的3种价值观了。

怎么做：你只需用选出的3个领域来完成下面的句子。

我想做一个把每天的时间和精力花在以下领域的人：

1.
2.
3.

例如，我想做一个把每天的时间和精力花在家庭、灵性及乐趣上的人。

找出你最重要的生活领域，这有助于你弄清该为自己设计什么类型的任务。

医学博士拉斯·哈里斯（Russ Harris）是全世界顶尖的接纳与承诺疗法（Acceptance and Commitment Therapy）治疗师，这是一种旨在帮助人采取带承诺的行动的治疗方法。他最喜欢用来询问客户价值观的一种做法是，让对方设想使用他称之为“读心机”的科幻场景。[14] 以下是这一场景的《超好》改编版。

任务30：读心机

怎么做：想象一下，20年后，一位陌生的女士朝你走来，向你介绍一种神奇的新技术：一台读心机！她把机器安装在你头上，说：“我可以调整这台机器，让你进入一个此刻正想到你的人的大脑，从而使你可以听到他的每一个念头。”

哇噢！你真的想听到别人的私密想法吗？但来不及反对了，机器已经打开，而她也开始调拨旋钮了。很快，你听到了如她所说的内容。此刻，某个人正想着你，想的内容用哈里斯博士的话来说就是：“你的立场，你的优势以及你对他们的意义。”让你感到宽慰的是，你听到的想法惊人地积极。当你听到这些念头的时候，你暗暗想：“这完美地阐释了我！”

请记住：那是距离此刻的 20 年以后，你过着忠于自己梦想和核心价值观的生活。考虑到这一点，你听见的那些话应该是怎样的？

小提示：如果你愿意，就让读心机切入几个不同的人，这样你就能听到有关自己的不同侧面。

任务 31：平行宇宙

这桩任务对目前正面对艰难个人挑战的人来说尤其有用。

怎么做：想象一下，你从一个平行宇宙中醒来。那里的一切跟这个宇宙一模一样，只除了一件事：你担心的问题刚刚得到了解决。

在这个平行宇宙中，你不再紧张、疼痛、抑郁、焦虑、悲伤、自我怀疑。你感到完完全全没了思想负担，一直以来困扰你的消极想法、感受和担忧消失了。

在这个平行宇宙里，你今天想要做什么？你将怎样度过接下来的 24 小时？有哪些从前被你忽视的重要生活领域，你希望投入更多的时间和关注？你想要自由地追逐什么样的梦想？请用至少整整一分钟，想象在新宇宙里，你未来一天的日程表。你想象的细节越丰富越好。

好消息：就算没有平行宇宙，这个任务也能帮助你现在就去做所有想做的事情。哪怕面对逆境和压力，学会采取带承诺的行动也能让你变成想要成为的自己。

现在，你已经举出了自己的价值观，让我们找些简单的办法，使你可以遵循价值观来生活吧。

哈里斯博士这样说："价值观就在此地，就在此刻。任何时候，你都能选择依照价值观行事或是无视它们。哪怕你已经无视自己核心价值观几年甚至几十年，你也可以从此刻开始按照它行事。"[15]

是时候按照你的价值观行事了。是时候来设计你的第一桩任务了！

确保你的任务符合游戏设计师的 SMART 原则

这里有几件游戏设计师在设计游戏任务时会考虑的事情。

- 玩家知道为完成任务必须做哪些事吗？换句话说，要做的事情明确而具体吗？
- 考虑到玩家此刻掌握的技能、资源和盟友，玩家能够完成任务吗？换句话说，任务是现实的吗？
- 玩家会因为这一任务感到活力四射吗？玩家要采取的行动里是否蕴含着根本性的趣味、挑战和创意呢？换句话说，任务好玩吗？
- 这项任务是否教给了玩家一些重要的事情，或是帮助他练习了关键的技能，从而让游戏设计师可以让他以后去挑战一些更有趣、目标更大的事情呢？换句话说，任务适宜吗？
- 这项任务是否与英雄故事里的宏大目标或旅程相契合？换句话说，它有意义吗？

游戏设计师必须始终能够对这些问题给予肯定的回答，才能确保玩家拥有必需的希望、乐观精神和自我效能，从而在游戏中实现进步。事实证明，出色的任务设计跟心理学家认为最有益的日常生活目标有许多共同点。

在《接纳与承诺疗法易读指南》（*ACT Made Simple*）一书中，哈里斯博士用 SMART（意为"聪明"）这一首字母缩写来指代采取带承诺的行动的 5 项最重要标准：具体（Specific）、有意义（Meaningful）、适宜（Adaptive）、现实 (Realistic)、有时限 (Time-framed)。[16]"具体"指的是，你清楚地知道自己要采取什么行动：何时、何地、何人、何事。"有意义"指的是该行动受你最根深蒂固的价值观所驱动。"适宜"指的是，你可以诚实地说，实现这一目标能让你朝着更快乐、更健康、更勇敢或更有意义的生活的方向前进。即使它只是朝着正确的方向迈出的微不足道的一小步，也仍然是正向的一步！“现实”意味着你已经掌握了采取这一行动所需的技能、资源和力量。你不需要首先解决额外的任何问题或是改善健康、情绪、人际关系、财务状况，就能采取这一行动。“有时限”指的是，你选择了具体的一天来采取这一积极行动。如果具体到一天中的某个时间点就更好了。

如你所见，SMART 行动和出色的游戏任务之间唯一的区别只在于，游戏任务还很好玩！等你完成了下面这桩任务，我们就会更详细地讨论怎样让一件事情变得更好玩。

任务 32：设计你自己的任务

读到本书的这个部分时，你已经完成了 31 桩任务。但最重要的任务一定来自你自己的设计，因为只有你才知道自己在生活里最重视什么东西。那么，让我们现在就来练习为自己设计任务的技能吧。

怎么做：选择你最核心的一项价值观。请记住，价值观是赋予你生活意义和目标的原则。它们描述了你在最核心的层面上，想要成为什么样的人。

选好价值观了吗？很好。现在回答这个问题：在未来 24 小时，为了能有机会按照这一价值观来生活，你能采取的最小、最容易、最简单的行动是什么？

想一件容易、渺小得让你都没有借口拒绝的事情，越简单越好。如果做它只需要花 5 分钟甚至 1 分钟，那就太好了，不，简直完美！

例子：以下是来自其他《超好》玩家的一些例子。

我的价值观：“始终向家人表现我对他们的爱与珍视。”
我的任务：“在女儿的枕头下为她留下一条惊喜留言。”

我的价值观：“永不停止学习。”
我的任务：“在 Facebook 上写一篇帖子，请人们分享能教给我某件有趣之事的文章或视频链接。”

我的价值观："忠于我的信仰，为上帝献上荣耀。"

我的任务："祈祷一分钟。"

我的价值观："尽我所能让世界变成一个更美好的地方，并为此理想而努力。"

我的任务："向在线慈善事业捐赠 1 美元。我本想捐 20 美元，因为感觉那更有意义。但如果是 20 美元的话，我大概会想，它还可以用在许多其他事情上，这样没准我会放弃捐赠的念头。但如果是 1 美元，我知道自己不会吝于出手，所以就这么决定了，这就是我的任务！"

我的价值观："做个优秀的运动员，挑战自己的体能。"

我的任务："我明天不按老规矩跑 5 英里，而是全速跑完 1 英里（1 609 米）。" ①

小提示：如果你设计的第一桩任务是你本就经常做的事情或是过去已经完成过的事情，这很好。这里，你无须表现得太有创意。任何能真正反映你价值观的事情都很好。把事情定义为任务，哪怕是一件你本来就要做的事情，能让你对有助于自己过上更忠于个人梦想、更有意义感的生活的积极行为保持敏锐的洞察力。

记得完成你为自己未来 24 小时所设计的任务！

不管你把它们叫成 SMART 行为，还是叫成任务，这些简单的游戏化目标都有助于你把时间和精力投入重要的事情。它们不是狂野的梦想或海市蜃楼般的野心，而是过更好生活的朴素垫脚石。

在游戏化生活里，狂野梦想和远大抱负同样有一席之地。我们会在第 11 章做更深入的讨论。但如果不先稳稳当当地完成一连串聪明的小任务，就去追求华丽制胜

① 对你而言简单容易的事情对别人或许太难，反之亦然。或许，以"尽快步行 1 英里或尽快走完一个街区"作为任务，对你而言更加明智。良好任务设计的关键在于，不管你拥有什么样的力量、技巧和资源，都要保证自己感觉力所能及，对任务的完成有乐观的心态。毕竟，任务是为你走向成功打基础的。

或真正的英雄目标，这将是徒劳的妄想。SMART 目标或者任务，能确保你此时此刻、每一天都为自己创造更美好的生活。华丽制胜属于未来，而任务或 SMART 目标是你今天要做的事情。

《超好》玩家的故事：创意癌症斗士菲利普

31 岁的菲利普·杰弗里在开始自己的“超好”之旅时，已经跟多发性骨髓瘤（一种无法治愈的罕见血癌）抗争了 6 年。

这比当初医生告诉他的预期寿命长了 4 年。菲利普的癌症已经到了晚期，预后是 2 ~ 3 年。

“确诊的时候，我根本不知道多发性骨髓瘤是什么。我的医生解释说，这不是手术能治好的病，因为它在我的骨头里，不在具体的某个身体部位。我惊讶极了。在我这样的年龄患癌症，那简直像是待在厨房里却被太空垃圾砸中了。”

接下来的 6 年，菲利普经历了多轮化疗，他形容说，整个过程“孤独、艰难、令人精疲力竭”。治疗进入第 3 年时，他的状态到了最低点：他因为服药引发了青光眼，几乎失明。对任何人来说，失去视力都是巨大的创伤，对菲利普来说尤其如此，因为他生活的最大激情所在就是摄影。

在尝试控制青光眼的过程中，他再遭打击：他大脑负责处理视觉的区域中风了。“谢天谢地，虽然我的残留视力不足以开车，但这次中风的大部分伤害是暂时的。”

菲利普中风后，医生停掉了他的抗癌药物。“他们认为，这些药对我生命的威胁比癌症本身还大。”菲利普发现自己陷入了“治疗迷失境”，因为没人管他了。接下来的两年半时间，医生尽量减少他做化疗的次数，以避免危险的并发症。

2012 年 4 月，菲利普停止化疗一年后，癌症的各项指标稳步、缓慢地提升。尽管他感到非常虚弱，而且几乎已经试过所有治疗方案，他仍想寻找一种方式让自己保持乐观、投身世界。这时候，他决定变得超好。他把自己从癌症患者菲利普变成了“创意癌症斗士菲利普”，并发誓不让视力问题妨碍自己摄影。

他用一桩简单的任务开始了自己的超好旅程：“在室外拍摄一张创意个人肖像照，并在午夜前把它分享到网上。”为了简单起见，他决定连续 90 天每天从事这一任务。

“我想把时间用得有些创意，”菲利普说，“但我也想要找件事情强迫自己离开公寓。如果你患了一阵子癌症，就会不想下床。你会想：‘我有笔记本电脑，我有手机，我可以躲开整个世界，除了自己周围四面墙内的空间，再也不去投入其他生活。’这就是我的感受。

“癌症治疗耗尽了我的精力。我陷入了抑郁。一定程度上，这是因为我对自己和自己的样子不满意。癌症让我的外表发生了巨大的变化，我感到自卑。我竟然变得这么虚弱，我掉光了头发，只想把自己藏起来，躲开这世界。我需要些东西来帮助自己重新投入周围的世界中去。”

在线分享照片和拍摄照片同等重要。他解释说：“我的寿命比大多数人短暂，所以我想留下点什么。我想拍摄一些能在网上流传很长时间的照片，比如流传 20 年、30 年。”

在此后的 90 天摄影任务里，菲利普通过博客和一系列在线视频，公开分享了自己的许多《超好》体验。以下是他的一些见解，都是他的原话。

“伴随着这一任务，我注意到的第一件事是，我现在每天都用积极的行为结束一天。我是在晚上的魔术时段给自己拍肖像照的，也就是日落之前的最后一小时，此时室外光线最好。所以，我在户外度过了每一天的日落时分。我一直在探索城市，每一天都寻找一个新的有趣地点，也就是我之前从没注意过的不同空间。

“我不停地拍摄，直到找到一张很满意的照片，然后回家，在午夜之前上传到网上。我对拍照、上传以及由此而来的满足，都有一种成就感：太棒了，我今天又做了些事情！每天都有目标和成就感让我很开心。我没有什么长期的想法，我可不幻想着在大开曼群岛过退休生活。相反，每天在自己的床上醒来，不会感觉过分疲惫，也不病恹恹的，同时在摄影任务上有所进展，这就让我很高兴了。”

一个又一个星期过去了，他的创意摄影为一系列专注于生理复原力的任务提供了灵感。“因为我每天都给自己拍摄肖像照，我对自己的样子有了更多的关注，我想比照片上看起来的更强壮。这激发了我去做一些长时间没做过的事情，也就是定期锻炼。我每个星期最多要锻炼 5 ~ 6 次，感觉自己体形变得更好了。保持体形对癌症很重要，尤其是多发性骨髓瘤，因为我需要保持骨骼的强壮。如果腿骨变脆，就会出现走路问题，很容易腿骨骨折。我之前没有努力保持腿部的强壮。摄影任务帮我打开了这个健康和幸福的全新领域。”

随着他每一天完成任务，他的成功螺旋在持续上升。几个星期以后，菲利普汇报说：“我每天都对自己的所知所学感觉更有信心。我对摄影、肖像照和照相机都有了更好的理解，我意识到自己从前甚至没把照相机的所有功能都用上。我在发展自己的技能，这感觉太棒了。”这些新的技能促使菲利普做出了一个惊人的决定。“变得超好的直接结果是，我决定重启一个之前治疗癌症期间被放到一边的重要摄影项目。我从没想过自己竟然能重启它，或者再次在摄影方面做这么雄心勃勃的事情。但相机在手带给我重新捡起它的能量。这是个大项目，我知道要用整整一年才能完成。我兴奋地发现，在过去的 90 天里，自己一直在积极地筹划着保持创意和活力。”

在目标感和进步感的鼓舞下，菲利普轻松地实现了自己的 90 天华丽制胜，没有任何一天没拍出一张创意肖像照来。在第 90 天，他分享了以下的思考："太惊人了。我不再感到沮丧，我有了更多的精力。我看到自己的摄影能力获得了真正的进步。我运用《超好》更好地理解了自己的世界，并借此更好地理解了自己，而重启生活正需要这个，即把焦点放在过好剩下的每一天上，保持积极、快乐，淋漓尽致地投入人生。”

菲利普如今仍继续富有创造性地对抗着癌症。在完成创意自我肖像照目标大约一年之后，他的多发性骨髓瘤获得了一次新的实验性治疗。目前为止，成果斐然。他的癌症连续 9 个月进入缓解状态，而他仍然每天都抽出时间保持创意。他最近向所有《超好》盟友更新了状态："我感觉很好，很享受生活。我每隔 5 星期验一次血，癌症各项指标仍然较低。我每天都感觉生机勃勃，专注于尽量延长‘化疗’间隔期。我继续把摄影任务作为获得健康和痊愈的治疗方式。每一天，我都跟温哥华附近的人聊天、拍照。偶尔我会停下来想，天哪，我的生活多么奇妙。”（你可以在 www.flickr.com/photos/tyfn 上找到菲利普的摄影作品。）

SuperBetter

好玩框架，提高意志力、战胜拖延症

你还能从游戏中学到另外一手与任务相关的绝招，那就是“好玩框架”（fun framing）的艺术，它能帮你提高意志力，甚至战胜拖延症。

好玩框架指的是，你决定为了纯粹的愉悦、兴奋或享受而做某件事。随便问一个孩子，为什么他们玩自己最喜欢的游戏，你得到的第一反应通常会是：“因为它好玩呀。”但是，这到底是什么意思呢？好玩并不是一种间断的积极情绪，比如欢乐、感激、好奇或者自豪。相反，好玩是一种心态。好玩是我们描述一种因为喜欢而喜欢的活动。

研究表明，如果我们为了报酬、表扬或奖励而做一件事，就不太可能形容此事好玩，哪怕这完全是同一个活动。[17] 这是因为只有把焦点完全放在我们感受到的内在快乐、兴奋和享受上，而不是想到为此获得的外在奖励，才会觉得好玩。

事实证明，有意识地追求好玩而非尝试寻求回报，是一种非常强大的精神状态。让我们来看看以下这个有关好玩框架益处的迷人科学研究。

一支来自康奈尔大学、新墨西哥州立大学和法国格勒诺布尔管理学院（Grenable School of Management）的研究团队，决定研究一个广为人知却乏人理解的现象：**为什么很多人尽管参加了锻炼，却还是在长胖，哪怕他们特意为了减肥而参加锻炼。**研究人员发现：人们对身体活动的看法和他们在锻炼后吃什么，这两者间存在密切的联系。认为身体活动是“锻炼”的人一般当天晚些时候吃了更多的甜食和高热量零食，因为他们大多认为锻炼是件苦差事，是为了改善健康而做的，锻炼本身并不好玩、不令人愉悦。因此，锻炼值得“奖励”。奖励中包含的热量往往超过了锻炼消耗的热量，于是人长胖了。

然而，认为身体活动主要是一种好玩事情的人，事后用食物奖励自己的可能性就低得多。这是因为他们感受到了体力活动带来的兴奋和快乐，并认为这就是奖励。他们不需要小饼干，不需要土豆片。他们已经玩过了，这就是足够的奖励！

不过，康奈尔大学的研究表明，改变一个人对身体活动认识的心理框架并不困难。就连不喜欢运动的人也能重新将之框定为一种好玩的活动。比方说，只需把活动从“步行锻炼”改为“兜风散步”，强调有机会享受令人愉快的风景，这就足够带来区别了。心态上的这一微妙变化让人们吃更少的奖励零食，成功减掉了更多的体重。[18]

这项研究对你有什么意义呢？如果你想提高意志力，以此作为自己“超好”之旅的部分成果，务必要让自己每次完成任务时都采用好玩框架。

采用好玩框架的一种方法是，对自己说：“这会很好玩哦！”这一认知启动类似你在第 5 章里学到的“兴奋起来”技术。告诉自己你会获得乐趣，仗就算打完了一半。

把自己的每日任务视为获得愉悦和兴奋的机会，这对你也很有帮助。在你完成一桩任务之前问问自己“这件事有哪些有趣的地方”或者“这件事有什么令人兴奋的地方”。不管你的任务是学习新东西还是在自己身上花时间，试着为每桩任务找出至少一个你因为喜欢而喜欢的方面，并以它为焦点。

不管你做什么,都不要把任务想成需要你用“一吨”意志力才能解决的困难。否则，你就很可能在当天晚些时候做出意志力上的妥协，用一些反而会让你更难以实现自己《超好》目标的东西“奖励”自己。

好玩框架还有另一点好处：它能帮你打破拖延的习惯。

德保罗大学（Depaul University）和凯斯西储大学（Case Western University）的心理学家团队决定调查一些人长期拖延的原因，以及采用什么技术可以帮他们减缓拖延。于是，他们设计了一项实验，半数的参与者受邀“参加一次数学考试”，而另一半参与者则受邀“玩一款数学游戏”。实际上，考试和游戏完全是同样的活动，唯一的区别就在于框架。

两组参与者都有一个小时做准备，做跟考试和游戏里类型完全相同的数学题。他们不一定非得练习或做准备，他们可以任意拖延，也就是说，可以忽略练习题，分心做自己喜欢的其他活动。

结果怎么样呢？认为自己是为考试做准备的参与者拖延的可能性要高得多。平均而言，他们直到耗掉了 60% 的练习时间才开始动手。而认为自己是在为游戏做准备的参与者更有可能立刻扑到练习题上，利用每一个机会变得更好，他们几乎完全不拖延。为什么会这样？因为他们没有把活动看成一件自己想回避的事情，而是很好玩的事情，所以他们迫不及待地立刻开始。

尽管活动完全是一样的，“游戏玩家”仍然怀着比“考生”更大的热情和积极性投入其中。为此，研究人员形容慢性拖延症是一种“自我设障”，只需把更多的活动标记为“好玩”或“令人愉悦”，就可得到缓解。

这两项研究表明，让活动变得“好玩”不在于活动本身的性质，而在于你怎么看待它，你是否把焦点放在了潜在的愉悦、兴奋和享受上。完全相同的活动是好玩还是负担，是想要回避的东西还是想要立刻一头扎进去的东西，完全看你以怎样的方式对其进行描述。

无论你的挑战或目标是什么，好玩框架都能帮你做更多便于自己实现超好的事情，同时少做不利的事情。别忘了把你接受或设计的每一桩任务都视为享受乐趣的机会。

设计任务的 3 个技巧

向朋友和家人寻求任务。让他们向你推荐一件小事，它可以在未来 24 小时内做，让你变得更快乐、更健康、更强大、更勇敢或其他任何你感觉舒服的价值观。朋友和家人是新奇、有趣点子的重要来源。再说，完成你关心的人发起的挑战能为你带来额外的动力和满足感！

如果你喜欢一桩任务，想要经常做，那就不妨把它变成补充能量块！任务是探索不同行动、观察什么能为你带来真正力量、快乐和健康的途径。如果你真的很喜欢某桩任务，就把它变成补充能量块，使之成为习惯。

要想真正创造声势，就设计一桩连锁任务。在电子游戏里，连锁任务指的是关注相同活动或技能的一系列任务。每一桩任务都只需要你多付出一点点努力、技巧或创造力。连锁任务的设计可以从一桩基础任务入手：我有信心在未来 24 小时内做到的最小的带承诺的行动是什么呢？成功完成之后，你继续追问：我能采取的下一步轻松行动是什么呢？或者，如果再做一次，我怎样才能把它变得更具挑战性、更有趣呢？连锁任务可以包含 3 桩甚至 10 多桩任务。最后，等你积累起了势头，对自己的能力有了更深入的了解，你所迈出的小步伐，就会变成大步飞跃。

解锁技能：如何利用任务的力量

- 任务指的是你能在未来 24 小时内完成、能带来好结果或积极成果的事情。
- 最强大的任务总是以你的价值观为动力，不管它们为你的生活带来了什么样的活力和目标感。
- 每天至少完成一桩任务能积累你的希望、乐观精神和自我效能，这是动力和意志力的三块基石。
- 确保你的任务符合游戏设计师的 SMART 原则：具体、有意义、适宜、现实、有时限。
- 你总能每天至少完成一桩任务，哪怕是你处于繁忙、生病、筋疲力尽、压力过大、疼痛或其他沮丧状态。去做带承诺的行动：承诺每天找到至少一种小小的方法，专注在对你最重要的事情上。

- 任务会创造向上的成功螺旋。你完成的任务越多，越能找到更多的时间和精力投入到对自己最重要的目标和价值观上。
- 把每一桩任务都视为获得乐趣的机会。由此，你会减少拖延，产生更强的意志力。

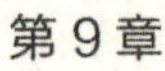

第 9 章

5 号规则：招募盟友

怎样切入

盟友，就是一路上能向你伸出援手的亲友。

本章的建议来自我脑震荡恢复期间的一次顿悟：碰到重大问题时，人们很难主动露怯、开口寻求帮助，但邀请别人玩游戏却很容易。

毕竟，我们随时都在邀请别人玩游戏。整体而言，人类每个星期玩电子游戏的时间，比陪伴亲友的时间多 10 亿小时。[1] 我们打扑克、下棋和运动的时间甚至更多。[2]

不是找人帮你解决问题，而是请人和你一起玩游戏

邀请别人一起玩游戏的轻松心态，是人在需要感觉联系更紧密、获得更多社会支持时的关键。

有了社会支持，我们会更容易达到目标。亲友对我们的帮助，不光在于他们直接贡献出的时间、意见或资源。医学研究表明，我们的身体会强烈地回应社会支持，每当有人帮助我们时，它都变得更强壮、更具复原力。

每当你从别人那里得到支持时，比如一句鼓励的话、一个会心的笑容、一个拥抱、

一段满意的对话、一个善意的手势、一起快乐玩耍的几分钟，都会出现以下情形。

- 你的压力水平下降，表现为皮质醇（即应激激素）水平降低。
- 你的免疫系统得到强化。伤口愈合得更快，患感冒的次数减少，甚至能更有效地对抗癌症等疾病。
- 你的心脏会变得更强壮。实际上，你整个心血管系统的工作效率都更高了，血压和心率也会更低。[3]

无论你面对什么样的挑战，这种生理复原力都有助于你拥有更多的体力和精力去实现目标。

而且，别忘了社会支持非常有用的直接益处，即盟友提供的资源，比如睿智的言语、点子、信息、物资、对他人的引荐、提供的帮手、新鲜视角、美妙的陪伴。

社会支持还有可能带给你更多时间，去追求自己最大的梦想。有人全面审阅了 163 项有关社会支持和死亡率研究后发现，在延长预期寿命方面，提升每天的积极社会互动次数、放弃每天抽一包烟的习惯以及保持健康体重，三者的作用相当。[4] 也就是说，平均而言，它们能让你的预期寿命延长 6 年。

但如果你天生是个内向、注重私密性的人呢？如果你的亲密朋友和家人比你想的要少呢？**没关系，要获得强大的社会支持感，无须性格外向。而且，你也不需要有一大群能与之分享问题的朋友。只要有一两个盟友就足以带来巨大的差异。**科学家对真正的盟友或者说强烈的社会纽带做了如下定义：你能够诚实地向他们谈及自己的压力和挑战，碰到严重的问题，你相信自己能向其寻求帮助。[5]

当然，知道寻求帮助、坦承挑战对自己有益，并不能让它成为一件轻松的事情。对此，我有亲身体验。我在应对自己最大的个人挑战，即脑震荡的漫长恢复期时，很害怕告诉别人我有多伤心。我不想因为寻求帮助而变成别人的负担，哪怕是对我最亲密的人，比如我的丈夫和我的双胞胎妹妹，我也这么觉得。那么，我是怎么改变的呢？

本章，你将学会以游戏的方式去分享挑战，寻求支持。你会发现，7 条游戏规则怎样让亲友们更容易地知道具体该怎样来帮助你，即如何为你提供补充能量块、帮助你对抗坏家伙、陪你一同完成任务。你会开发出技能，在你最需要的时候建立连接，不是靠寻求帮助，而是靠邀请他人跟你一起玩游戏组队完成任务，并展开冒险。

这么做不仅更容易招募盟友，而且巩固了你的人际关系。我们已经在本书介绍的研究中看到了无数次，你和别人一起玩游戏的时候，你会建立积极的情绪、镜像神经元效应以及彼此陪伴必需的持久信任。你会惊讶地看到，这不仅对你，而且对受邀做你盟友的人也产生了极大的积极影响。

一位《超好》玩家受邀玩游戏以帮助弟弟抵抗抑郁症，他解释说："我们现在用'超好'语言交谈。我们会说：'这听上去就像是个坏家伙。'或者'你应该把它加入补充能量块。'之前，我们没有合适的方式来谈论它。现在，我有了合适的词汇去描述他的目标。这造成了很大的不同。老实说，我之前根本不知道该说什么、做什么去帮他。但现在有了。"

说到社会支持，我常常想到切斯特顿（G. K. Chesterston）的一句话，他是我最喜欢的一位作家。"孤立和拥有一位盟友，这两者之间的鸿沟难以用语言形容。那或许就像是让数学家承认，4 是 2 的两倍，但 2 不是 1 的两倍，而是 1 的 2 000 倍。"就算你觉得自己不是个可供求助的人，你也可以变成盟友。本章会告诉你方法。

但先让我们来看看，为什么身边有至少一位盟友会让人更容易实现超好。

SUPER BETTER

盟友帮忙的 5 种主要方式

我们的《超好》玩家跟世界各地的盟友组建了队伍。他们跟朋友、家人、同事、教练、医生、治疗师、老师和网友联起手来。我问玩家，盟友做什么对他们的帮助最大。以下是玩家们认为盟友日复一日为其提供额外力量和动力最主要的 5 种方式。

1. 盟友向我推荐任务

有时候，我自己设计任务会短路，所以我会请盟友，包括我的孩子们，提些新点子。另外，如果盟友让我去做某件事，我总会做得更努力。我不想辜负他们的好意。

马克，49 岁

他的挑战是 50 岁时拥有好身材

2. 我们一起激活补充能量块

我的盟友知道我所有的补充能量块是什么，他们经常在我背后商量，确保我每天至少激活其中之一。他们实实在在地制作了一张时间表。太贴心了。

莎拉，19岁

她的挑战是发现足球之外的生活，同时应对脑震荡后遗症

3. 我们集思广益对付坏家伙的策略

有些时候，我感觉自己不可能战胜坏家伙了。碰到这样的日子，我会对最好的盟友，也就是我的姐姐说："我被困在愧疚的虚空了，快来救我！"

雷吉娜，30岁

她的挑战是克服职场妈妈忧郁症（working mom blues）

4. 我们每天或每星期做"述职"或简报

每天，我都期待着告诉男朋友，我今天做了些什么从而变得超好。我告诉他，我完成了什么任务，激活了哪些补充能量块，抗击了哪些坏家伙。这激励我做得更多，并且更努力地尝试，因为我知道他想听到好消息。如果我告诉他，我什么任务也没完成，一个补充能量块也没激活，整天都被坏家伙击败，我知道那天晚上他就会给我更多一点的关注和照顾。当我用简单的游戏术语来描述现实，他似乎更容易理解我的感受。

梅西，28岁

她的挑战是获得博士学位

5. 我们共同庆祝一场华丽制胜

我的大多数盟友都是网友。我的第一个大目标是步行总计超过100英里(160.9公里),我完成之后,他们帮我计划了一场“克里斯节”庆祝活动。我会把每次饭后的15分钟步行总量加起来，这是我控制血糖浓度、在患有糖尿病的条件下维持健康的重要环节。我用了3个月实现华丽制胜。随着我越来越接近目标，我的盟友们开始鼓励我一整天只做我爱做的事情，庆祝长久以来的辛苦努力。我拍下了自己度过“克里斯节”的照片，和他们分享。

克里斯，31岁

他的挑战是保持强壮的大脑和身体

盟友们怎样帮助你变得超好，想必你对此有了更清楚的理解。在你开始招募盟友之前，让我们先来为你的社交“肌肉”热热身。

事实证明，光是想着得到或给予帮助，就能提升你的社交复原力。试试下面的任务，了解怎么做吧！

任务33：想象它

是时候打通你的想象力了。

怎么做：用一分钟来思考以下3个科幻场景。它们都要求你想象自己正面临一项非同寻常的挑战。在应对这些挑战的过程中，你需要选择一个愿意联手的人。场景虽然是虚构的，但你选择的人却要是真实的，是你在日常生活里认识、亲近的人。

这桩任务只有一条规则：每个场景你得选择不同的人。同一位盟友连续应对3个疯狂挑战，这太不公平了！到本次任务结束时，你脑袋里应当想到3个不同的人。

如果你一片茫然，想不出在这些情况下能向什么人请求帮助，该怎么办？没关系，把场景翻个面就行了。想象一下，某个你认识的人面临着疯狂的挑战，再想想你会怎么做去帮忙。在提升社交复原力方面，思考自己将怎样充当他人的盟友，跟想象别人成为你的盟友，两者同样有益！

这些场景是故意设计得傻里傻气的，所以别把它们看得太严肃。假装一小会儿，让你的想象力飞起来！①

场景1：哦，不！一颗流星撞上了地球，宇宙射线把数百万人变成了有着不可预知超能力的变种人。你猜怎么着？你现在成了拥有超能力的变种人之一。你肯定自己能想出办法，把超能力用到做好事上。但此时，政府开始追捕你。

你可以向谁分享这个秘密呢？你会向谁坦白你拥有了超能力呢？谁能帮助你弄清该怎么使用超能力呢？

现在，为“超能力”选择一位盟友。

场景2：啊！本地的巧克力工厂爆炸了！一条汹涌的美味巧克力之河淹没了你的家。幸好，经营工厂的精灵提出了一个收拾残局的计划：他们会吃掉所有的巧克力！但不好的一点是，它们要至少一个星期才能吃完。

谁跟你地理位置最接近，你能到对方家里暂住借些衣服和有用的东西，直到巧克力全部清理完毕呢？或者，如果你的房子是最先得到清理的人，谁跟你住得最近，你愿意为他提供衣服或留宿之所？

现在，为“巧克力洪流”选择一位盟友。

场景3：哇！脾气古怪、久未联系的塞尔达姑妈在遗嘱里为你留下了100万美元。如果你下星期二之前能把它花光，你将继承10亿美元。但

① 特别感谢游戏设计师、艺电移动（Electronic Arts Mobile）现任创意总监切尔西·豪（Chelsea Howe），她和我一起设计了这些疯狂的场景。

有一个条件：你必须用这100万美元换回一笔世俗意义上的财产，不能把钱送人或捐赠给慈善机构。

塞尔达姑妈的遗嘱规定，花掉最初的这100万美元，你只能找一个人来帮忙。如果你告诉其他人你要做什么，钱就归姑妈的猫了。你打算找谁来商量解锁这10亿美元呢？谁能够帮助你想出一套制胜策略呢？在你烧光最初100万美元的过程里，你觉得和谁一起烧最好玩呢？

现在，为"百万美元狂欢"选择一位盟友。

原理：当你生动地想象本任务中的这些虚构场景时，你就激活了诸如感激、同理心、信任和同情等社交情绪，所有这些情绪，都让你在将来有了更大的可能获得支持。

现在，你已经完成了这桩任务，你不仅激发了一些有益的社交情绪，还为你的游戏确认了3位潜在可供招募的盟友。或者，你确定了想成为对方盟友的3个人！那么，就让我们对什么是盟友多说两句吧。

如果某个人是你的盟友，你就是对方的英雄

以下的《超好》玩家故事完美地再现了盟友体验。这一切大大出乎主人公亚历克斯的意料，因为他本来根本不想要任何盟友的。

《超好》玩家的故事：不情愿的英雄

亚历克斯·戈德曼，30岁，公共广播节目制作人，住在纽约，是你绝对料不到会去招募盟友的那种人。"在这个世界上，开口寻求帮助是我最痛恨的事情。"2011年底，他在自己的电台节目里跟我聊天时这样说。

亚历克斯是个狂热的自行车手，但2011年夏天，他遭遇了一场可怕的事故：他从自行车上摔倒，被一辆车碾了过去。"我的腿多处骨折，"他回忆说，"需要动两次手术才能修复。第一次手术之后，我的腿上打了3个星期石膏和夹具。我又动了第二次手术移除它们，之后拄了6个星期拐杖。"[6]

等他再次开始走路，亚历克斯仍面临着漫长的恢复期。“我现在走路有点跛，每走一步都很痛，”他说，“到了下午，腿还会肿胀起来。我没法做以前的任何锻炼了，尤其是骑行。看过我伤势的医生说，没法判断这是永久性还是暂时性损伤。你可以想象，我沮丧得一塌糊涂。”

在这一困难时期，亚历克斯转向了《超好》。在他开始玩之前，我跟他在直播节目时聊起过游戏规则。他确信，对他而言，游戏最困难的环节是招募盟友，比拿着断腿跑完一场马拉松还难！但6个星期后，我们再次聊天，他不仅实现了自己的第一轮华丽制胜，即绕着布鲁克林的展望公园骑行5公里，而且找到了11名并肩作战的盟友，这真是让他喜出望外。

他是怎样从拒绝找任何人帮忙变成有一大帮朋友和同事围着他鼓劲的呢？

事情是慢慢开始的，最初他只有两名盟友：妻子萨拉和同事PJ。他向两人讲述了自己的目标，并请他们未来6星期帮忙实现。为了打破僵局，他给萨拉和PJ看了坏家伙清单：“它们就是不社交、熬夜却什么事也没做完、垃圾食品这一类东西，是一切让我久坐、有气无力和不开心的事情。”接着，他又给两人看了自己的补充能量块清单：“任何能让我身体动起来，跟他人互动的事情。”PJ在工作上帮忙，萨拉在家里帮忙，亚历克斯基本上全天24小时都有人陪着，让他动起来，不向坏家伙屈服。

亚历克斯承认，他自己本来绝不会要求这么多的帮助。“老实说，这个过程对我来说很困难，”他说，“虽然游戏规则降低了它的难度，但它叫人为难的另一面也非常好，那就是让人们为我负责。我在事故发生后养成的行为习惯是，干坐着懊恼。有人来努力推动我去做些感觉更好的事情，对我来说超有帮助。”

一旦亚历克斯看到了拥有盟友带来的优势，他就决定扩大自己的支持圈。但他还是觉得，向其他朋友或同事谈起自己的挑战不舒服。于是，他投入了在线论坛和社交媒体的怀抱。他是热门网络团队射击游戏《军团要塞2》（*Team Fortress 2*）的玩家。他感觉，在陌生网友里招募盟友更舒服。不久，他在现实生活里从没见过的十几号盟友就开始为他提供补充能量块、对抗坏家伙的策略和做任务的点子了。他们还帮助他定下了力争实现的华丽制胜目标：重返骑行，绕着布鲁克林展望公园骑一整圈（或是5公里）。

“我想这有点疯狂，但有人为我设计任务带给我强大的激励作用，这让我深感震惊，”亚历克斯说，“盟友们给我的任务比我自己想出来的都更有趣、更具启发意义。”他最喜欢的一项任务是，要求他给妻子买一朵花、为家里的猫咪买两件新玩具。但任务的巧妙之处在于：他必须步行前往花店和宠物店，以便让他得到一定的身体锻炼。“这个建议很聪明，因为让妻子和宠物开心带来的激励感比光是为自己做物理治疗更强大。”他说。他还报告，这桩任务“太成功了，我不仅实现了当天的体育锻炼目标，家里的猫和我妻子也都把我当成了大英雄”。

亚历克斯还盛赞一位盟友送给自己展望公园附近一家酒吧 15 美元的礼券，如果他能绕公园走完一圈，就可以进酒吧享受一杯啤酒。这是让他走出门、朝着华丽制胜努力的巨大动力。

找到盟友、完成任务，这逐渐给亚历克斯每天带来不同的感受。他在自己的博客“超好日记”（他用来记录玩《超好》的 8 个星期）里写道：“我现在使用《超好》第 4 个星期了，同事们都在好奇，我的性格怎么一反常态，变得阳光热情起来。”[7] 这让他有了完美的机会更坦率地聊起自己的康复活动，招募更多的盟友。

结果，朋友和同事们跟网上的盟友给了他同样多的帮助和支持，帮他设计任务、发送能量升级的提醒、协力对抗坏家伙。更重要的是，他们还亲自到场，支持亚历克斯的华丽制胜尝试。11 月里一个秋意乍寒的上午，11 位朋友早早地来到展望公园，陪他完成绕场骑行。

“虽然我以前因为很讨厌这种加油打气的事情，所以人人都觉得我是个自私、不懂感恩的乖戾人物，但这么多的朋友和同事到场表示支持，我还是感到很受用、很开心。”他在事后这么说。虽然仍然对社会支持保持一丝警觉，但他显然很乐意接受它。

那么，他的华丽制胜尝试怎么样了呢？“骑行很顺利。6 个月来，我第一次回到了自行车上，这对我来说很难，甚至很可怕。这是很大的一步。是的，感觉真的很华丽！”

为了帮他庆祝，铭记胜利的感觉，亚历克斯的一位盟友拍摄了一段骑行视频，并采用了来自电影《烈火战车》（*Chariots of Fire*）的主题曲作为配乐。亚历克斯自豪地在网上分享了这段视频。6 个星期快过去的时候，我又在电台跟他聊天，他承认自己非常惊讶，居然招募了这么多盟友合作。对这位自称孤僻的人来说，这太惊人了！而且，这成了他在整个体验中最喜欢的部分。

3 年后，我重新联系了亚历克斯，了解他的近况。他仍然称赞《超好》帮助他从创伤性骨折里更快、更强地恢复过来。他再度成为一名活跃的运动员，并获得了寻求帮助的全新能力。“我愈合得非常非常好，《超好》提供了很大帮助。”他告诉我。但在亚历克斯看来，身体恢复得更快并不是游戏心态带来的最大益处。“说到底，”他说，“对我而言，更多是在情绪和心理健康上变得超好，而不仅仅是身体的恢复。”

SuperBetter

寻求和提供社会支持的方法多种多样，但亚历克斯的故事表明，《超好》之中的社会支持有一种结构，让寻求帮助、给予帮助都变得容易了许多。

这种结构很简单。在《超好》里，盟友就是以下这样的人。

- 知道你在应对什么挑战的人；
- 对你喜欢的补充能量块、你身边最大的坏家伙有着良好辨识感的人；
- 愿意与你定期打卡，关注你《超好》进度的人。他们的沟通形式多种多样，包括当面听、打电话、发电子邮件、视频聊天、使用社交网络等任何你感觉舒适的沟通方式。

就这么简单。盟友一旦上了船，还能为你做许多其他有惊人帮助的事情，我们只提到了其中的一点点。但为了让人成为盟友，你要做的就是和他们分享游戏，他们要做的则是接受你的游戏邀请。

如果你的盟友对《超好》略有了解，那会很有帮助。如果他们不了解，也没关系，我采访过的大多数《超好》玩家都发现，解释现实生活补充能量块、坏家伙和任务的概念很容易，只需要花上几分钟就行。如果你希望盟友能稍微深入挖掘一下，可以把本书推荐给他们，加快理解速度；更快一些的办法则是，发给他们一段我介绍《超好》的 TED 视频链接。[①]

- 从分享你的挑战入手。“我玩一款游戏帮助自己 此处加上你的挑战 。如果你愿意的话，我想让你当我在游戏里的盟友。”
- 解释盟友的意思。“你给我提一些建议和鼓励，让我向你讲述所有的冒险故事。”
- 为游戏设定一些时间界限。比如，“我希望你在未来 30 天里做我的盟友”或者“在我回到学校之前，你愿意陪我玩吗”，抑或“我们一起玩一个星期试试看”。提供了

① 查看本书彩蛋中的视频《能让你多活 10 年的游戏》。——编者注

明确的时限，盟友更容易接受邀请。

- 给每位盟友一桩任务，帮助他们上手。比如，告诉他们："这个星期，你只要每隔一天发短信给我，提醒我别向坏家伙屈服，这就是你对我最大的帮助了。"或者："做我的盟友，你的第一桩任务是帮我想一种新的补充能量块，最好是一种我在床上就能做的事。"抑或："我的任务是选择一句新的口头禅，你有什么喜欢的鼓舞人心的名言推荐吗？"给盟友分配任务是告诉他们你具体需要一种什么方式，也解决了他们不明白自己该怎么帮忙的困惑。一旦掌握了《超好》的规则，大多数盟友都能轻松构思出自己的任务。

只要盟友接受了游戏邀请，他们渴望帮忙的事情简直没有止境！举个例子，荷兰的一位玩家延斯以戒烟为自己的《超好》挑战，出乎他的意料，盟友给了他额外的一重动力，他们俩打了一个友好的赌。"他提议说，如果我 100 天都不吸烟，他就帮我彻底翻耕花园，做种植准备。如果我失败了，那就为他做一个冬天的房屋清洁工作。"延斯赌赢了。

如果你的盟友想知道怎样帮助你变得超好，就跟他们分享以下建议。你会发现，建议里称呼《超好》玩家为"英雄"，所以如果某个人是你的盟友，你就是对方的英雄！

做个强大盟友的 10 种方法

如果你生活里有人正在应对严峻的挑战或是尝试做出积极的转变，你就可以去帮助他们。有了你的支持和鼓励，他们会更容易实现自己的目标。

而且，你也会从中受益。做个好盟友意味着实践并掌握成为更好的朋友、家长、教练或伴侣的重要技能。此外，每当你以盟友身份采取行动，你就提高了自己的社交复原力，也就是当你未来最需要的时候更有可能获得支持的优势。

下面是做一个强大盟友的 10 种方法。

1. **了解你的英雄。**做盟友总是从了解英雄当前的挑战、补充能量块和坏家伙开始的。你还要了解他们自己挑选的秘密身份！请英雄给你做个简要的总结。

2. **为你的英雄提供补充能量块。**现在，你知道了英雄的补充能量块，主动跟他一起激活一个。例如，如果你的英雄想开一次 5 分钟的歌舞晚会作为补充能量块，那就邀请他们亲自参加舞会或是和你进行视频聊天。你还可以向英雄投送他喜欢的补充能量块。如果你的英雄喜欢绿色蔬菜这种补充能量块，那就为他烤些干酪甘蓝片。如果他最喜欢的一种补充能量块是看小动物的照片，那就通过电子邮件或社交媒体分享一张。如果你想出了补充能量块的新点子，那就提议你的英雄试一试并告诉你它有没有派上用场！

3. 帮助你的英雄跟坏家伙战斗。从你英雄的清单上挑选一个坏家伙，试着想出一种能帮助英雄成功抗击它的策略。在网上做些调查，看看其他面对类似坏家伙的人推荐了哪些适用的技巧和窍门。你也可以运用自己的创造力！不管你推荐了什么样的策略，都请你的英雄事后告知效果。

4. 为你的英雄布置任务。人并非始终能够看清前进的道路。你可以向他提出挑战，要他在未来 24 小时里完成你选择的任务。请记住，一桩任务可以是任何一件能让英雄变得更强大、更快乐、更健康或更接近大目标的事情。请确保你布置的任务具有现实性，而且如果你提议两人一起完成任务，它就会变得更好玩！如果你想不出什么好点子，也可以从本书（包括第三部分的冒险）挑一桩喜欢的任务！

5. 获取报告。你可以简单地问一句："你的超好之旅进展如何？"对事情问得更具体一些，可以引发谈话。"最近你最喜欢的补充能量块是什么？""你感觉对哪个坏家伙取得了巨大进展？""你最近做过什么有趣的任务吗？""你接下来的任务是什么？"你可以通过电话、电子邮件、视频聊天、当面对话或任何你感觉自然的形式来获取报告。如果你真的跟英雄很亲密，甚至可以请他每天汇报。英雄知道自己每天都有机会与人联系、进行反省，这能带给他巨大的情绪和动力提升。如果不方便这么做，那就在任何你感觉合适的时候主动要求英雄报告。不少盟友发现，每星期联络一两次就相当充分了。

6. 跟踪好东西。为英雄的辛苦努力和成就点燃明灯是你能做的最重要的一件事。把自己想成侦探，你的任务就是跟踪他们所做的好事情，接着大肆宣扬。你肯定不是只想说一句"干得好"。如果英雄付出了英勇的努力，完成了一个艰巨的目标，问他们是怎么做到的。他们的策略是什么？他们在哪里获得了力量？问问他们完成以后感觉如何。问他们受此激励，接下来想做什么。或者，告诉他们你受到激励后想要做些什么！

心理学家称这种行为是主动建设性回应（active constructive responding），这意味着认真对待别人的好消息或成功，帮助对方真正地品尝、庆祝胜利的滋味。主动建设性回应是一种技能，你练习得越多，它就显得越自然。请记住，这不是过度的赞美或正面反馈。试着用 3 个问题了解任何新发生的好事情，接着把你听到的内容投射回去！

7. 庆祝英雄的秘密身份。如果你的英雄已经接受了自己的秘密身份，那就找出背后的灵感。他们受到了哪一本书、电影、漫画、戏剧、神话或历史人物的启发？或者说，他们的创意背后是否另有故事？请你的英雄讲一讲，他们是怎么想到自己的秘密身份的，你可以通过这种办法进一步了解他们的价值观和他们想要发展的优势。

等你对他们的灵感有了更多的了解，试试用它做些好玩的事情。在网上找一幅跟英雄秘密身份相关的图片，与英雄分享。从启发了他们的书、电影或故事里寻找名言，每个星期发送一次。如果你们相隔的距离远，你可以使用电子邮件或短信；如果没有距离问题，也可以手写便条，给英雄一个惊喜！如果你会画画，可以把切入秘密身份的英雄形象画成涂鸦。你有无数种方式可向英雄展示：你真正看到了他们成为那个强大、值得敬畏的人。

8. 保持关注。有时，向别人表达支持的最好办法其实很简单，只需要对他们所作所为给予关注就行了。这有点像是跟人交谈，别人与你说话时，你点头、偶尔说个“嗯”，这样他们才知道你的思路正紧跟其后。在其他时候，用小小的线索让朋友知道你在关注他，这也是一种值得培养的好习惯。如果你的英雄在社交媒体上很活跃或拥有博客，那就更容易了。你可以经常到英雄的帖子下点赞、收藏或评论，尤其是有关他们正变得超好的帖子！把你的点赞、收藏和评论看成虚拟形式的点头道“嗯”！它们能让你的朋友知道自己并不孤单，他们所走的每一步都有你的陪伴。

9. 碰到非常艰难的时候，要心贴心。科学家们发现，在感受深切的支持方面，有 3 种社交互动能构建最好的纽带：声音、面对面、触摸。所以，当你的英雄真正需要打气时，你有 3 种选择。首先，你可以说出来。研究表明，表达支持时打电话比书面文字效果更强烈。其次，你可以把脸展示出来！事实证明，我们通过面部表情传达的友情、爱情和鼓励比其他方式都更多。所以联系的时候，何不进行视频聊天呢？最后，你可以伸出手去，是的，按字面理解的“伸出手”。科学家证明，身体接触，如拥抱或击掌，能提升信心、缓解疼痛、减轻压力、强化关系。为了给予这种支持，只要有可能，你都应该尽量亲自去看望朋友。[8]

10. 要坚如磐石。这是最难培养的盟友技能。它意味着，就算你很忙，也要在你力所能及的每一天花时间和英雄保持联系。保持联系可以很简单，比如发送短信、在他们的社交媒体帖子下发送评论或在看到他们的时候对他们的《超好》日提出一个问题。研究表明，就社会支持而言，数量比质量更重要。[9] 所以，不要等到有大段时间的时候才去陪伴朋友。一天里只要拿出 30 秒来就能给予支持，日复一日地，它最终将积累成巨大的积极影响。

请记住，锻造强大的同盟关系不仅能让你一个人受益，而且能帮助你的朋友和家人更好地理解你所经历的一切。这能让他们找到具体的途径为你提供真正能发挥作用的支持。倘若你正面临巨大的障碍或正经历一段真正艰难的时期，这一点尤其重要。面对你的挑战，你的亲人虽然拼命想帮忙，仍会感到力不从心，其实没必要这样。有人对 70 份不同的心理和医学研究分析后发现，如果当事人的亲友生病、受伤或面临重大危机，如果当事人能得到建议去改善沟通、向亲友表达支持，那么亲友体验到的压力就会较小，没有那么焦虑，并且情绪更好、精力更旺盛。[10]

《超好》玩家乔是广告总监，居住在坦帕市附近。当他在全家范围内开展《超好》游戏时，亲眼见证了这一益处。“我们为我母亲开始了一个‘超好曾祖母计划’。她有两个孩子、5 个孙子、13 个曾孙。”乔最近对我说，“该计划的两大目标是：第一，在她适应疗养生活的过程中，用爱的信息和电话支持她、宽慰她；第二，教育整个家族怎样设计自己的《超好》游戏，帮助他们建立亲友健康网。现在，这成了一件大好事。”总计 27 名家族成员都成了“超好曾祖母珍妮特”的盟友，所有人一起合作，保证老人家每一天都能收到一通电话、一封信或者一张照片。乔告诉我：“家族里的每个人现在都在琢磨着自己的补充能量块、坏家伙以及怎样彼此帮助。对所有人来说，这都是一段超棒的纽带，也是绝佳的学习体验。”

乔的游戏不只是多人游戏，说它是大型多人游戏也不为过！你为自己设计游戏时用不着这么雄心勃勃。但对游戏本身而言，参与的人越多越好玩，社交复原力会在你的整个社交网络里掀起涟漪。邀请朋友玩游戏不仅是为了你好，而且对他们也好。

不是只有乔碰到了这样的事情。一套游戏化的社会支持方法能赋予你的盟友更多力量、勇气和乐观精神，从而让你们都变得更强大。

如果你仍然拿不准主意邀请谁来做你的盟友，请允许我为你留下最后一段数据用作鼓励。

我们的《超好》玩家邀请了成千上万的盟友和他们一起在网上玩。数据表明，这些亲友会享受这些帮忙、出力的机会。我们怎么知道的呢？平均而言，在《超好》里，盟友们的登录次数两倍于解决自己挑战的人！平均而言，相较于解决自身挑战的玩家，盟友们每次登录都会采取更多的游戏行动，比如留下更多支持性评语、提出任务建议，等等。换句话说，大多数盟友不仅愿意陪你一起玩，而且事实上，他们是兴高采烈地想要成为你旅途中的一部分。正如一位《超好》盟友所说:“当朋友或家人请求帮助时，它意味着很多;而当你给予的支持得到认可时，它意味着更多。”

我并不想描绘一幅过分乐观的画面。总有些时候，你邀请来玩游戏的某人此刻太过忙碌或是因专注于解决自己的挑战而无法全情投入这场体验。也有可能，你邀请的人对游戏的偏见太大，无法引发他足够的热情。如果是这样，感觉受伤或失望是很自然的。但社会支持的潜在益处是那么大，所以我建议你冒着失望的小小风险，去追求真正能让你变得强大的东西。如果你拿不准招募谁作为你的第一个盟友，不妨邀请一个本来就很喜欢玩游戏的人或某个过去就曾帮助过你、对你表达过支持的人。

请记住，你不需要盟友给你做出终身承诺。对《超好》玩家的访问表明，就算盟友与你在游戏里全情投入很短的时间，比如一个星期，你们俩也能得到明显的益处。只需要一起玩一会儿，就可以激发亲密的感觉，改善沟通，深化你们互相之间的理解。

从虚拟盟友开始

尽管至少拥有一个能当面看到的盟友很重要，但这或许不是你开始游戏的最佳方式。事实上，大约有 1/5 的《超好》新玩家说，他们更乐意找一个虚拟盟友开始游戏，而非平常的朋友或家人。

如果你是个注重隐私、内向的人，你或许也这么认为。也有可能，你出于一些很实际的原因，不想招募亲密的朋友或家人。曾有一位玩家在《超好》论坛上解释说:“我正在克服对现实生活里某些人的痛苦感觉，如果我对某人说:‘嘿，我觉得你是我的一个坏家伙!’那就太尴尬了。所以眼下我觉得跟陌生人分享这些东西更合适。”

如果你想找某个跟你有过同样挑战的人建立关系，虚拟盟友就特别有帮助。

而且，25% 的美国人说自己没有特别亲密的朋友，能舒舒服服地与之讨论重要的私人事情。[11] 说不定你就是其中之一。在过去 20 年里，这个数字翻了一倍多。所以要是你找不到合适的盟友候选人，别担心，同样情况的人不止你一个。

如果你属于上述情况，你今天就可以从网上开始招募盟友了。几乎任何你想象得到的挑战，网上都有论坛和社群。不知道从哪里开始？在 Areyougameful.com 网站，我为最常见的《超好》挑战收集了热门论坛和群组的链接。您也可以在 Instagram、

Twitter 和 Pinterest 等社交媒体上搜索 superbetter，寻找同道玩家。我靠着这个办法结交了数量惊人的虚拟盟友！

经验丰富的《超好》玩家经常为虚拟盟友大感惊奇。一位玩家说："我万万没有想到，我竟然逐渐感到跟盟友如此亲近，这可是我在现实生活里从没见过的人，我连他们长什么样都不认识。我真的在乎他们，在乎他们的梦想与挣扎。他们做得好的时候，我为他们感到高兴和自豪。盟友体验比我一开始所想的要私密、畅快和宝贵得多！我喜欢我的盟友们！我们有点像家人，当然是好的那种。"

另外，研究表明，虚拟盟友可以增加你的社交复原力，哪怕你们只通过屏幕沟通。有人对 45 项不同的科学研究做了分析后指出，参加专门为彼此提供建议和鼓励的在线社群后，大多数人都感受到了社会支持的真正提升。

随着社交复原力的提升，你会发现自己能更舒适地对待从日常生活里招募盟友这个想法了。你不仅可以把网上盟友视为日常盟友的替代品，而且把他们作为跳板，让你最终在余生建立更强大的联盟。

我希望能够说服你，现在是时候把这款游戏从单人模式切入多人模式了。让我们现在就靠一桩极为重要的任务动手开干吧。

任务 34：招募你的第一个盟友

怎么做：在你的生活中选择一个人，邀请他做你的第一个《超好》盟友。

如果你拿不准找谁，以下问题可以给你灵感。

- 你觉得在谁身边你能无拘无束地表现出真正的自己？
- 在你真正需要时可以向谁求助？
- 你和谁一起聊天能尽兴？
- 你和谁一起玩游戏？
- 你每次看到谁或者与谁交谈时能会心微笑？
- 谁能为你提出良好的建议？

- **你钦佩谁？愿意让谁做你的教练或导师？**
- **谁在你身边时会让事情变得更好玩？**

当你选择自己的第一个盟友，你只需要伸出手去，就算完成了这一任务。

“我正在玩一款游戏，帮我 你的挑战 。我希望你能和我一起玩。每个星期只需要花几分钟，我们可以通过电话、电子邮件、网络视频聊天，或者亲自见面来玩。”

备选任务：到任何网络论坛或社群里发布消息，介绍你自己和你的挑战。

祝你好运，愿盟友一路给你支持！

技能解锁：怎样强化你的社会支持

- 不是找人帮你解决问题，而是请人和你一起玩游戏。
- 怎么解释游戏的运作方式？分享你的挑战、补充能量块和坏家伙。你只需要这么做，就能让家人或朋友加入你的联盟。
- 务必经常向盟友报告你在游戏中的进步，以便得到大量的建议、鼓励和支持。
- 为你的盟友布置具体任务，使他保持动力和灵感。请记住，一桩任务是一件他们在未来 24 小时内可以完成的微不足道的小事，比如通过短信向你发送第一段励志名言或从你的清单里选择一种补充能量块后一起玩。
- 如果你还不能自在地邀请亲友和你一起玩，可以从虚拟盟友开始。网络论坛和社群是结交新朋友、让他们理解你所经历的一切的完美场所。
- 一个星期的游戏互动就足以让双方都收到巨大的益处，提升你的社交复原力。所以，如果你的盟友之一因太忙而忘了玩或是《超好》打卡相隔时间太久，也别担心。请继续保持游戏心态生活下去，试着在一路上跟尽量多的盟友分享你的冒险。

第 10 章

6 号规则：采用秘密身份

怎样切入

选择一个英雄绰号，突出你独特的个人优势。

采用一个秘密身份是带着游戏心态生活的规则里最有趣的一条。它需要你有幽默感，不把自己太当回事。你要选择恰当的英雄绰号，还需要一点点创造力和自我反思。

什么是秘密身份呢？你可以把它想成你在现实世界里的化身。在电子游戏里，化身就是我们扮演的英雄人物，我们透过他们的眼睛观察虚拟世界，并借用他们的虚拟优势。

正如我们在第 3 章中看到的，玩电子游戏时采用英雄化身能在现实生活里调动你的英雄品质。但要最大限度地发挥你的英雄潜力，并不需要电子游戏或 3D 角色。光是你自己的想象力和创造力就足以运用这一诀窍了。你只需采用一个英雄的绰号或秘密身份，就能把接受挑战时最重要的一些品质调动起来，比如决心、勇气和同情心。

你的英雄绰号可以从小说、神话、历史，甚至家族传奇里汲取灵感。以下有几个我很喜欢的成功《超好》玩家的秘密身份，如你所见，它们都强调的是玩家不同的优势和独特的挣扎。

“我要做‘黑暗海盗罗西’，它来自我最喜欢的电影《公主新娘》（*The Princess Bride*）里的‘黑暗海盗罗伯茨’。我内心一直偷偷地想当个冒险家，但现实生活里，我太害羞，身材也不够好，没法朝这方面努力。等我的身材变得更匀称、更有自信的时候，我打算去学击剑和航海。”

“我的秘密身份是罗杰·科尔，是我父亲名字的英语拼写法。这个名字带给我力量，因为我父亲总是能在任何情况下保持冷静、简单和慷慨。我想为他带去荣耀，变得像他那么强大。”

“我是超能力女侠，就像是漫画里的超级英雄。有时候，消极情绪会淹没我，但它淹没不了超能力女侠！她可以随时控制自己的心理，为自己召唤出幸福、快乐和爱的感受。”

“我的秘密身份是邓基·多莉，这听起来很傻，总会让我笑起来！‘邓基’来自我的真名邓肯。多莉取自《海底总动员》里‘多莉’那个角色，我很喜欢它，因为这条鱼总是对一切泰然自若，对任何个人的缺点都不在乎，‘只是不停地游来游去’。”

“我的秘密身份是‘翠鸟火焰’。它来自我最喜爱的诗人杰拉德·曼利·霍普金斯（Gerard Manley Hopkins）的一句诗：‘我所做的事就是我，因为这是我的来历。’我用《超好》在很多不同的事情上变得更好了，但我感到，它们仍是挡在路上的障碍，因为它们，我没法说出‘我所做的事就是我’。”

“我是玛丽·猫蛋·泼拼。记得有个天才的女人曾经说过：‘要整整一勺子糖才能把药送下去！’这些天，我有太多太多的药要吞了。这个绰号也说明我有强大的幽默感，我想，它对我坚持下去、达到目标很重要。”

“我的秘密身份是‘自我照料军士’。自我照料是我得创伤后应激障碍后变得超好这一路上的关注焦点。我总是把帮助他人放在自己待办事项清单的最高位置。但是我意识到，如果我不首先关爱、照顾好自己，就没办法帮助任何人。我选择‘军士’这个头衔，是因为我一辈子遇到的最鼓舞人心的一个人物就是《兄弟连》系列电视剧里的军士卡伍德·李普顿。军士李普顿是第二次世界大战中美国伞兵部队的一名真实士兵。哪怕在最可怕的情形下，他仍鼓起勇气，尽自己所能把工作做到最好。哪怕他救了战友的命，也仍然保持着谦逊和积极的态度，这真的让人很受启发。”

用好你的品格优势

为什么要采用秘密身份呢？表面上看，这个规则很好玩，实则还有着令人惊讶的强大影响。

一个秘密身份能帮你聚焦于能体现你是谁的英雄品质，研究人员将它称为你的招牌品格优势（signature character strength）。

不同的人有不同的招牌品格优势：决心、善良、幽默、灵性、勇于冒险、热爱学习。搞清楚自己的优势有助于你为实现目标设定新的策略，这些策略为你量身定制，发挥作用的概率更大。

你应对不同的挑战时，或许希望借助不同的优势。在秘密身份中进行切换，能帮助你做到这一点。我在对抗轻度脑外伤的时候化身为“震荡猎人简”，这个名字来自《吸血鬼猎人巴菲》，这个身份带给我勇气和决心。我试着和丈夫怀孕造人期间，我又成了“维伦多尔夫的简”，它源自有着 3 000 年历史、人称“维伦多尔夫的维纳斯”（Venus of Willendorf）的石像，据说她是为不孕妇女带来好运的神明。变成“维伦多尔夫的简”帮助我聚焦于不同的优势：爱与被爱的能力。当你的挑战和目标发生变化时，你或许也会发现，采用新的英雄身份将有所帮助。

秘密身份还有另一个惊人的作用，如果你泄露自己的秘密，它能让你的盟友们团结得更紧密。有些《超好》玩家牢牢隐瞒着秘密身份。毕竟，克拉克·肯特向路易丝·莲恩透露自己是“超人”可花了不少年呢。但如果你选择与人分享自己的英雄身份，你就会发现，这是一种极有力的途径，可以用来与亲友们沟通你想成为什么样的人以及什么样的优势和力量对你的旅程至关重要。

其实，秘密身份是讲述自己英雄故事的第一步。专攻创伤后和狂喜后成长的研究人员发现，讲述自己的英雄故事是通过挑战获得成长最重要的一个触发因素。**它不仅帮助你看到自己的优势，而且帮你看清自己的目的，即你借助个人优势帮助他人的途径。**

正如行为科学家史蒂夫·马拉博利（Steve Maraboli）所说：“如果你不是自己故事的英雄，那就错过了你整个人的关键。”

本章，我会教你一些有趣的方法来探索你的英雄品质，从而创造秘密身份。通过找到你的招牌品格优势，讲述你自己的英雄故事，你不仅会变得更强大，而且能激励别人变得更快乐、更健康、更勇敢。

让我们先来做一桩快捷的任务。

任务 35：组建你的英雄梦之队

变得超好，就是培养你的英雄品质，如勇敢、善良、幽默、审美、领导力或热爱学习。

在任何英雄故事里，你都可以找到这些品质，不管是真的还是假的，是在电影、漫画、电视、神话、电子游戏、文学、历史、宗教、社会活动里还是在体育运动中（这里仅举几个最容易找到英雄灵感的领域）。

每个人都会受到不同英雄故事的吸引。你最喜欢的英雄透露了许多关于你性格的内情。为什么呢？因为如果英雄体现了我们本就具备且有进一步开发潜力的特质，我们就会更容易受他吸引。换句话说，你最喜欢的英雄就像是你内心英雄品质的一面镜子。就算你觉得自己一辈子或者最近都没做过什么英雄事迹，它仍然成立。

为了找出更多有关你招牌品格优势的线索，让我们来组建你的英雄梦之队。

英雄梦之队就是 3 个或 3 个以上的英雄携手合作，达成共同的目标。每个英雄通常有不同的优势或能力。文化领域里，梦之队的例子比比皆是，比如漫画、音乐和体育运动。“复仇者联盟”就是由多样化的超级英雄组成，包括美国队长、钢铁侠、绿巨人、雷神、黑寡妇和鹰眼。超级乐队“漂泊”（Traveling Wilbury）的成员包括披头士乐队的乔治·哈里森、鲍勃·迪伦、洛伊·奥比森（Roy Orbison）和汤姆·佩蒂（Tom Petty）。打入世界杯的球队成员都是一个国家里最优秀的足球选手，他们组队联手征战世界其他地区的球队。

你的英雄梦之队可以跨越任何类别，发挥你的创造力。为什么不能有一支由蜘蛛侠、佛陀、塞雷娜·威廉姆斯（Serena Williams，网球选手）、福尔摩斯和你妈妈组成的英雄梦之队呢？你能想象这样的 5 个人会碰上什么样的冒险经历吗？

怎么做：要执行此任务，需要至少挑选 3 个英雄。如果你与这些英雄人物有相似之处，那么谁的性格能让你感觉做什么事都不在话下，谁的故事能激励你更加努力，谁的冒险体现了你想过的那种生活呢？下面这些问题，可供你打开脑洞，组建自己独特的英雄梦之队。

- 谁是你最喜欢的电视角色？
- 谁是你最喜欢的电影人物？
- 你最认同哪一本书中的角色？
- 谁是你最喜欢的职业运动员？
- 历史上你认为最鼓舞人心的英雄是谁？
- 神话里的哪个人最让你着迷？
- 谁是你最喜欢的乐手或乐队？
- 你最喜欢电子游戏里的哪个角色？
- 哪一位艺术家或创作者最能激励你？
- 谁的人生故事能引起你的共鸣？
- 你认为谁是最有趣的漫画超级英雄？
- 现实生活或小说里有谁跟你面临着类似的挑战？
- 哪一位灵性人物体现了你想要成为的那种人？
- 当代或现实生活中，你的英雄是谁？
- 你还有其他钦佩的人吗，出名与否均可？

小提示：如果你想不出来，可以在互联网上搜索“你喜欢的媒体形式，如文学、电影、漫画、神话、电子游戏、历史、圣经，等等 中最受欢迎的英雄”。任何你想象得到的英雄都有一份“历年最伟大”清单。

我的英雄梦之队由以下人物构成：

1.
2.
3.

小提示：如果你有更多的点子，无须克制！你可以把任意数量的英雄添加到你的梦之队当中，而且多多益善。

这一任务还有超级重要的一步。对你选中的每一位英雄，举出至少一种你所钦佩的技能、力量、美德或品格优势。举例来说，如果你选中了波士顿马拉松赛冠军梅布·柯弗雷兹基（Meb Keflezighi），你或许就会说“决心”或“竞争动力”。如果你选择迪斯尼动画片《冰雪奇缘》里的女王艾尔莎，你就可能会说“无畏地拥抱、运用自身力量的能力”或者“赞美自我的勇气”。**不管你怎么做，千万别跳过这一步！**你把英雄的优势表达得越清楚，就越能更好地想象自己的英雄品质，不管它们是已经在你生活里全面展开，还是正等待你的培养和释放。

现在，你已经选中了几个自己喜欢的英雄，也得以窥见自己的英雄潜力，应该已经准备好磨炼造就自己独特英雄品质的技能了。

对于你的身份，你才是真正的专家

别浪费任何时间了，让我们直接进入下一桩任务吧！本章有大量的任务，比其他章节多得多。这是因为对于你的身份，你才是真正的专家。你对自己的英雄优势有最丰富的知识。因此，本章的大部分内容不是由我为你提供信息，而是帮你借助一些游戏形式的指引接通自己的洞察力。

任务 36：辨明你的优势

你至少有 5 种强大的资源，可以帮助你在任何障碍面前保持复原力。

这 5 种强大的资源是你的招牌品格优势，也就是你能表现出来的、在你施展时能带给你极大满足感的美德。按两位广为人知的幸福专家马丁·塞利格曼博士[①]和克里斯托弗·彼得森（Christopher Petersen）所说，

① 马丁·塞利格曼的幸福五部曲《教出乐观的孩子》《认识自己，接纳自己》《真实的幸福》《活出最乐观的自己》《持续的幸福》已由湛庐文化策划，分别由北京联合出版公司、万卷出版公司、浙江人民出版社出版。——编者注

这些优势决定了你怎样最好地应对逆境，以及什么东西能让你在生活里感受到最大的喜悦与满足。

塞利格曼和彼得森博士指导一支 40 人的研究团队来确认这些优势。他们一起研究了世界各地近百种文化，测试了 15 万名受试者以确定哪些美德每当我们使用都能带来幸福并提升我们的复原力。他们总共确认了 24 种不同的品格优势，现在被称为“行动价值观”（VIA）优势，如下文所列。

怎么做：我希望你通读这份清单，选择 5 种能最好地描述你的优势。不要反复思考。如果你愿意，网上有一份奇妙的问卷测试，它包括 120 个问题，你可以做做看，找出你最强的 5 大优势，我会告诉你怎样一分钟就做完。不过，在我主持的实验里，大多数人只要看一份清单就能选出自己 5 大优势里的 4 种，这是与更正式的测试相比所得的结果。所以，继续往下看吧。以下哪 5 项最准确地形容了你？

- 创造力：你表现出极大的想象力和思维独创性，你总能打破传统思维。
- 好奇心：你喜欢探索和发现，你对了解新东西有迫切的愿望。
- 思想开放：你总是乐于接受新的想法或观点，从各个角度周全地考虑事情。
- 热爱学习：你天生就爱寻觅新知识，掌握新技能是你的激情所在。
- 观点和智慧：你有着为他人提供建议、把周围事物都说得头头是道的天分。
- 勇敢：你从不为挑战、威胁、困难或痛苦皱眉头；不管有多少反对意见，都无法阻止你去做正确的事情。
- 坚持：开始的事情就要做完，不管遇到什么障碍都会跟进，你为此感到愉快。
- 诚信：你力求真实、诚恳，不管怎样都忠于自己。
- 活力和热情：你的生活好像是一场冒险，你为所做的每一件事情都投入精力。
- 爱与被爱的能力：你是一个有爱心的人，能与他人建立非常亲密的关系。

- 善良：你花时间为他人做事，你很自然就会出手帮忙。
- 社交智力：你了解别人，能预见其感觉；你自然地契合很多不同的社交场合。
- 积极的公民意识和团队精神：你有强烈的社会责任意识，你会做分内之事并给予回馈。
- 公平：你平等地对待他人，必要时会为正义而战。
- 领导力：你鼓舞激励他人；你是一个卓有成效的组织者，能促成事情的发生。
- 宽恕与怜悯：你能宽厚地给别人第二次机会，并接受其缺点。
- 谦卑和低调：你像重视自己一样重视别人，你不追求声望；你让自己的成果来说话。
- 谨慎：你是一个细心、周到的人，很少做会让自己后悔的事。
- 自我调节和控制：你有强大的意志力，你可以控制自己的想法和感受。
- 审美：你总能注意到身边优秀和美丽的事物，你总是感到敬畏与赞叹。
- 感恩：你经常表达感谢，你欣赏生活与他人的美好。
- 希望：你期待自己在将来碰到美好的事情，你的努力让美梦成真。
- 幽默和有趣：你能看到生活的轻松一面，你总是让别人微笑。
- 灵性：你在生活中追求更崇高的目标，在自己所做的一切中寻找意义。

你大概从这份清单里看出来了，所谓的招牌品格优势不仅是技能或天赋，比如语言天赋、运动能力、优秀的计算机编程能力等。普通天赋和招牌品格优势之间的区别是，你的招牌优势代表你最深刻的价值观，代表你最珍视的东西，是能为你生活带来意义和目的的事情。

例子：你可能极擅长烹饪，但心理学家不会认为这是你的招牌品格优势之一。然而，它可能为其提供了一条线索。如果每次你为家人做饭都感到难以置信的满足，那么你的最强优势之一很可能就是“爱与被爱的能力”。如果你喜欢发明新食谱，或许就有着创造力优势。如果你发现观看烹饪节目、找到新技巧让你很高兴，“热爱学习”或许是你的一个优势。这些更深层的优势有助于解释为什么你能从烹饪中获得这么多的乐趣以及你为什么为之投入那么多的精力。

现在你知道招牌品格优势是什么了，你想到自己最拿手的 5 项了吗？很好！如果这不是太棘手，试着将它们排出个先后来，排第一的一定要是你认为对自己最重要的。

下一步：现在，把你的前 5 大优势写出来，放到一个你在接下来的几天、几星期里能经常看到的地方。这份清单提醒你，你拥有一套独特的优势组合，能够帮助你迎接任何挑战。

奖励任务：如果你看着清单，拿不准是否真正理解了自己的招牌优势，这里有一桩奖励任务同样能帮你建立社交复原力。把本任务中完整的 24 项优势清单拿给一位亲友看，请他选出你最强的 5 项来。为了让整个过程变得更有趣，不妨主动提议自己也帮他们挑。比较你自己选出来的项目是否跟对方所选的一致。如果他们的选择跟你自己选的完全不一样，你或许有着更宽泛的优势范围可供入手。这没什么问题！

小提示：如果你希望看到冰冷铁硬的科学证据说明你的确具备这 5 大优势，这里还有一桩额外的奖励任务。请登录 www.viacharacter.org/Survey，完成经过科学检验的优势调查。这一在线调查包含 120 道题，需要 10 ～ 15 分钟来完成。它能详细地解释你的 5 大优势，让你更有信心地确认以下事实：你能够有效地运用这些优势去解决问题，追求梦想。

你已经完成了本章中最重要的两桩任务。你组建好了一支英雄梦之队，确定了自己的招牌品格优势。现在，不妨将这些灵感和自我认识结合起来，整合成一个秘密身份！

任务 37：采用秘密身份

你的下一桩任务是选择一个英雄绰号，激励你的超好之旅，强调你独特的优势。

创建秘密身份的方法多种多样，不分对错。以下是《超好》玩家最常使用的一些方法。尝试一种，或者多试几种，看看什么样的秘密身份最适合你！

从你的梦之队名单里选择一位英雄。以他的个性和力量为启发，给自己起一个英雄绰号。你可以简单地原样直接套用他的身份，比如“我是钢铁侠”或者“我是爱神阿芙洛狄忒”，但我鼓励你把自己的个性加进去，比如“我是钢铁侠凯西”或者“我是爱神凯莉”。

把你梦之队里两位或两位以上的英雄组合成一个独特的新身份。有一位《超好》玩家是这么做的：“我的秘密身份是‘神奇舰长’。这它来自我最喜欢的两位英雄的组合：《星际迷航》里的皮卡尔舰长和神奇女侠。”

给自己一个尊称。你可以把你喜欢的招牌优势或特点组合起来，比如某某女王/国王/大祭司/警长/公主等。例如：好奇国王罗杰，再创造女王玛丽，摇滚烹饪大祭司吉姆。

选择一个新的中间名绰号。比如：简·“冒险”·麦戈尼格尔或者哈里·“大熊”·史密斯。你可以找在线起名程序试试看，它可以为你设计数以千计的定制或随机英雄名字。你可以成为情人瓦伦丁龙啸、海啸心之战士，甚至布丁探路人。是的，这是一个认真的建议！我在本书的注释中收入了一些有趣好玩的超级英雄起名程序的网址。[1]

选择一个有趣的形容词或标题。你可以将它跟你的姓氏组合在一起，比如伟大切尔西，它以“Catherine the Great”为灵感，中译为“叶卡捷琳娜二世”或“凯瑟琳大帝”；或者“超级托尼”，它以“超级马里奥”为灵感。

还有一个办法：把你名字的字母打乱，创造新名字。比如，我的名字是 Jane McGonigal，乱序版可以是 Ace Longing Jam！这个点子来自荷兰的《超好》玩家麦克（Meike），他决定使用这一做法：“我的秘密身份是克麦（Ekiem）。我只是把自己的真名倒着写而已。我想要成为一个更好版本的自己，我认为，我们内心深处都有着这么做的能力和力量。我希望召唤出藏在我内心的英雄……所以，去吧，克麦！”虽然这种方法或许并未明确地表现出你的招牌优势，但它能提醒你具备自我改造的力量。你可以使用在线字谜服务器来帮忙（http://wordsmith.org/anagram）。现在该你了，哪一位英雄能最好地代表你的超好自我？

我的秘密身份是：______________________________

这位英雄的优势、超能力、美德和特殊能力是：

1.
2.
3.

庆祝秘密身份的 8 种热门做法

现在，你有了秘密身份，应该怎么做呢？以下是《超好》玩家们庆祝秘密身份的 8 种热门做法：

设计一条视觉线索。找一幅能让你想起自己秘密身份的图片，把它放在经常看得见的地方，可以是冰箱上、镜子上或钱包里。或者使用电子形式，把计算机桌面、手机背景改成能让你想起自己秘密身份的图。

选择一条咒语或行动号召。选一个简短有力的句子，提醒你秘密身份的优势，激励你付诸行动。

自豪地穿戴起来。你不需要穿一套带着巨大超人“S”的内衣，但可以考虑选择些小东西，比如腕带、鞋带、太阳镜、某种首饰、袜子等，来代表你的秘密身份。在你需要自己英雄优势的日子里，把它们穿戴起来。

选择一支主题曲。在电视和电影里，每当英雄们扭转败局、拯救世界，都会由一支歌曲或器乐演奏。你也给自己选一支。电影电视原声带是寻找戏剧化音乐的好地方！每当你需要提升英雄力量，就听这首歌。

悄悄炫耀。你可以把你的秘密身份隐藏在众目睽睽之下，但为社交媒体账号照一张新的头像照片，里面藏着你秘密身份的暗示，但不要泄露秘密。

收集英雄名言。如果你的秘密身份是受现有人物或真实历史人物启发而来，可以从他们那里找几句你喜欢的名言。如果你的秘密身份是完全原创的，就从你的英雄梦之队成员（任务 35）身上收集名言，你还可以从你的原创英雄愿意结交的任何人身上收集名言。把名言做成一本小册子或手机、计算机上能快速访问的文件，也可以用便利贴贴在房间周围。你甚至可以把英雄的名言用小纸条写下来，存在一个玻璃罐子里，作为每日好运签。

沉浸在你的英雄世界里。如果你的灵感来自电影或电视人物，那就举办一场“电影之夜”或重看系列电视剧里你最喜欢的一季。如果你的灵感来自书里的人物，那就重读你最喜欢的书或把最喜欢的段落大声向别人念出来。如果你的秘密身份以现实生活中的英雄为灵感，那就试试能不能找到他的回忆录、传记、采访或讲演。花些时间真正地沉浸在能激励你的故事里。

把秘密身份透露给你信任的人。和你的一位盟友分享你的不同自我，让他们看到你的英雄优势，并与你一起庆祝。

不管你决定怎么处理自己的秘密身份，请记住，它是表现创意的有趣机会，是纪念真正打动你的故事和英雄的机会，还是寻找新途径表现、庆祝你的最佳版本（也就是超好的你）的机会！

《超好》玩家的故事：下一位医生

何苏埃·卡多纳在少数亲密朋友那里也叫“下一位医生”（Next Doctor），他见证了精彩秘密身份的力量。

30 岁的何苏埃来自波多黎各，现居北卡罗来纳州，从事心理治疗工作。但两年前他刚开始玩《超好》时，还在学校努力考取咨询师执照，不知道下一步要迈出什么样的职业步伐。

“采用秘密身份对我产生了巨大的影响。”他最近告诉我，并说这个身份他只告诉过两个人，我就是第二个，第一个是他的女朋友。

何苏埃的《超好》绰号参考了英国久播不衰的一套科幻电视连续剧《神秘博士》（*Doctor Who*）。“我选中了‘下一位医生’这个身份，因为我希望拿到咨询师执照，”按照字面意思来理解，他想成为所住城里的下一位心理医生，“但不只如此。我跟神秘博士这个角色很有共鸣。”神秘博士是一位能时空旅行的英雄，他不仅拯救文明，而且帮助普通人。“对我而言，这个名字既代表完成学业之路，也代表要承担该角色更多的英雄品质，包括帮助他人、好奇、热爱学习、真诚。”

何苏埃告诉我，采用虚构的秘密身份虽然感觉很奇怪，但却像揭示了他真实的自我。“我把‘下一位医生’看成是我想要成为的理想自我。但我也觉得他就是我，更好的我。当我接受了这个秘密身份，就好像对自己的优势‘出了柜’。我猜，我本就有着那些素质。我慢慢变得更乐于向外展示这些优势，采用新的身份把我带上了新的层面。”

身为“下一位医生”，何苏埃拿下了自己的心理咨询师执照。接着，他决定开私人诊所，哪怕这在财务上有些冒险。到目前为止，冒险得到了回报，因为他说自己执业很成功。

说起秘密身份对培养自己最珍视的美德带来了多大的帮助，何苏埃的话让我大感震惊。在很多具体的方面，他都明显受到了自己秘密身份的鼓励，去做一个更优秀的咨询师。“在电视剧里，神秘博士看得多也懂得多。他走遍了宇宙的每一个角落，阅遍了时间的每一刻，”他说，“但他仍然认为每一个人都新鲜而特殊。他对人有着无限的好奇，他钦佩他们。每当看到神秘博士说起自己见过的每一个人有多么了不起，我就提醒自己，我一定要让自己的客户也产生同样的感觉。”

跟许多与我倾谈过的成功《超好》玩家一样，何苏埃从玩游戏过渡到了带着游戏心态生活。“我有差不多一年没有正式记录任务、补充能量块和坏家伙了，”他说，“但是这些概念仍然陪伴着我。它们是我现在思考方式的一部分，我也对客户使用它们。它们成了我日常词汇的一部分。”当然了，他还是保留着自己的秘密身份。如今，他的办公桌上还放着一套神秘博士的时间穿梭机小模型，提醒自己暗地里扮演的角色。“我随时都想着‘下一位医生’，我至今仍然是他，而且每一天都越来越是他。”

SuperBetter

采用秘密身份的 3 大核心益处

如你所见，采用秘密身份可以带来很大的乐趣，但它还附带了一些认真严肃的益处。

现在，你知道自己的招牌品格优势，又有了一个英雄绰号自我提醒，可以着手运用这些优势了。

过去 10 年，研究人员已经发现，有些人会把思考自身性格优势的行为变成日常习惯，而这通常会呈现出了大核心益处。

首先，他们更成功。对自己优势更有觉知的人面对目标能取得更大的进展和成就。科学家研究优势带来益处的时候，他们指的并不是普通的技能或天赋。他们着眼考察的是 24 种行动价值观优势，即你在本书任务 36 中读到过的美德。比如，一项研究发现，在选择了 3 个月内要实现的短期目标后，如果当事人首先列出了自己的品格优势，并有意识地将之应用到挑战上，他们实现目标的概率要大得多。[2] 事实上，在为期 3 个月的研究过程中，他们不仅更好地实现了目标，而且每次打卡核对进度时对自己的生活也更满意。

其次，理解并每天实践自己的优势，不仅让你更成功，而且让你更快乐。一项随机对照研究考察了 6 种改善整体幸福的不同方法，包括写感恩记录、向心爱的人传达积极情感等。研究发现，唯一最为有效的干预措施是创建一份招牌品格优势的清单。6 个月后，列举了自己优势的人明显比研究开始时更快乐，而且比研究中的其他任何人都更快乐。研究期间，他们每天对自己的优势思考得越多、实践得越多，就越快乐。[3]

最后，专注于自己的优势能帮助你更有效地应对疾病、损伤或残疾，不管是关节炎、癌症、慢性疼痛和不孕，还是滥用药物、饮食失调和创伤后应激障碍。[4] 研究还发现，在治疗或痊愈过程中，我们对自己的优势思考得越多、运用得越多，就越喜欢交际、富有成效，对自己的生活也越满意，哪怕我们同时还经历着重大的健康挑战。所有招牌品格优势都能带来实实在在的益处，但在应对此类情况时，帮助最大的似乎是勇敢、善良、幽默、审美、热爱学习。出于这个原因，一些心理学家建议，如果你正面临着一段治疗或恢复时期，要着重培养这些优势。[5]

知道自己优势并有效运用的人更快乐、更成功，这在你看来似乎是显而易见的事。但实际上，很多时候，特别是当我们面临严峻挑战的时候，我们的焦点总会放在自己的弱点而非优势上。很多人觉得列出十几个自己的弱点比说出几种优势更容易，处在焦虑、抑郁或自我怀疑状态下的人尤其如此。

当然，彻底忽视自己的弱点也要不得。毕竟，这是我们对抗坏家伙的原因所在！但为了获得你品格优势带来的全部益处，你必须每天想着优势并运用它们。这是采用秘密身份的一个最佳理由，每当用上自己的英雄绰号，你就会主动提醒自己的优势。

怀着更大的目的感运用自己的优势就会很容易。下一桩任务就来告诉你怎么做。

任务 38：7 种表现强大的方式

怎么做：现在，花上几分钟开动脑筋，想出在日常生活中实践自己品格优势并体现秘密身份的 7 种方法。

例子：下面有一些例子说明怎样用不同的新方式实践优势。它们的灵感来自临床心理学家特亚伯·拉希德（Tayyab Rashid）博士和艾弗罗泽·昂君（Afroze Anjum）博士提供的精彩资源《运用行动价值观品格优势的 340 种方法》（*340 Ways to Use VIA Character Strengths*）。您可以在本书注释的链接里看到网上的完整清单。[6]

如果你的优势之一是热爱学习，不妨就在今天的对话里运用一个新学的外语单词或短语。

如果你的优势之一是富有活力和热情，就试着做一件你平常就在做的事情，比如去干洗店和遛狗，但向它投入更多的体力，观察自己有怎样的感觉。

如果你的优势之一是社交智力，那就试着看电视剧或电影时把声音关掉，看看你通过剧中人面部表情和身体语言观察到了什么样的情绪。

如果你的优势之一是正义和公民意识，那就试着花 15 分钟清理、装饰或照料一处公共场所，如公园和公用厨房。

如果你的优势之一就是宽恕和怜悯，那就不妨计划一下，下一次碰到有人冒犯你，你应该做出什么样的反应。提醒自己关注这个计划，如有可能，最好排练一下，定期确认：“不管对方怎样冒犯了我，我都要按计划做出反应。”

如果你的优势之一是灵性，那就试着今天用几分钟读一段思想文章，和你信任并尊重的人讨论其中的深意。

现在轮到你了：选择7种方式，运用自己的优势，体现自己的秘密身份。一定要立足于你在任务36中确认的5大招牌品格优势。

1.
2.
3.
4.
5.
6.
7.

原理：宾夕法尼亚大学和密歇根大学的研究人员曾研究过相同的干预措施。在他们的研究中，参与者先确认自己的招牌品格优势，然后头脑风暴，想出7种不同的办法，在接下来的一星期运用它们。在7天里以7种不同的方法运用自己的优势之后，参与者变得更快乐，对生活更满意了，而且不仅是在这个星期里，其后的6个月也一样。

你现在已经做好准备去获得同样的成功。你有一份清单，包含了7种具体的行动，可以带着更强的觉知和目的感运用自己的优势。试着在接下来的7天里每天做一件，直至全部做完。如果你分心了或某一天里忘记了运用某一优势，别担心，从你落下的地方重新开始就行。

《超好》玩家的故事：一起玩游戏的家庭

亚伦·温本恩是一位网站开发人员，也是两个小姑娘的父亲。44岁那年，他患上了神经退行性疾病“肌萎缩性侧索硬化”，通常也叫洛盖赫里格病、渐冻症。确诊几个月之后，他开始玩《超好》。到他决定采用秘密身份（天行者亚伦，灵感来自《星球大战》中的绝地武士天行者卢克）的时候，他手部的所有灵活性均已丧失。他用语音识别软件写信告诉我，他刚完成了自己的第一轮华丽制胜：搬进了一栋方便轮椅患者的房子，更好地应对患病生活。

虽然亚伦怀疑有些人可能不理解，一款游戏怎么能帮助这么严重的疾病患者，但他希望向其他渐冻症患者说明游戏化方法带来的区别。“我并不怀有幻想，以为积极的想法就能改变我患病的结局。除了斯蒂芬·霍金，基本上患有这种疾病的人没有一个能撑过三五年。但是我相信，《超好》能做到的是提高人的生活质量，一天提高一点。”

《超好》让亚伦和妻子有了具体、积极的方式来帮助两个女儿（一个 5 岁，一个 8 岁），调整家里新出现的棘手现实。父母给女孩儿们布置特殊的盟友任务，比如帮助亚伦激活每天最重要的补充能量块，即一系列“超人飞行姿势”和“绝地武士训练动作”，它们其实是旨在全方位活动肌肉和关节的拉伸练习。采用超级英雄身份还让亚伦向女儿投射了自己的优势形象，哪怕他的身体日渐虚弱，这对做父亲的他来说也无比重要。

亚伦还邀请更大范围的亲友圈玩游戏，用补充能量块和坏家伙的说法与家人和朋友沟通疾病的进展，告诉他们具体该怎样帮忙。他从《星球大战》的宇宙里获得灵感，给最亲密的盟友们安排角色。朋友利亚纳变成了“精神顾问”利亚纳旺·克诺比，对应的是训练天行者卢克成为绝地武士的导师欧比旺·克诺比。“身为我的精神顾问，”亚伦向我解释，“她的特殊能力是切入正题。”换句话说，她会在有关死亡和生活意义的对话中充当坦率、诚实、全力支持的伙伴，亚伦想要进行这样的对话。“她还有一项重要任务：向我布置每星期的阅读书单。”每个星期，她会分享一本来自不同哲学或思想流派的读物，接着两人一起讨论。

最终亚伦觉得，自己不再需要秘密身份。在渐冻症不断恶化的过程中，凭借对家人不断展现的意志力和爱，亚伦已经成为许多人心目中的真正英雄。遗憾的是，病情确诊 3 年以后，亚伦过世了。但对于他接受渐冻症的现实，游戏化方法非常重要。“如果有人接到了患绝症的诊断，他们最迫切需要的就是超能力。我要感谢你提醒我也有着这样的力量。”他这样写信给我。他还鼓励我向读者们分享他的故事：“我希望帮助别人发现自己的超能力。”

SuperBetter

采用秘密身份还有一点你必须知道的益处：它能在你生命中最紧张的时期改变你

的想法和感受。

自我疏离，把自己的问题放在他人身上来看

秘密身份可以帮你应对一种被科学家称为“自我反思悖论”（self-reflection paradox）的问题。

当你面对严峻的挑战时，你自然会花大量时间去思考它。但这么做是有益还是有害呢？它很矛盾，两者兼而有之。

密歇根大学教授、心理学家伊桑·克罗斯（Ethan Kross）和加州大学伯克利分校的奥兹兰·艾杜（Ozlem Ayduk）这样解释该悖论：“一方面，无数的研究表明，鼓励人们对消极情绪或紧张体验进行反思能带来重要的心理和生理健康益处。另一方面，有数量同样多的研究表明，试图理解自己的感受或从紧张体验里感受意义往往会带来反效果，让人陷入反刍，即强迫性思考循环，从而令感觉更为糟糕。”[7]

克罗斯和艾杜已研究自我反思悖论多年，他们尝试解答这个问题：“为什么人理解消极体验的尝试，有时候成功，有时候又失败呢？”他们的研究成果揭示了一个出人意料的答案：**为了从深入思考个人挑战中受益，你必须在思考时把这些挑战当成发生在别人身上。**

这种技术叫作“自我疏离”（self-distancing），克罗斯和艾杜已经完成了有关它的最重要的若干研究。他们解释说：“自我疏离是你对个人经历进行思考时退后一步，从旁观者的角度来分析它们，仿佛它们就是墙壁上的一只苍蝇。”你不能纠缠在自己强烈的感受和体验的细节上，你要着眼于更宏大的场景。

按照两人的研究，成功自我疏离的常见征兆是使用“第三人称”语言。你不要问自己：“为什么我今天得知这个消息这么难过？”我会问：“为什么简今天得知这个消息这么难过呢？”

以第三人称思考自己的体验，会让人觉得奇怪和尴尬。如果你听到其他人用第三人称讨论自己，恐怕会认为这个人狂妄自大，至少行事有点古怪。比如，克罗斯和艾杜指出，NBA 篮球巨星员勒布朗·詹姆斯曾用第三人称指代自己，就像“我想做对勒布朗·詹姆斯最好的事情”。

不过，专家并不建议你随时都用第三人称思考或提到自己。只有当你碰到非常大的挑战、非常紧张的局面或创伤性体验时，你才需要借助自我疏离技术来转换视角。

如果你掌握了这一技术，就会体验到一系列生理、心理和情绪益处。当你想到挑战、压力和创伤的时候，你的心血管反应会较少，也就是说，你的血压不大可能提升，你的心率将更快恢复正常。大脑扫描显示，自我疏离式思考时，大脑膝下扣带回皮层的活动较少，该脑区这是抑郁症患者在消极思考模式中会点亮的大脑区域。换句话说，自我疏离强化了你的身体，巩固了一条更积极的神经回路。

有人回顾了过去 30 年来的研究，发现不管你想的是过去、现在还是未来，自我疏离都能发挥同样的作用。

过去：采用自我疏离技术的人，在想到痛苦回忆或创伤性经历时，体验到的焦虑较少。[8]

现在：自我疏离会提升意志力。[9] 面对诱惑的时候，如果你站在第三人称视角想一想当下局面，就能更好地进行自我控制。不要问自己“我想吃那根巧克力棒吗”，而是问“简想吃那根巧克力棒吗”。这听起来真是简单到了荒谬的技巧，但很管用。你用第一人称思考更容易陷入瞬时的感受和渴望。可如果你用第三人称思考，就有更大可能看到宏观图景，记起你的长期目标和最重要的动机，比如为亲人保持身体健康或将更多精力用来写小说，而不是因为觉得糖分冲击上脑而愧疚。自我疏离让你专注在大局上，有助于坚持目标。

自我疏离对现在的另一点益处是，它能让人更加投入到建设性地解决问题上，也就是说，不受制于混乱的想法，而是专注于采取有益行动。[10]

未来：自我疏离让你面对新的障碍时，有更大可能性采用挑战心态而非威胁心态。读者想必记得，我们在第 5 章讨论过，挑战心态指的是保持对现实的乐观态度，认为自己有机会在紧张情况下获得成功、汲取经验、变得更强大。总体而言，相较于怀有威胁心态的人，拥有挑战心态的人能更快乐、更健康、更成功地实现个人目标。[11]

自我疏离地思考未来的益处将持续到应对障碍之后。根据在实验室和现实中的研究，在完成紧张任务之后，事前采用第三人称视角的人进行消极的善后处理的时间明显更少，消极的善后处理就是反复回味进展不顺利的事情，自责或责怪自己没能做得更好。[12]

最后，自我疏离能显著改善心理复原力。我们在第 7 章中讨论过，心理复原力是为了达成目标而做困难之事的意愿。拉开一定距离思考自己所处的情况，你更容易根据最核心的价值观采取行动，哪怕你有可能碰到消极情绪和痛苦、遭到拒绝或失败。换句话说，自我疏离让你变得更勇敢。[13]

把你的身份玩出花样来

秘密身份让人在最需要的时候更轻松地制造自我疏离。因为你通常并不把自己跟英雄绰号等同起来，所以使用秘密身份能制造足够的心理距离，让你对自己所面对的挑战或压力获得更佳的视角。让我们在下一桩任务里看看它是怎么运作的吧！

任务 39：英雄会怎么做

怎么做：想一件能导致你紧张、烦恼或兴奋的具体事情。它可以是你今天晚些时候要做的事情，也可以是以后才需要做的事情。不管怎样，请确保你一想到它，就产生强烈的情绪反应，积极或消极的均可。

选好了？很好。现在问自己：英雄会怎么做？不是随便哪个英雄，而是你已经采用为秘密身份的那位英雄。如果你还没有想好自己的秘密身份，请稍后再来完成这桩任务！

回想与你秘密身份相关的优势、超能力、美德和具体能力，包括创造力、勇气、善良、幽默、正义，甚至不怕痛。你的英雄将怎样运用这些特定优势为眼下的挑战或障碍做准备？

换句话说，问问你自己：你的秘密身份 会怎么做？思考这个问题的时候，一定要使用第三人称。不要说（或者想、写）“我会……”，相反，要说（或者想、写）“震荡猎人简会……”“自我照料军士会……”“再创造女王玛丽会……”。

原理：问“ 你的秘密身份 会怎么做”是制造少许自我距离，同时为自己提出更明智、激励性更强的建议的绝佳方式。

专家解释说：“用来自我指代的语言产生的小小变化，具体而言就是使用你自己的名字及其他非第一人称名词，提高了你在压力下调节自己想法、感觉和行为的能力。”[14]

使用你的秘密身份而不是你平常的名字还提供了一个好处：你能够专注于自己的招牌品格优势，用它去解决问题，并怀着更大的喜悦采取更有效的行动。深入挖掘你的英雄身上重要的优势和力量，它们有望成为通往 1 000 种不同策略的跳板。

我在自己生活里很有效地运用这一任务，所以知道它有多强大。今年早些时候，我给自家的双胞胎采购婴儿用品，初为人母常见的自我怀疑和焦虑泛滥起来。我不停操心：这款婴儿床够安全吗？如果我不买有机用品，我的宝宝会患上哮喘或过敏吗？而且，哎呀呀呀，市面上有 500 万种不同的婴儿床可供选择呢，我该怎么挑选呀？每一次采购都让我感觉更加欠缺安全感，而不是做了更多准备！这让人抓狂。所以我回想起自己在接受试管婴儿治疗时采用的秘密身份“维伦多尔夫的简”，灵感来自古代生育女神“维伦多尔夫的维纳斯”。我问自己，生育女神简会怎么做？

后来我又想到：每回维伦多尔夫的简为宝宝挑选东西，她都感到快乐，因为这符合她的期待！她如此期待的事情怎么会变成持续的焦虑之源，而非快乐之源呢？她不会这样的。她是生育女神！她自信，她的母爱征服一切。退后一步，拉开一点距离看待眼前的情形，我意识到，是我自己把快乐体验变成了紧张经历。但只要我召唤出自己“爱与被爱”的超能力，我就能庆祝每一个准备时刻。从那一刻开始，每当我感到担忧，就将之标记为“扎心的爱”，我喜欢这样！

任务完成：通过完成这个任务，你得以站在新鲜的视角去认识自己的紧张或担忧源头。祝你好运！

现在，你知道怎么运用自我疏离了，让我们继续练习。

任务 39 的目的是帮助你思考未来，接下来的任务将教你一种有力的方法，它可以用来反思过去的紧张或令人不安的事件，却又不落入自我反思悖论的黑暗面。

任务 40：讲述一个英雄故事

你在本任务的目标是快速讲述一个英雄，也就是你的故事。

怎么做：每一位英雄都曾面对障碍和挫折。请想一件过去几天曾引发你消极想法或感觉的事情。它可以是你为自己感觉沮丧或失望的某个瞬间，你和伴侣之间的争执，你在学校或职场上进行的不愉快交谈，你发现自己为别人动怒或烦躁的时刻，以及你感觉受了伤害或者某次唤起相同焦虑或自我怀疑的经历。你想到这样的经历了吗？很好。现在迅速地讲个小故事，反映这次经历，目的是要弄清为什么英雄产生了这样的感觉，做出了那样的反应。

你可以在脑海里思考这个故事，也可以把它写下来或者跟盟友讲出来。

故事可以从发生了什么事情、英雄怎样反应开始。然后，你可以花些时间思考该反应的原因，把它当成谜题去解决。

你的故事还可以庆祝英雄为改善局面而做的事情，或者观察他所做的恶化了局面的事情。这可以是一个有关英雄优势或弱点，抑或两者皆有的故事，因为就算是超级英雄，也至少有一个弱点。

讲故事的时候，一定要把它当成发生在别人身上的故事，具体而言就是你秘密身份的故事。构思故事时，请使用第三人称。例如，为什么钢铁侠约翰做了这种事；或者，黑暗海盗罗西产生这种感觉，根本原因到底是什么？

任务完成：等你讲完英雄故事，这桩任务就成功完成啦！

原理：在一段艰难的经历之后很快自我疏离有助于改善你在事后几天里的感觉，让你思路更清晰。事实上，研究表明，哪怕只是一桩迅速自我疏离的任务，其益处也能持续整整一个星期。在这段时间里，你不太可能被套牢在负面记忆当中。就算你真的想起该次经历，也不会觉得太过紧张，而是更乐于接受。随着时间的推移，你实践这一技巧的次数越多，陷入无益思考模式的时间就越少。这些无益的思考模式会耗尽你的精力，损耗你的身体，让你分心，无法朝着目标前进。

这个对日常事件的反思技术能最终帮助你讲述整个《超好》之旅的故事。这会是一个你想要经常讲、经常重述的故事，因为随着你对生活方方面面的理解，你对未来可能发生之事的感知有了变化。

芭芭拉·阿伯内西（Barbara Abernathy）博士从自己的研究工作中看到了英雄叙事的力量。她是小儿肿瘤支持项目（Pediatric Oncology Support Team）的负责人，这是一家非营利性组织，为癌症儿童及其家庭提供免费的心理支持。她也是创伤后成长领域的专家。基于对患病儿童及家属的接触，她相信，讲故事和扮演潜在新身份是创伤后成长的基石。

“我们通过自己讲述的故事来了解自己，”她说，“事实上，我们更是通过肯定自己的神话故事来创造自己。”[15]

阿伯内西博士认为，我们的故事不是我们面对挑战的结果或我们已经过完了的生活。相反，它们是“一种全面、强大的应对策略”，可以切实地改变我们生活的轨迹，哪怕我们始终面对着最严峻的挑战。换句话说，我们讲述的有关自己的故事能够改变我们对自己能力的认知，因此也就能够改变我们每一天所做的事情。

> 49 岁的《超好》玩家雪莉来自休斯敦，是个企业家。她说，改变自己的故事成为她关键的个人突破口。“在我忍受慢性疲劳综合征期间，我体会到了这样一个故事：‘我身体脆弱，容易精疲力竭。’我讨厌这个故事，全身心地痛恨它。”她知道必须为自己重写一个全新的更英勇的故事。她不愿意让疾病拖垮自己，长时间待在病床上，过越来越局限的生活，于是她化身为“精彩生活雪莉”。有了这个秘密身份，她讲述了一个有关自己的完全不同的故事。“‘我能干、有创造力、有奉献精神，我不断成长，势不可当！哪怕身患重病，我也可以过精彩生活。’就算我感觉自己迟缓得可怕，不灵活、不快速、不有趣，我也对自己讲这个故事。尤其当我感觉糟糕，我更需要记住这个故事。”

任何一种重大人生挑战（积极或消极）都带来了一个采用新身份、创建神话故事的机会。阿伯内西博士经常鼓励自己辅导的患病儿童及家长思考如下问题：我此刻是谁？这同样是一个你可以用来问自己的好问题，也是你需要采用全新秘密身份时可用的好办法。

我此刻是谁？在你的《超好》之旅中，你的答案可能会变化，一次、两次，甚至许多次。只要有必要，请放手让自己变成一个不同的新人。试着变成一个更强大、更聪明、更勇敢、更冷静甚至更稚气的人，一个有着更崇高目标、更精准焦点、对未来心态更开放的人。讲述新的英雄故事是创造创伤后或狂喜后成长最准确的条件之一。[16]

所以，把你的身份玩出花样来。讲述新的故事，重新创建你是何人的神话。

你的秘密身份不仅是你练习招牌品格优势、掌握自我疏离关键技术的有力工具，而且是一次次重新塑造你自己、探索自身一切可能的有力工具。

技能解锁：怎样采用秘密身份

- 选择一个能体现你招牌品格优势的英雄绰号。
- 你的招牌品格优势指的是造就了独特的你的美德和能力。如果运用它们应对你的挑战，你不仅会获得更大的成功，而且一路上也会更加快乐。
- 让你的秘密身份提醒你每天实践自己的招牌品格优势，不断探索不同的新方法来运用优势。
- 借助英雄绰号练习自我疏离，这是一种把自己的问题当成发生在他人身上，从而进行自我反思的强大技术。
- 向信任的人透露秘密身份。告诉你的盟友你迄今为止的英雄故事。
- 每当你需要聚焦在不同的优势上，就讲一个新的英雄故事或采用一个新的秘密身份。重新创建你的个人神话，以此代表你正在变成的更强大、更勇敢、更快乐的那个人。

第 11 章

7 号规则：争取华丽制胜

怎样切入

华丽制胜是一种使人惊叹的结果，可以帮助你获得更强的动力，减少你对失败的恐惧。

华丽制胜是一种特殊的目标。设计它的目的就是要让它更像游戏里的目标，而非普通的自我改进式目标。这里有一些来自成功获得《超好》华丽制胜的例子。

- 24 小时不感到无聊。（挑战：抑郁症）
- 不靠 iPod 就睡上一整晚。（挑战：失眠）
- 坚持跟丈夫一起在湖边散步。（挑战：塑形）
- 当众跳舞。（挑战：社交焦虑、自卑）
- 坚持一星期不用呼吸器。（挑战：哮喘）
- 连续冥想 30 分钟。（挑战：焦虑）
- 带孩子们去看电影，和他们一起坐着，直到电影结束。（挑战：背部疼痛）
- 修好来自二手店的 3 辆坏自行车，然后把它们捐赠出去，供人骑行。（挑战：自行车事故后从膝盖手术中恢复）
- 完成 20 英里（32.2 公里）徒步筹款。（挑战：找到一份更充实的新工作）

与高尔夫、数独和《超级马里奥》等所有优秀游戏的目标一样，这些目标有4个共同点：**它们现实、具有挑战性、充满活力、容许犯错。**

如果你有理由相信，只要你付出最大的努力，就能够成功实现目标，那么这样的游戏化目标就是现实的。毕竟，游戏的设计目的就是要能通关。

如果为了实现目标，你必须学习新的技能或借助创造力、智慧或勇气等优势，那么这样的游戏化目标就具有挑战性。不带有趣挑战的目标只是工作而已！

如果你只要想到游戏化目标就觉得兴奋，那它就是充满活力的。你知道如果你能实现它，就会觉得超棒。游戏的目标通常都充满活力，这就是为什么不管是体育运动还是电子游戏，玩家常常在获胜后朝空中高举双手，自豪地大喊。

游戏化目标具有很强的容错性。如果你没能第一次尝试就成功，也不会失去一切，任何人身上都不会发生什么可怕的事情。事实上，就算失败了，也会出现好事，你会学到新的策略和点子，在下一次尝试或下一个目标上做得更好。

胜利不是一切，但为获胜而付出的努力是

为什么要瞄准华丽制胜呢？如果你正在经历一场艰难的转变或棘手的生活挑战，有能力找到成功和突破的机会就极为重要。

研究人员把这种强大的技能叫作“积极重评”或“价值发现”。[1]它的意思是，哪怕只是意识到压力、创伤或重大生活变化，也会带来好的结果。积极重评是心理、情绪、社交和生理复原力的强大源头：它降低应激激素水平、改善情绪，带来更强的关系满意度，增强免疫功能。[2]但它不是随随便便就能发展起来的，获得积极重评的最佳方式是经常为自己设定华丽制胜或积极突破。

正如传奇橄榄球教练文斯·隆巴迪（Vince Lombardi）所说：“胜利不是一切，但为获胜而付出的努力是。”①

① 你或许更熟悉文斯·隆巴迪的另一句话：“胜利不是一切，而是唯一。”不过，在生命最后几年，隆巴迪一直说，人们错误地引用了他的话，他说的是，为获胜而“付出的努力”才是一切。有趣的是，采访记录表明，他在人生的不同时期的确两个版本都说过。但随着时间的推移，他越来越相信，最重要的不是胜利本身，而是“对胜利的渴望”、“求胜的意志”或者“为获胜而付出的努力”。

在别人眼里，你的华丽制胜说不定微不足道，它们大概不会是突发新闻或者值得一个诺贝尔奖。但一场精彩华丽制胜的关键在于，它让你感觉像是往前跳了一大步，但仍是可以做到的。玩家萨姆在实现自己的第一次华丽制胜之后说：

> 坚持 6 天不使用哮喘吸入器，这听起来也许没什么大不了的。但当我选择它作为自己的华丽制胜时，我想这真的是一记远投啊。我比自己想象中更快地完成了它。我连续 6 天没使用哮喘吸入器！6 个月来，我喘息、咳嗽、吃了各种药，可如今居然只靠自己也没问题了。我感觉就像是对自己的健康有了些控制力。

萨姆发现，华丽制胜的关键好处之一是，它能够改变你对自己能力的认识。它能揭示，你对自己的生活有着比想象中更大的控制力。一旦你知道了这一点，就可以瞄准更大的华丽制胜。

为自己设计游戏化目标是一个可以依靠练习来提高的技巧。本章将教你设计游戏化目标、进行积极重评的技术，帮助你在将来安排华丽制胜。

争取可测量的胜利

让我们从一个最简单的华丽制胜的版本开始，也就是可测量的胜利。

可测量的胜利指的是一个非常明确的目标，你可以客观地跟踪进度，清楚地知道什么时候达成目标。下面有一些例子。

- 在一个星期里每天晚上睡足 8 个小时。
- 减重 5 磅（2.3 公斤）。
- 本月存钱 250 美元，为梦想之旅做准备。
- 24 小时无须服用止疼药。
- 连续 21 天，每天向不同的朋友发送一条致谢短信。
- 完成 5 公里慈善跑。
- 在一次社交活动里向 10 个人做自我介绍。

如你所见，每一种可测量的胜利都涉及一个数字。它没有出错或者主观判断的余地，你要么达成了它，要么没有。

为了对比，针对同一目标，这里有一些不可测量的版本：多睡觉、减肥、存钱、减少对止疼药的依赖、更感恩、养成跑步的习惯、在社交场合更加自信。它们会带来非常糟糕的结果。

所有这些目标都值得付出努力！但说到保持游戏心态，它们基本上没有什么用，因为它们没有建立明确的获胜条件。当你达到目标的时候，你怎么才能知道呢？你不知道，除非你有办法来测量它！

为自己创建一次可测量的胜利很简单。想一个你希望经常做的习惯或活动，或者一种你想提高的能量、一个你乐意达到的大目标。接着，选一个你觉得有趣的目标数字。所谓有趣，既是因为它具有挑战性，也是因为你无法百分之百地肯定自己能做到。围绕该数字创建目标。

记住，对华丽制胜来说必不可少的是，你无法完全确信能够实现该目标。如果你有百分之百的信心，那么它或许就是一桩任务，而非一轮华丽制胜。任务是稳步推进的，而华丽制胜应该感觉像是重大的突破，当你实现它的时候，你感觉像是发现了自己身上的某种值得惊叹的新东西。

可测量的胜利是变得超好的基石，尤其是在初期。它们帮助你应对自己最大的挑战，朝着最重要的目标迈出针对性步伐。只是你一定要从小做起，你要能完成却又不确定百分之百能做到。因为你在力争突破，所以可能会尝试不止一次。这是完全正常，也极为合乎游戏风格的。电子游戏为了帮助玩家提升技能，会不断要求玩家瞄准刚好超出其当前能力的目标，也就是玩家不会以为试一次就能达到的目标。

每当你获得一次胜利，就要把目光放到更大的目标上。这样，在你还没意识到的时候，就已经实现了真正改变你对自己能力认知的胜利。

现在，让我们用一桩任务想一想有哪些能够实现的可测量胜利吧。

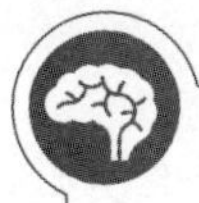

任务 41：计划一次可测量的胜利

可测量的胜利是延伸你极限、激发你额外努力的绝佳方法。你的第一个可测量的胜利会是什么样的呢？这里有一些问题，希望能启发你。

- 什么样的事情你连做 7 天会为自己真正感到自豪？
- 有没有什么事情，你希望 24 小时都不必去做？
- 你渴望达到什么样的“个人最佳”纪录？换句话说，你做某件事的“最”好成绩是什么？你能超越这个数字吗？
- 如果你正朝着一个大目标努力，比如想要存一笔钱、增加若干公斤肌肉、动笔写想写的书，那你接下来的 30 天可以实现什么样的小目标吗？
- 你觉得哪个数字够华丽？比如：为自己的孩子读 1 001 个故事，步行 800 公里，为自己拍摄 365 张肖像照。选择一个让你感觉很大、值得庆贺的数字，然后向自己发起挑战去实现它。但一定要找一个真正华丽且有简便计算方法的数字！我喜欢使用小笔记本，或是在墙上贴一张纸。

原理：可测量的胜利之所以有作用，是因为它们是你根据自己的技能以及想要培养的习惯为自己选择的目标。研究表明，自己选择目标能更快地带来更多健康和幸福。事实上，每当你实现了自己选择的目标时，你就提高了实现下一个目标的概率，哪怕下一个目标更加困难！科学家称之为积极结果的螺旋式上升，它只有当你为自己追求的目标负责的时候才会出现。[3]

怎么做：为自己列出至少一项可测量的胜利。

1.

你还没有尝试过任何一次华丽制胜，所以不妨多给自己预留几个可供挑选的项目。

小提示：如果任务里没有数字，那就无法测量！

计划突破性瞬间

不过，并非所有的胜利都带有数字。让我们来谈谈另一种喜闻乐见的华丽制胜：突破性瞬间。

突破性瞬间指的是你努力变得超好的过程中的重大积极转折点。它是一件你渴望去做、打算去做、并能展现你力量和复原力的事情。它还可以是一种展示并庆祝你对目标的承诺的方法。

在第 9 章，你读到过亚历克斯·戈德曼的华丽制胜，他遭遇骑行车祸 6 个月之后首次回到自行车上。这是一个突破性瞬间的完美例子。亚历克斯不仅要鼓起勇气再次骑行，而且身体也必须恢复到能够完成 3 英里的环公园骑行。他的展望公园骑行是生理和心理上的双重突破。

有时，突破性瞬间发生在你最不抱期待的时候，这并不会削弱它值得庆祝的价值。积极规划、生动想象你的下一个突破性瞬间有两个主要的优点。

首先，当你有意识地着手去完成某个突破性瞬间时，在确定那一瞬间你想怎么做的时候，你会反思自己的优势、价值观和目标。这种反思会带来重要的自我认知：对你来说，什么算成功？其次，牢记突破性瞬间，一次次地生动想象自己将来的成功以及成功之后的感受，这能成为你强大的动力源头。

以下是一些计划突破性瞬间的例子，来自《超好》玩家们的原话。

> 我想做个自由职业者，但在辞掉现在这份工作之前，我需要存下更多的钱，签下更多的合同。我的第一轮华丽制胜是架设了自己的官方网站。我让全世界都知道了我是谁、我具备什么样的才干。
>
> 达伦，38 岁，挑战是自我雇用

> 我的一个盟友提议，我的第一次华丽制胜应该是在 Facebook 上取消对前女友的关注，并删掉她的手机号码。老实说，我做的时候浑身发抖。但现在，我好像感觉两吨重的负担从肩膀上消失了。
>
> J. T.，25 岁，挑战是忘掉前任

> 按照计划，我走进“奶酪工厂”连锁店却没有点任何奶酪，也没有点任

何的甜食。我感觉自己拿到了一条意志力黑带。

梅丽莎，42 岁，挑战是变得健康而美丽

有些突破比另一些更加重大。有些突破要花几个星期的努力才能完成，有一些却在瞬间变成了现实。但它们都代表一种现实生活里的个人升级。每一个突破都是对力量的庆祝，表明了积极改变的承诺。

你的下一个突破性瞬间会是什么样子？让我们尝试一桩任务，把它找出来。

任务 42：寻找突破性瞬间

突破性瞬间是你《超好》之旅里的积极转折点。一旦你实现它，就可以确信，自己正在真正进步，培养强大的新优势。这里有一些问题可供头脑风暴，为你指明方向。

- 你在下个星期可以怎样向前迈一大步，表现你对目标的全情承诺?
- 是否有一件事，你因为受伤、生病或极度紧张而没法做，但你又很想获得重做它的能力? 重新完成它能否成为你的突破性瞬间?
- 有没有什么事情让你感到害怕，但按理你在未来 3 天内能够完成?
- 你能否培养一项新技能或优势，并当众向朋友或家人展示?
- 有没有什么事，你一直在拖延或回避去做，但其实又很想一劳永逸地做完它?
- 站在山顶，你有没有什么好消息想大声喊出来?
- 你能不能做一件事来纪念、铭记、庆祝过去发生在自己身上的某件重要事情或某个影响你走向超好的人?
- 你在现实生活中还能想到其他重大的升级瞬间吗? 你能不能在接下来的 90 天内完成一件事，告诉全世界或你自己：“我比你们想的要强大得多！”

原理：能够在自己的人生叙事中确认转折点，是创伤后或狂喜后成长的关键因素。[4]每一个突破性瞬间或转折点都是在帮助你讲述一个全新的故事，关于自己，也关于你所发现的强大力量。

怎么做：请在这里为自己列出一个潜在的突破性瞬间。

1.

小提示：你尚未达成任何华丽制胜，所以不妨多列一些选项供自己选择。

《超好》玩家的故事：不曾放弃的人

“我几乎认不出自己了，这真好。”两年前，梅格完成了 20 英里（32.2 公里）为饥荒筹款的步行，实现了自己的第一个突破性瞬间，然后她对盟友说了这句话。

当时，梅格 26 岁，住在波士顿郊区，在一家大公司工作，但该公司的价值观跟她不一样。“那对我来说真是一段艰难时期，”回首那段经历，她对我说，“我痛恨自己的工作，对未来的任何事都不抱希望。所以我找机会注册参加了《超好》。”

起初，梅格不知道要做些什么才算是华丽制胜。但当一位同事告诉她有一场慈善步行马上要举行，她想，这恐怕是朝着正确方向迈出步伐的绝佳机会。她或许并不觉得自己的雇主是一股行善的力量，但她自己总能做些事情让世界变得更美好。

参加慈善步行活动之前，梅格最远只走过 6 英里（9.5 公里）的路。“我的目标是尽量走得更远些，在我的双腿还没放弃，没从我身体上掉下来前，”梅格说，“我想自己大概也就能走个 10 英里（16.1 公里）吧。”

一开始，她跟着一个同事和熟人组成的小团队走，大家彼此加油鼓劲。走到 10 英里时，大多数人都觉得今天的任务完成了。不过，梅格还想继续推进。走到 12 英里时，她的最后一名队友决定回家了。“那是一天里最叫人泄气的一刻。”她说。

但她还是决定坚持走下去，尽管她小腿抽筋、膝盖疼痛，脚底还起了水泡。“走到 18 英里，我的身体酸痛得没法形容，”她回忆说，“我晒伤了，累得几乎哭出来。”她说不清到底是什么逼着自己想要忍痛走下去。部分原因是想为慈善事业多做点工作，部分原因是越来越强烈的好奇心。她真的完全低估了自己的能力吗？

强忍着疼痛和疲累，她最终迈过了波士顿公园的终点线，步履蹒跚但扬眉吐气。“我清楚地记得自己眼泪直流，尖叫出声：‘我做到了！我走完了 20 英里！我做到了！’

“哪怕到了现在，我还记得第二天上班时见到的每一张同事们同情而又惊讶的脸。任何人，包括我自己，似乎都不相信我能做到。只有我一个人走完了全程，没有半途而废。”

4 个月后，梅格写下了她对这场华丽制胜的思考，她仍然觉得那好像是一场美梦。

“那一天，我身上每一处的酸痛都让我感到强烈的喜悦。步行 20 英里？我做，是因为我能做。没有人能夺走我的能力。现在，每当习惯性信心不足再次冒头时，我都会迎头而上，而不是因为恐惧而退缩。我会显得很傻，人们会嘲笑我，消极的想法会冒头，可紧接着，我的胜利之鸟就会叫唤起来！这算什么？这可是一个走完了 20 英里的人，让他们瞧瞧！

“因为嗜睡，我仍然超重、身材走形、有哮喘，但我不再那么关心自己跟大街上其他人比较起来怎样了。那场步行吞噬了我的疑虑。现在，我面临一场挑战时，不管是身体还是情绪上的，都会认为自己有耐力、有决心、有动力成功。

“那场步行以后，生活还是充满冲突和失望。但每当我动摇、生闷气、感觉阴郁的时候，我都会抬头望着自己卧室墙上挂着的‘为饥饿步行’的完赛证书，提醒自己曾真正完成了这个不可能的任务。”

她借助这股势头在生活里做出其他改变，包括重新寻找职业道路，她希望自己每一天都能为世界做出善意的努力：“‘为饥饿步行’活动满足了我做更多好事、投入自己社群的愿望。”今天，她在波士顿做一份自豪的工作：在医疗保健监督领域做部门协调人，保证人们在最需要的时候得到必需的医疗服务。“我热爱工作时的每一分钟。”她说。

虽然梅格已经不再跟过去的坏家伙们战斗，但她还是定期完成两桩最喜欢的《超好》任务。“我每个星期还是会去挑战‘做你害怕的事’任务，每一天都要完成‘做一件让自己骄傲的事’任务。”她告诉我。她保留着这些游戏习惯，因为你永远不知道生活会朝你扔过来什么样的障碍。“不管碰上什么样的障碍，”她说，“我都要永远做超好版的自己。”

SuperBetter

做支线任务，把你的焦点稍微放得远一些

可测量的胜利和突破性瞬间能帮助你直接应对挑战，但还有一种你能达成华丽制胜的方法——做支线任务（sideways）。

过去 3 年，玩家们一直通过《超好》在线版汇报自己的华丽制胜。根据我的分析，大约有 1/4 的玩家是采用“做支线任务”方式获胜的。这个术语的灵感得自 19 世纪初期的英国哲学家约翰·斯图亚特·穆勒（John Stuart Mill），他曾说过：“我们应该从侧面接近幸福，就像螃蟹一样。”

换句话说，不是要努力变得更幸福，而是要瞄准更具体的目标，类似学习新东西、帮助他人或者运用你的创造天分做某件事情。追求有意义的目标很可能同时带来幸福这一副产物，单纯地寻找幸福反而不太容易。

类似地，要变得超好，有时候做支线任务的方法会有帮助。**先不直接解决问题，而是专注于一个跟首要挑战相关甚至看似无关的目标。**例如，非营利性组织“山巅军人”（Soldiers to Summits）带领美国士兵和退伍军人去世界最高的山峰探险。其中不少探险的目的都是以做支线任务的方式治疗创伤后应激障碍。很多参与者都感觉，完成登山这一游戏化目标，比尝试治愈创伤后遗症更能给人带来活力，也更容易测量。一趟困难的登山之旅也是实现狂喜后成长的有效途径，归根结底就是对抵抗创伤后应激障碍的症状大有帮助。

33 岁的劳拉在怀孕期间开始玩《超好》。“我想变得超好，因为我的第二个宝宝这阵子随时都可能出生，”她当时这样写道，“所有当父母的都知道，孩子出生的前 3 个月相当难熬。我想，一件能鼓励我照料好自己的事情肯定是件好事。”

但劳拉很难找到一项既具有现实性又鼓舞人心的华丽制胜。“考虑到我没法阻止时间的流逝，不管我是否能变得更强大，未来的 3 个月都是件注定要发生的事情。避免抑郁症似乎做不到，因为我有抑郁症病史。有时候，哪怕我拼尽全力，它还是会砸中我。一个幸福的家庭依赖于那些我无法控制的因素。如你所见，反正我就是找不到一项自己喜欢的华丽制胜！”

劳拉向自己的盟友求助，对一个想要多挤出些时间满足自己需求的人来说，她最终选择的目标很奇怪。她的华丽制胜是，帮助其他新妈妈。更确切地说，她决定创造

一套定制能量包，包括能够跟其他新父母分享的补充能量块、坏家伙和任务。

每当劳拉发现一种适合自己的补充能量块、辨识出一个特别棘手的坏家伙或完成一桩令人满意的任务，都会将之加入能量包。最终，她在网上公布了自己的能量包，里头有这样的补充能量块："阳光！到户外去，哪怕只是在家门口台阶上坐几分钟也好。"也有这样的任务："我感觉挺漂亮：花些时间做一件能让你感觉自己今天挺漂亮的事情。做个头发，戴上耳环或是涂上漂亮的唇彩。就算没人看见也不要紧，你知道自己很美。"

事后，劳拉回忆说："对我来说，这真是完美的华丽制胜。我全天都待在家里，睡眠不足，大脑里充斥着激素，跟成年人没有足够的互动，最糟糕的是没有什么具体的目标或项目可供努力。创建自己的能量包让我感觉自己每天都有目标，有了进步的感觉。它让我感觉有意义，因为我知道它能帮到别人。"

劳拉的故事完美地阐释了怎样寻找一个稍微崇高的目标来实现个人的幸福。你的目标不一定是要改变世界，勇夺诺贝尔奖！把你的焦点稍微放得远一些，这样能帮助你接入更真诚的动机，做能带来强烈自豪感的事情。总之，你的华丽制胜不一定非得是为自己做的事情，也可以是为别人做的事情。

让我们再来看看迪伦的经历。他 41 岁，着手变得超好时，他的目标很多，包括吃得更健康、让身材更匀称以及减肥。迪伦本可以选择很多显而易见的可测量的胜利，但他厌倦了计算卡路里和锻炼时间。所以几个星期后，他决定通过一个非常有创意的方法重新设计自己的挑战。"我要变得超好，这样才能更称职地养好我的狗。"他感觉，动起来、获得更多精力、身体更健康，最终不光对自己有益，而且对他 6 岁的老狗科迪也有益，因为科迪喜欢玩，喜欢走远路。

但该怎么衡量自己成功地让狗狗变得更快乐了呢？一位来自网络论坛的盟友启发迪伦想到了以下点子：更频繁地庆祝狗狗的生日。这位盟友说："我自己心爱的狗 5 月份去世了，直到那时，我才想起，我应该为她过更多次生日才对。狗的一年相当于人的 1/7，也就是说，它们每隔 52 天就该过一次生日。给狗狗过生日意味着，你在这一天做各种它喜欢的事情：散步、扔玩具骨头、玩耍。和普通的生日庆祝方式一样，这也是一种有关死亡的方式：珍惜眼前拥有的一切。"

就这样，迪伦明白了自己的第一场华丽制胜应该是什么了，即每隔 52 天为科迪庆祝生日，庆祝内容包括长时间散步和各种游戏互动。“我如释重负，”选择新的华丽制胜后，他说，“我感觉这下能成功了，我不再觉得这是一个缓慢、失败的过程。”

迪伦的选择表明了做支线任务的一点主要好处：支线任务的目标往往更为宽容。和很多难以实现健康目标的人一样，迪伦过去总是为了没迅速达到目标而谴责自己。每一场挫折都成了自我怀疑的由头。把焦点放在一件如此快乐但不跟自己健康挑战直接相关的事情上，让他放下了自我怀疑、消极思考的包袱，也让他缓慢、稳定地减掉了一些额外的体重。而且，迪伦所庆祝的华丽制胜并不是自己最终减少的 13.6 公斤体重，他真正胜利的标志时刻是狗狗科迪的第 7 个生日。

劳拉和迪伦都得益于追求一开始看上去不那么显而易见的华丽制胜。

你是否应该考虑选择这一违背直觉的路线呢？以下是玩家们选择华丽制胜时最常见的一些障碍。如果你在思考时也碰到了这类路障，偷偷做支线任务或许更适合你。

你的目标无法激励你。“我决定自己的第一轮华丽制胜是每星期锻炼 5 次，坚持一个月。但我怎么也没法为这个兴奋起来，它感觉像是我应该做的事，却不像是我想要做的事。”

目标的实现取决于太多你无法控制的因素。“我很想说，我的华丽制胜是找到亲密爱人、组建家庭。但我知道这不是我能控制的事情。我没法让那个人神奇地出现，然后爱上我。那么在此期间，我应该做些什么来制胜呢？”

你的目标根本不可能实现，而且你不知道要去哪里再找一个目标。“现实情况是，我的症状不会消失，而且会随着时间的推移愈发恶化，”一位患有肌萎缩性侧索硬化的玩家说，“但我并不想放弃，绝对不想！但它确实让我很难找到合适的华丽制胜，因为我的病不可能治好。”

你没有目标，你想不出任何能让你感到快乐或成功的事情。用一位玩家的话来说就是：“我的问题是，我想不出任何事情，哪怕是一件小事，能让我快乐起来。”这个问题惊人地常见。抑郁症、焦虑症、创伤后应激障碍、创伤性脑损伤、慢性疼痛和许多其他疾病在神经化学的层面上令患者难以期待未来积极的结果。[5] 多巴胺失衡往往是罪魁祸首。如果你的情况是这样，你并不是一个人。但你要知道，哪怕你暂时无法为自己想象出华丽制胜，你仍然能够实现它。试试下面的任务 43，或向盟友寻求建议。

从支线任务切入挑战能帮你绕过上述障碍，比你想象中更快地实现华丽制胜。你不必选择直接解决问题这样的目标，不妨先找一件有意思、对你具有吸引力的事情。

让我们现在就着手完成下一桩任务，试试做支线任务吧！

任务 43：支线偷袭

做支线任务制胜的规则很简单。你只要想一个目标，它能激发你的喜悦、好奇、目的或意义感的火花。目标可大可小、可严肃可搞笑，只要追求它听起来有趣，就是了不起的华丽制胜。

这里有一些问题可供你参考，帮你更快找到更快乐、更健康、更勇敢的自己。忘了你的直接目标，片刻就好。如果你对以下问题的答案跟你选择的挑战毫无关系（至少表面看来），也完全没问题！

- 在你的想象中，从现在开始的未来 30 天，你能做的最开心的事情是什么？不管是什么，宣布这就是你的第一场华丽制胜。快去动手做计划，推进它！
- 有什么活动你一直想尝试，但总觉得没时间？选择一定量的时间，在未来 90 天里去做它。只要你在这件事上花了那么多时间，就算获胜。
- 你有什么看重的慈善事业或慈善机构？在未来 90 天里，选择一种方式来表示支持，筹集资金、做若干小时的志愿工作等都可以。
- 你能够以怎样的方式有创意地表达自己？制作一段视频、写一首歌、自己出版一本书、创建一套照片库、雕塑某种东西、画一幅壁画、写一首史诗或者以其他形式分享你的愿景，让人们听到你的声音。
- 你想去哪个从没去过的地方？安排一趟旅行，或是到本地的某个新地方冒险。这是一种很好的办法，能激励你偷偷去做各种有价值的事情，比如塑形、存钱、为家人朋友挤出更多时间、完成你一直拖延的事情，或者只是在很难起床时从床上爬起来。

- 你打从心眼儿里关心的人是谁？为这个人做一些特别的事情，比如为他办一场答谢聚会。邀请所有的客人为嘉宾写一封感谢信或采用其他感谢方式，你可以在网上开线上答谢会，也可以在线下开。
- 未来 6 个月，你能学习什么样的新技能？制订一套学习计划，接着选择一种大张旗鼓地炫耀技能的方式。这次表演就是你的华丽制胜。
- 有什么挑战你一直想尝试吗？不管是跑马拉松，还是报名参加网上课程，试试看，来个最终的定论吧！
- 有什么经验教训是你亲自体验过并可以教给他人的呢？把你的智慧和专业知识传递出去，分享给别人，使之真正受益。它可以是任何能够分享知识的事情，比如在维基百科上就你所关注的主题编辑 20 篇文章、做职场指导、创办一个博客或播客、在本地学校做志愿者、自己出版一本自救小册子或者教一群人怎样变得超好！

原理：人们追求符合自己核心价值观的目标时，会投入更多的精力，实现这些目标的可能性也就更大。而且，一旦他们完成了这些目标，会收获更大的益处，即持续更久、更强烈的幸福和个人满足感。[6] 做支线任务有助于你关注自己的核心价值观，不是那些你认为自己应该去做的事情，而是那些你真正想做的事情。

怎么做：在这里至少列出一个出其不意的华丽制胜的点子。

1.

小提示：你还没有体验过华丽制胜，所以多列几个选项，给自己更大的挑选余地吧。

就算你决定先来上一轮可测量的胜利或突破性瞬间，也不妨记住这种做支线任务的方法，以备不时之需！

《超好》玩家的故事：从支线智取的大师

你永远不知道华丽制胜能把你带到什么地方去。安德鲁·约翰斯顿就是个活生生的例子，他 45 岁，是 3 个孩子的父亲。

5 年前，他跌到了人生的谷底。原本是招聘主管的他遭到裁员，尽管手里握着 MBA 学位，但每天搜索数个小时，仍然找不到工作。他努力了一年都毫无结果，家里的积蓄用光了，位于丹佛郊区的房子也快要被银行收回了。

不管怎么努力，安德鲁似乎事事都在撞南墙。他必须找件事情实现成功才行。所以，在这段艰难时期中，他开始每天花几个小时做自己过去曾经很擅长的一件事：跑步。

安德鲁过去是一位经验丰富的马拉松选手，他重新拾起了这个爱好，而且带着更强烈的意愿。“我把所有精力都投入进去了。我用尽全力冲向极端。”他告诉我。他跑得更快、更久，并开始参加本地的比赛。他征服了艰苦的山区地形，在海拔一路攀升数千英尺的条件下跑步。他完成了超级马拉松，跑了至少 80 公里。哪怕还在挣扎着寻找工作，他还是实现了为自己设定的每一个跑步目标。

这是一个悖论。跑步的时候，安德鲁能够分外清晰地看到自己的优势：守信、有决心、按计划行事以及有毅力。从他 10 多年的招聘及财务管理工作经验中，他知道在商业世界，这些性格是成功的关键。那么，在他自己的生活里，它们为什么就不能转化成更好的职场复原力呢？

终于，他总算松了口气，他在当地的社区大学教起了商业课程。此后不久，他有所顿悟。或许，表面上看起来，跑步只是为了打发漫长的失业期，其实却是事业的突破口。

安德鲁找到学院院长，提议开一门不同寻常的课程：利用长跑培养商业成功所需的技能。他称之为“通过挑战改变”，最疯狂的是，期末考试是一场 42.195 公里的全程马拉松。

安德鲁费了些口舌，说服了院长。课程立刻报满了名，而且更具挑战性的是，几乎所有学生都是跑步新人。在为期 16 周的课程中，他们要阅读商业书籍，每星期一起做两轮跑步训练。课程中的每名学员至少完成了一次赛跑，70% 的人还成功地完成了全程马拉松。其他到了期末身体状况还不够完成全程马拉松的人，可以选择 10 公里跑或者半程马拉松作为“期末考试”。

这门课一开始以实验的形式推出，目前取得了空前的成功。迄今为止，安德鲁已经教授了 3 个学期的“通过挑战改变”课。他自豪地告诉我，在整个科罗拉多州的社区学院体系中，这堂课已正式获批为可计学分的商业课程。今年，该项目打算拓展到丹佛高中。与此同时，他的创新并未无声无息地遭到忽视。自这一课程开办以来，他已晋升为教学副院长。

安德鲁认为，在那段艰难时期，他在跑步中所取得的每一次胜利都提升了他的信心和决心，给了他继续寻求事业胜利的优势。他认为，如果没有运动上的胜利，自己恐怕不会有足够的乐观精神和创造力去开办一堂以马拉松为基础的商业课程。

今天，安德鲁把自己华丽制胜的理念带进教室，“超好”法也成了正式课程的一部分。“没有一个人上第一堂课时认为自己能完成一场马拉松，”他告诉我，“他们看到训练日程表，全都吓坏了。那些数字看起来根本不现实，但其实他们只是无法想象自己能成功。”安德鲁说，对大部分学生来说，一旦实现了自己的第一个突破性瞬间，信心就升腾起来。“大多数学生的真正转折点是跑完 8 公里。这个距离比他们一辈子跑过的路程都要长。突然之间，他们说：‘我以前从来没完成过，可现在居然做到了。’他们好像一下子开了窍。一个原本看起来不可能实现的目标现在似乎能做到了。它改变了他们的整个思维定势：通过短短几个星期的训练，还有什么别的看起来做不到的事也有可能做到呢？他们变得好奇，想一探究竟。”

这种好奇心是追求华丽制胜的典型体验。正如安德鲁的旅程所揭示的，实现个人突破的努力哪怕看似跟你最迫切的挑战没有关系，也能够引领你走向最美妙、最意想不到的结果。

“我几乎失去了一切，”安德鲁说，“但是看看它带来的结果，我找到了一辈子最有意义的工作。我从没有过这样的期待，但现在我知道了，一件看起来十分可怕的东西说不定是天赐良机。”

SuperBetter

不妨考虑在身体上做文章

与本章介绍的许多华丽制胜一样，安德鲁的华丽制胜涉及身体上的胜利，本质上是体育运动，比如步行、骑行、跑步、登山、当众跳舞。这些故事并不是我特意选择的，如果你搜索《超好》数据库里来自 40 多万玩家的华丽制胜，就会发现 10 个最常出现的动词里有 4 个分别是：步行、跑步、锻炼和跳舞。其他最常见的华丽制胜动词包括完成、发现和创造。

更叫人惊讶的是，这些运动在你能想象得到的所有挑战里都很常见，而不仅是健身或减肥挑战。不管人们面对的障碍是克服抑郁或焦虑、从脑震荡中恢复、应对糖尿病或创伤后应激障碍、做个更好的家长、寻找伴侣，还是寻找新工作，体育运动的华丽制胜都极受欢迎。

为什么会这样呢？根据我听到的故事和见到的数据，我不得不说，运动型胜利构成了最激励人心、最引人注目的华丽制胜，也就是说，如果你还拿不定主意去争取什么样的华丽制胜，挑选跟步行、跑步、游泳、骑行或跳舞相关的目标准没错。原因如下：

体育运动是一种公认的心情提升器，对几乎所有的挑战都有帮助。锻炼还是治疗抑郁症最有效的方法之一，抑郁症是阻碍你实现非运动目标的常见障碍。[7]

运动改变了你对疼痛的感知，让你更加坚强，降低了你对疼痛刺激的敏感度。科学家说，这是因为锻炼对你的身体施加了带有痛感的物理压力，你锻炼得越多，大脑对疼痛信号的阐释就越“正常”，故此减少了对疼痛的关注。[8] 对身体疼痛的迟钝感知是一种生理复原力，有助于你在生活的各个领域感觉更强大。

运动目标通常需要你对训练给出承诺，这培养了你的意志力和决心，而这两项优势能在所有挑战中让你受益。

完成一场慈善步行、跑完 5 公里、完成瑜伽训练营、在一种新的格斗术中得到第一个段位、参加筹款舞蹈表演，这些都是运动型华丽制胜。它们还能为你的社交复原力带来巨大的提升，让你和更大的社群建立连接。如果你的朋友、家人或同事跟你一起参加这些活动，其实这是常有的事，就会更好地提升你的社交优势！

最后，运动型胜利大多具有内在的意义和目的，因为很多步行、跑步和体育活动都是为了募捐、打响慈善事业认知度而组织的。更强的意义和目的意味着更多的动力以及更多的感恩、同情、灵性连接、敬畏和惊奇等积极情绪。

出于上述种种原因，当你走到《超好》之旅的某个地方时，或许会发现，一个身体活动方面的巨大目标正是你想要追求的那种胜利。哪怕你并不以塑形或减肥为目标，追求运动方面的突破也会带给你心理、情绪、社交和生理优势，而它们又会让运动型胜利成为你最渴望实现的变革性胜利。

带着游戏心态争取华丽制胜的其他小技巧

你大概已经为自己构想出若干种华丽制胜了吧。现在是时候把你第一个想实现的找出来了。

我建议你给自己一个机会，快速地实现第一轮华丽制胜，哪怕不在下个星期，至少也得在下个月之内。

当你思考首先想要实现哪一种华丽制胜的时候，不妨先看看我们的“华丽制胜可能性量表”。每当你下定决心实现新的胜利，可以花上 30 秒用一用这个工具。来，在下一桩任务里试试看！

任务 44：华丽制胜可能性量表

你是否已经选择了一个明智的华丽制胜？这里有一种测试它的方法。

怎么做： 按照以下可能性分值评估你即将进行的华丽制胜！你需要怎样做才能实现华丽制胜呢？

0——你可以不费吹灰之力，在接下来的一小时里实现你的华丽制胜。

1——你能在任何一天里做到它。

2——给它一个星期，你至少有五成的机会实现。

3——它要花几个星期，还需要巨大的努力。

4——如果你如英雄般付出努力，就能在 30 天里完成它。

5——6 个星期应该能做好。

6——在几个月内切实遵守承诺，你就能实现。

7——可能需要半年，但很值得。

8——依靠英雄般的全神贯注，再加上来自你生活里最重要的人的一些帮助，你能够用一年来实现它。

9——如果你够诚实，描述你如何实现这个目标就需要相当狂野的想象力。

10——如果能拿下这样的华丽制胜，你就能赢下诺贝尔奖了，甚至是两项诺贝尔奖。

记分：

0 ~ 1 分：再想得宏大一些！你比自己想的更强大。

2 ~ 5 分：恭喜！你的第一轮华丽制胜正好在靶子上。

6 ~ 8 分：你想到了非常了不起的华丽制胜，你超级有野心！这里有一个保持游戏心态的小窍门：如果你为自己仍然远离目标感到沮丧，就把它分拆成两次或三次较小的华丽制胜（在 2 ~ 5 分范围内），一次一个地解决。

9 ~ 10 分：无所畏惧很好，但如果你瞄准 2 ~ 8 分范围内的事情，变得超好的过程会更有趣。谁知道呢？若干次较小的华丽制胜累积起来或许能增加你实现自己大胆目标的可能性！

小提示：现在，你已经掌握了窍门，每当你朝着新的华丽制胜出发时，就把这套量表用起来。大胆想象自己实现 9 ~ 10 分的胜利，不过，不妨先用能更快速实现的目标练练手。

最后，还有一些小技巧能帮你实现带着游戏心态追求华丽制胜。

把你打算追求的华丽制胜告诉盟友。对目标的当众承诺能提高你的实现概率。[9]

带着开放的心，多试几次。如果你能坦然接受第一次失败，就能实现更大的胜利。想象一下，如果我们只玩特别容易、一定能赢的游戏，那该多么无聊啊。35 年来，人们对设定目标所做的研究表明，难度越大的目标越能激励人付出努力，前提是目标没有过度超出人的控制或能力范围。[10]

只追求对你来说真正重要的胜利。这是一条最重要的规则。获得个人的成长、成功和幸福的关键不在于你有多少动力，而是你有什么样的动机。如果你的主要动机是为了取悦别人或满足一些外在的标准，哪怕你达到了目标，也不会特别开心。但如果你追求的目标来自个人的选择，不管你能否实现，都可能会变得更快乐、更健康。而且，当你追求自己选择的目标时，你很可能会成功。[11] 你只要记住，华丽制胜，是你对自己希望有能力做到什么事情的自豪宣言。

解锁技能：怎样实现华丽制胜

- 华丽制胜指的是一个游戏化目标：现实且具有挑战性，充满活力但又容许犯错。你追求的每一轮华丽制胜，都应至少能唤起你的些许好奇心和求知欲：我真的能做到它吗？
- 争取可测量的胜利是延伸能力、实现飞跃的最简单方式。选择一项你想实现的改变，设定一个数字。
- 为突破性瞬间做计划。想象一下你可以采取什么样的行动来展示你变强大的承诺。
- 你也可以通过做支线任务来取得成功，选择一种看似与你的直接挑战没有关系的华丽制胜，随意选择一个能真正激励你的目标。如果你很难找到一个真正为之感到兴奋、乐观的目标，这就是很合适的策略。
- 不管你的挑战是什么，在接下来的华丽制胜里不妨考虑在身体上做文章。在《超好》历史上，运动型胜利实现了一些最有意义的转变。
- 要坚持和盟友分享、庆贺自己的胜利。无论你的胜利在别人眼里多么平凡，都要大谈特谈，就好像你攀上的是珠穆朗玛峰。庆祝积极的成就是走向狂喜后或创伤后成长的关键步骤。

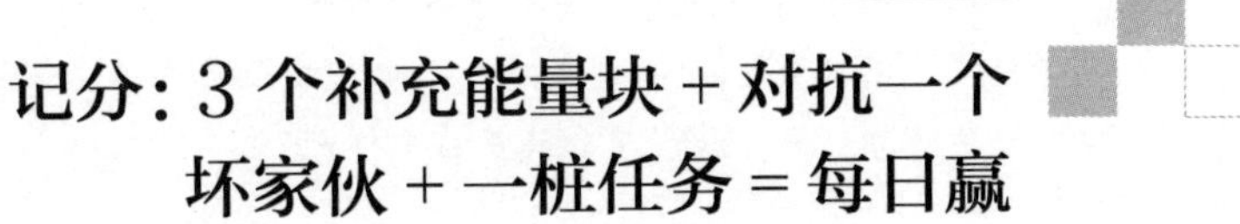

第 12 章

记分：3 个补充能量块 + 对抗一个坏家伙 + 一桩任务 = 每日赢

在数字化时代，记分的艺术不常被用到。今天，大多数游戏都会自动记分。保龄球馆用电脑统计分数，在线拼字游戏会为你统计单词得分，电子游戏会主动跟踪你的经验值和级别，你自己完全不用费功夫。

但在变得超好的过程中，你或许想要记录自己在特别定制的游戏中的得分。记下自己的分数是将游戏规则内化于心的最佳方式，能让你对自己的游戏进度获得更深刻的理解。

只要人类还玩游戏，记分就始终都有这样的作用。事实上，我最喜欢的一篇支持个人记分的文章写于 100 多年前，发表在 1914 年的《棒球杂志》（*Baseball Magazine*）上。《记分的乐趣和好处》（*The Pleasure and Profit of Keeping Score*）是一篇社论，鼓励球迷观看职业比赛期间自己填写记分卡。它认为，跟踪每一次得分、击球和失误能更好地理解、记忆和享受比赛。体育记者斯塔克（C. P. Stack）这样论证道：

> 大多数观众饶有兴致地观看精彩的比赛，可不管比赛多么紧张激烈，到了下一局，它就被遗忘了。观众们度过了一个相当愉快的下午，离开了赛场，

可只能靠着阅读几个小时之后的新闻报道，才勉强回忆得起来比赛的重要场面。记分弥补了这样的遗憾，它把比赛铭刻到了人的记忆里，它极大地提高了观众对比赛的认识……最重要的一点是，它本身就令人愉悦。记住一些简单的规则并练习，记分就成了你的第二天性。[1]

这一建议适用于当时的棒球比赛，也适合今天的“超好”法。对自己的游戏化努力记分，尤其是在上手玩游戏的最初几天和几个星期里这么做，能让你更深刻地认识切入游戏心态的 7 条规则。在你人生最重要的挑战和成长时期记分，你能更清楚地记住自己到底做了什么才变得更强大，从而令你在未来有更大可能性再次成功。

在《超好》里记分有很多方法。你可以统计自己激活了多少个补充能量块，对抗了多少个坏家伙，数一数完成了多少桩任务，取得了多少次华丽制胜，然后用这些数字来激励自己。你能创下新纪录吗？比如，一天之内激活 10 个补充能量块！你最长的连续得分是什么样的？比如，连续 30 天，每天至少完成一桩任务！用笔记本、日志、电子表格或者博客来跟踪这些胜利是很简单的办法。

除了这些简单的计算，记分中还有更深的内涵。带着游戏心态生活的真正标志是你日渐增长的复原力，即生理、心理、情绪和社交方面的优势。那么，你该怎样知道自己的复原力有了真正的提高呢？本章，我会推荐一些简单的记分技术，帮助你测量用游戏心态思考和行动为你生活带来的重大影响，包括怎样设定一个新的高分以及用简单的数字代表你的游戏技巧和新获得的复原力。分数越高，你就越可能过上忠于你梦想的生活，变得更快乐、更健康、更勇敢，而且没有遗憾。

试着赢下这一天

让我们从跟踪《超好》进度最简单的方法开始，即记录每日分数。一位《超好》玩家说过:“华丽制胜或许很遥远，但你每天都赢却很简单。”你只要关注每天的《超好》配方就行了。

3 个补充能量块＋对抗一个坏家伙＋一桩任务＝每日赢

这一《超好》配方经过了宾夕法尼亚大学和俄亥俄州立大学韦克斯纳医学中心的检测，我向所有的《超好》玩家都推荐了它。每天试着激活至少 3 个补充能量块，对抗至少一个坏家伙，至少完成一桩任务，这一组游戏心态活动有助于你培养强大的复原力，同时又能轻松地纳入你的日常生活之中。

有些玩家把每日配方录入了自己的固定待办事项清单。你只需添上“补充能量块 1、补充能量块 2、补充能量块 3，战斗，任务”，每完成一项就划掉一项。

另一些玩家会写《超好》冒险日志，以便回头看自己走了多远。如果你想试一试，每日配方是一种很适用于日志录入的结构，写下你每天激活了哪 3 个补充能量块，抗击了哪个坏家伙以及你所采用的策略，完成了什么样的任务。每日配方的格式能让你快速、方便地记录你的游戏之旅。

记录每天的得分能帮助你在累积“每日赢”的过程中，建立起往前推进的感觉。你一个星期里能实现 4 次、5 次、6 次甚至 7 次胜利吗？七连胜真是个完美的分数！

每天记分还有助于你从自己的《超好》习惯中了解一些有用的信息。一位玩家曾向我解释：“我注意到，我不曾在星期天获得过‘每日赢’。尽管这一天全是空闲时间，可我什么也不做。”觉察到这一模式帮助他采用了一套全新的策略。“我正式宣布，所有的星期天都是‘超级星期天’。我会让它成为一场获取‘每日赢’的特殊挑战。”

我向你推荐以下做法：连续两个星期跟踪你的每日配方。一旦你试过，当你需要的时候就能再次运用这一记分方法，比如你正面临新的挑战、正在经历关键时刻或者只是想更新你的《超好》承诺。

3 个补充能量块、一次战斗、一桩任务，为了确保你不断变得更强大、更快乐、更勇敢、更有复原力，这就是你今天需要做的事情。

争取创造个人纪录

还有一种向前推进、获得洞见的简单方法，那就是争取创造个人纪录。个人纪录指的是，你应对特定挑战时所得的历史最好成绩。运动员和各种游戏玩家都会跟踪自己的个人纪录，比如跑过的最远里程、一场比赛里助攻的最多次数、下象棋取胜所用的最少步数或者游戏通关的最短时间。创造这样的个人纪录能激励你更努力地尝试，更有进取心，更富创造性。这是在游戏中探索你潜力极限的绝佳方式。

等你掌握了每日记分的诀窍之后，我建议你创造一两个自己的《超好》个人纪录，以下是一些帮你入手的点子。

- **最强力的一小时：在一个小时里，你能激活多少个不同的补充能量块？**[①]
- **最强力的一天：你在一天之内能够激活多少个不同的补充能量块？**
- **战斗最惨烈的一天：你在一天里最多遭遇过多少个坏家伙？这可能是个真正可怕的日子，但它也表明，熬过了这一天的你有多么强大。**
- **最长的“每日赢”连胜：你曾连续多少天圆满完成了《超好》的每日配方？**

你也可以追求最契合你挑战的个性化个人纪录。例如，如果你的挑战是要完成自己的第一部小说，你或许希望创造一项个人纪录，连续多少天每天都写至少 100 字。如果你的挑战是改善体形，你的个人纪录或许是一天最多走了多少步，这可以用计步器来帮忙测量。如果你的挑战是要克服焦虑，你就可以创造一项个人纪录：你在某个通常会让你焦虑的地方最长待了多久，或者最长用了多长时间去做一件一般会让你感到焦虑的事情。找一些你能够跟踪和测量的小事情，让它们成为你进步的真正指标。而且，个人纪录也可以构成绝妙的华丽制胜。

如果你觉得这些记分技术太简单，不足以给你的生活带来重大转变，那么我想用一个例子来说明记分将给人的行为带来何其惊人而深刻的转变。这个例子来自我自己的《超好》之旅。

《超好》玩家的故事：154 个好日子

回到 2010 年，陷入脑震荡后综合征已经半年了，我仍然每天都在偏头痛上挣扎。它痛得我几乎天天都要服用最大安全剂量的止疼药，有时甚至一天内服用 3 种不同的止疼药。我知道，在某些方面，我有了好转，比如我终于能够清晰地思考了，可以连续几个小时工作了。但我白天还是有很长时间要卧床休息，头痛得恶心，处于半失明状态。我感觉远远没有恢复正常。

我并没有抱着不切实际的期望。但我需要拥有希望，不能每天都感觉过得很糟糕。那么，怎样的情况对我来说就算够好了呢？我认为，就算我一个星期只能过

① 据我所知，最强力的一小时的世界纪录是一小时里激活了 23 种不同的补充能量块。随便试试看吧，说不定你能打破这个纪录呢。在我看来，这需要大量的精心构思，外加一两个盟友的帮助！

两天好日子，也就是说，在这两天里，我的头痛不太剧烈，完全不需要我服用止疼药，我就很开心了。我可以忍受一个星期过 5 天糟糕的日子，只要我知道能过上两天好日子。

但当时，我真的不知道能过上多少个好日子。所有日子都模模糊糊地融合在一起，漫长、可怕、糟糕，一个星期，接着是一个月。所以 2010 年 1 月 1 日，我开始记分。我在床边贴了一张 A4 大的白纸，开始统计。每天晚上睡觉之前，如果我没有服用止疼药，就给自己打一个钩。我希望到了年底，我能打上 100 个钩。

接下来的几个星期有得有失。第一个星期，我只有一天好日子，但第二个星期我有两天。第 3 个星期，一天好日子也没有，第 4 个星期却有 3 天！

光是记录得分就为我带来了十分有趣的效果。如果哪一天出现剧烈的偏头痛，我并不会陷入消沉和绝望，我看着床边越来越长的得分单，暗暗说："瞧瞧，你已经过了这么多个好日子。从统计上看，你将会感觉好些的，不是明天，就是后天。疼痛不会永远持续下去的，坚持下去。"我记录的分数成了让我对未来保持希望的客观证据。

我还开始渴望着在一天结束时也打上钩。我希望带着成就感和自豪感给得分单上再打一个钩。偏头痛袭来时，我不是立刻伸手去拿药，而是在黑暗里躺一个小时，等着它能够自然消失，希望自己能为这一天多赚回一个钩。有时候，让我感到特别惊喜的是，它真的会消失！这对我有所启示。头痛有时候会自己缓解。如果不是因为我想要提升得分的额外动力，我说不定永远没机会意识到，偏头痛不服药也能消失呢。

不久，我的分数不再只是对行为的客观记录了，它激发了更健康、更有力的新行为。我开始练习"强力呼吸"技术，即呼气时间是吸气时间的两倍，然后用它代替冥思，作为对付头痛的第一反应。它有时管用，有时没用。管用的时候，我觉得自己很强。但就算我仍然决定服用止痛药，结果还是积极的：我在服药前忍了那么久，所以当天所服用的剂量往往要小得多。这触发了一个良性循环。我不仅开始打更多的钩，数出更多的好日子，而且服药效果也变得更好了。因为药吃得少，药物耐受性也降低了。

这让我对自己的好转有了更多信心，而新获得的信心让我把更多时间花在外面的世界上，而不是躺在床上。这样一来，螺旋式上升继续推进：我投入世界的时间越多，我对偏头痛的关注就越少。事实证明，活跃和忙碌能减少痛感！[2] 痛感减少意味着，我累积了更多的好日子，得到了更高的分数。得分越高意味着更多的信心和更多的日常活动。整个良性循环完全是通过记分这一简单的活动拉开序幕的。

到当年年底，我打了 154 个钩，平均一个星期有 3 天好日子。我得到了一个超过先前想象的分数，我的高分反映出一个事实：我对自己的生活有了更强的控制力。

这时候，我停止了记分。我已经不再需要客观的尺度来告诉自己在好转了。我对自己的健康有了足够强的信心，我能够享受生活、做重要的工作、为家人出力了。

在理想状况下，记分对你也应该发挥同样的作用。它不是一个你必须永远保持下去的习惯，但请坚持记分，直到你将渴望的进步和成就感内化于心，直到你实现了真正的成长。

SuperBetter

寻找机会，提升你的优势得分

现在，你手头已经有了一些基本的记分方法，让我们再来聊几种更有创意的选择。

“超好”法的招牌益处之一就是培养起对自己的个人优势和能力更清醒的认识。但愿行文至此，你已经觉得更加靠近自己的英雄品质了。

在前进的过程中，你可能发现，亲友们同样能够看到你的优势在提升，事实上，他们甚至能比你看得更清楚！尤其是在极度紧张的时候，你说不定需要有个外部视角来观察自己做得对不对。如果你十分谦虚或经常自我怀疑，那就尤其需要了。这就是为什么我建议你考虑招募盟友来帮忙跟踪自己的英雄品质的原因。

首先，还记得你在任务 36 里确认的 5 种英雄品质清单吗？不管清单里包括什么，是热爱学习、灵性、创造力、公平还是热爱冒险，总之你都要尽量提升它们的等级。在电子游戏里，练级的意思是，一分一分地提升你的品格优势，直到你达到特定的分数，同时获得新的力量和机会。

接下来，如果你还没有跟任何人分享自己的优势清单，请现在动手，因为你需要有人奖励你优势得分！挑选至少一位值得信任的盟友，跟他们分享你的 5 大优势。

从现在起，你的得分任务结束了。你只需要专心地在日常生活里应用优势就好。而你盟友的任务则是寻找机会，提升你的优势得分作为奖励。

当我是震荡猎人简的时候，我丈夫和我用笔记本写下了我的 5 大优势，包括创造力、热爱学习、决心等。每天晚上，我们一起核对这一天的进度时，他就拿出笔记本，给我的成绩打分。

- 创造力 + 5：制作了一段 YouTube 视频，用来解释你为什么设计了一款游戏来治愈脑震荡。
- 热爱学习 + 10：用 15 分钟头脑清醒的时间找到了一篇怎样治疗脑震荡后综合征的科学论文。
- 决心 + 20：尽管你感到头晕目眩，仍然坚持去诊所复诊。

实际分数并不那么重要，加 500 还是 0.00001，随你喜欢。对你真正有帮助的是，一个你重视的人看到了你的坚强而非软弱。而且坦白说，有人对你道喜的感觉很好。

31 岁的杰斯是一位营销主管，在多次住院和手术期间玩了《超好》。他说：

> 从盟友那里领取奖励点数，提升了我的成就感。每个星期看病几百万次会让我感到无比沮丧和压抑，我觉得自己毫无进展。积分制度给我带来了帮助，让我把每一次就诊、每一个小时的工作、每一堆要洗的衣服，都看成我理应为之自豪的成就。我无法客观地评价自己的情况。这时候，有个人跑来说："伙计，这真的很棒，我想你应该为此获得 10 分的勇气加分。"这让我对自己的成就有了更清楚的认识。

一定要选择一个有许多机会见证你展现优势的盟友，比如他们跟你住在一起、能够每天跟你见面或你们经常聊天。

虽然请求别人给你这样明确的正向反馈，可能会让你觉得有点难为情，但我们问过《超好》盟友最喜欢为自己的英雄做哪一种活动，大多数人都把赠送点数作为自己第二喜欢的活动，排名第一的活动是发送鼓励和支持信息。请记住，关心你的人渴望做具体的事情来帮助你、支持你。你请他们送给你优势点数，也是给了他们帮助你、影响你的机会。这是双赢。

现在，让我们来看看具体的操作。你可以用口头方式、电子邮件或文本短信来收集盟友的点数。如果你向公众公开自己的《超好》之旅，就可以从读者或观众写在你照片、视频、博客或其他社交媒体上的评论里收集点数。如果有人告诉你，你在他们心中很了不起，你可别害羞！

如果你想正式记录分数，就可以用笔记本或者电子表格把点数加起来。如果你懒得动手，也可以把每一个“+ 1”视为击掌庆贺。有一半的玩家都是这么做的。如果你把历来所得的点数加起来，达到重要里程碑的时候，比如好奇心+ 50或勇气+ 100，就不妨给自己一些奖励。

升级点数不一定很复杂，甚至不一定是个特别正式的练习。我的建议是：至少请一位盟友在一两个星期内奖励你优势点数。过了这段时期，就可以不必做得太正式了。+ 1可以作为你们彼此间表示祝贺、鼓励的缩写。加分的对象不必限制在前述24种招牌性格优势当中，你可以找出自己想要的任何积极品质。只要你觉得盟友足够强大，或是他们自己也有挑战要去面对，那就主动给他们+ 1吧！你会发现，寻找别人的优势是一种非常有意义的做法，你可以借此向他们表示关心，更好地理解他们。

完成调查问卷，跟踪提升进度

还有一种你或许想要跟踪的记分方法：使用“量表”。量表是一种测量工具表，专门用来测量具体的心理特征或体验，如乐观、焦虑、勇气、抑郁或生活满意度。量表大多经过严格的科学检验，以确保其能有效地测量它们声称要测量的东西。

在本书中，你已经使用过多个经科学验证的非正式量表来测量自己的心理优势，比如你在压力下采用挑战心态的能力（第5章）、你向目标采取带承诺的行动的意愿（第8章）。宾夕法尼亚大学和俄亥俄州立大学韦克斯纳医学中心的研究人员就采用类似的量表来判断玩《超好》的效果。通过这些量表，研究人员发现，连续玩6个星期的《超好》能明显降低抑郁和焦虑，大幅提升自我效能感和生活满意度。

当你带着挑战心态应对挑战、培养个人优势时，你或许希望能使用同样强大的测量工具。通常除了科学刊物，外界不容易接触到经过最严格检验的量表。但为了帮你获得这些重要资源，我收集了对你展开《超好》之旅可能最有用的量表，你可以访问Areyougameful.com网站免费取用。以下是我收集的部分量表。

- 乐观精神测试；
- 生命的意义问卷；

- 感恩调查；
- 亲密关系问卷；
- 幸福问卷；
- 与健康相关的生活质量问卷；
- 活着的理由量表。

宾夕法尼亚大学和俄亥俄州立大学韦克斯纳医学中心的研究人员用来研究《超好》效果的 5 种问卷分别是：

- 流行病学研究中心抑郁症量表；
- 一般性焦虑障碍量表；
- 新版一般性自我效能感量表；
- 生活满意度量表；
- 社会支持感知量表。

随着你游戏进度的推进，你可以自行决定想要跟踪哪些个性或体验。如果你碰到一个特殊问题，如抑郁症、焦虑症或者创伤后应激障碍，测量这些具体症状的量表可以帮助你更客观地评价自己是否有所改善。如果你想提升好奇心或者勇气等品格优势，在过程中周期性地完成问卷能表明你具体有了多大的进步。

我鼓励大家完成一份特殊的量表：游戏优势量表（Gameful Strengths Inventory）。这是我在加州大学伯克利分校及斯坦福大学科学顾问的协助下设计的量表，专门用来衡量采用游戏心态的益处，如创造力、乐观精神、勇气、希望、决心、社会连接和自我效能感的提升。

贯穿本书，你看到了这些游戏心态的优势，还完成了发展它们的任务。它们令你在挑战面前更具复原力，帮助你获得狂喜后或创伤后成长的益处。

如果你想审视自己游戏优势的发展，这套量表就用得上。你可以周期性使用它，一个月一次就够了。当你实现华丽制胜、选择了新挑战、设定新的基准分时，你或许就会想做上一次测试。①

---

① 你可以在 Areyougameful.com 网站找到可下载并打印的量表，我建议你每次完成后保存副本，以供将来查看具体的得分变化。

每次你做完游戏优势量表，就会得到一个分数，它不仅说明了你心态上的变化，而且能告诉你，如果你希望体验到更多的益处和发展，在哪些游戏规则上有必要投入更多的时间和关注。

首次完成这一问卷正是你在本书这一部分中的最后一桩任务，准备好了吗？恭喜你已经走了这么远！

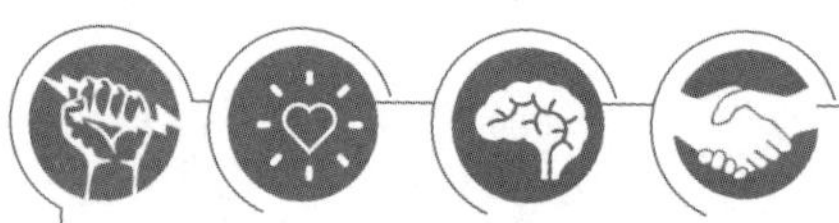

任务 45：你的游戏心态有多强

怎么做：用 0 到 5 分回答以下每一个问题。如果你完全不赞同问题中的描述，就得 0 分；如果你完全赞同，就得 5 分；如果你的态度在两者之间，就任意选择一个符合你心意的分数。

1. 我对自己的未来持乐观态度。
2. 我经常寻找新东西学习或是尝试新体验。
3. 我面对的每一个挑战都是学习或成长的机会。
4. 我至少能想到一件事可以在接下来一小时里做，并让自己感到更快乐、更强大、更有成效。
5. 我会做对自己最重要的事情，哪怕它困难、痛苦或可怕。
6. 我能够用新的方式做事，不会限制完成工作的方式和方法。
7. 我相信自己有能力完成决定要做的事情。
8. 我觉得自己对许多人心怀感激。
9. 这个星期，我能够成功应对一个障碍。
10. 挫折不会让我气馁。
11. 我感觉跟其他面临着同样挑战的人或已经撑过去的人有着紧密的联系。
12. 面对问题，我通常能找到解决方法。
13. 我至少能想到一个明天想要达成的目标。
14. 如果拿不准自己能否把某件事办成，我就会很有动力地想要试试结果如何。

15. 我对一些具体的事情怀着期待。
16. 如果我不喜欢自己的感觉，我可以改变它。
17. 我常常沉醉在自己喜欢的活动里，忘记时间。
18. 我喜欢思考有创意的新策略。
19. 我至少能想出一个真心希望我成功的人。
20. 我有勇气面对生活，以及它带来的任何挑战和困难。

记分：把你的得分加起来，它应该介于 0 ~ 100 分之间。请继续往下读，看看你的得分意味着什么！

你可以用游戏优势量表得分来观察自己的心态怎样随着时间而发生变化。

任何得分都不意味着“有足够的游戏心态”或者“游戏心态还不够”。你无须关注具体的数字，而是要关注这个数字是在上涨还是下跌，你还可以为自己设置新的高分纪录。

如果你的分数上升，就意味着相较于过去，你更能够借助自己天生的游戏优势了。你应该对自己渐增的游戏化能力越来越有信心，并为自己成功培养出这种强大的思考方式而满意。

如果你的分数下降，就意味着你的游戏优势或许需要巩固或需要重新被唤醒。如果是这样，你就可以做两件事来再次调起游戏心态。

首先，在接下来的几星期里多花时间玩游戏。玩游戏是提升你游戏优势最快、最可靠的方法。这听起来很浅显，却是一种经常遭到忽视的策略。为什么呢？因为我们的文化对游戏存在偏见，认为它“浪费时间”，而不是能“培养优势”。其实，篮球、数独、《超级马里奥》、《卡坦岛》（*Settlers of Catan*）、纵横字谜、《虚拟人生》、躲猫猫、桥牌，它们的作用都一样。如果你通常不玩游戏，那这个星期就玩上 30 分钟吧。如果你一般每星期玩 10 个小时的游戏，那这个星期就带着更强的目的感玩，你可以玩一种极具挑战性的游戏，如有可能，尽量玩多人参与的游戏。

如果你希望更有策略地提升自己的分数，那就还有一种选择。找出你得分最低的问题或是这一次得分比上一次低的问题，用它们来提醒自己，要多练习那些对自己帮助最大的游戏规则。以下是具体的做法。

- 如果你在问题 3 或 12 上得分较低，你的挑战心态就需要加强。重温第 5 章的任务和建议。
- 如果在问题 4、16 或 17 上得分较低，那下个星期就专注于收集、激活新的补充能量块（第 6 章）。
- 如果你在问题 6、9、10、12 或 18 上得分较低，就看看你的坏家伙名单，在这个星期花些时间，尽量想出新策略和作战计划并进行检验（第 7 章）。
- 如果你在问题 2、5、13 上得分较低，这个星期就专注于完成任务（第 8 章），而且越多越好！
- 如果你在问题 8、11 或 19 上得分较低，这个星期就试着和至少一位盟友联系或招募新盟友（第 9 章）。
- 如果你在问题 7 或 20 上得分较低，这就是个额外关注你秘密身份的好机会（第 10 章）。试试在这个星期用一种新的方法运用自己的优势或讲述一个有关自己的全新英雄故事。
- 如果你在问题 1、14 或 15 上得分较低，这个星期就花些时间好好想想你的华丽制胜（第 11 章）。如果你感觉瞄准的制胜目标不再现实，就请构思一个新目标。如果它此刻不能再激发你的活力，那就换一个能激发你活力的目标。

最后，完全是为了好玩以及增加额外动力，我给你留下了几个迷你游戏，它们能让你跟亲友及其他《超好》盟友在规定时间内竞争、合作着记分。

我为耐克数字运动（Nike Digital Sport）团队设计交互体验的时候，迷你游戏是我们激励性策略的核心组成部分。在一个星期接一个星期、一个赛季接一个赛季的训练期间，我们该怎样激励竞技运动员呢？我们怎么能激励一个有着繁忙日程按排的人挤出额外的 30 分钟，在晚上参加改变生活的体育运动，使他有更大的可能实现自己的健康和健身目标呢？个人纪录大有帮助，但在我们检验的所有策略中，迷你游戏能激发最大的活动和努力冲动。让挑战变成社交活动能让我们发挥出最好的自己。

为了帮助你在最需要的时候提升游戏努力，我为你设计了 7 款社交小游戏。不管你们是竞争着玩，还是合作地玩，它们都不仅能带来动力的提升，而且能帮助你发现变得更强大的新方法，哪怕你已经很擅长变得超好！

7 款竞争小游戏：向朋友发起挑战

如果你喜欢竞争，或许就会认为跟一两位朋友比较自己的游戏化努力会很有意思。这里有几种方法，可以引出人们的竞争意识。

| 本日第一个补充能量块 |

第一个为自己升级能量的人获胜。通过短信、电子邮件或社交媒体发布消息，宣布胜利。你可以用一张补充能量块的照片作为证据！如果你争取在连续 3 天、5 天或者 30 天内胜出，这款小游戏会更加有趣。你可以自行决定是从凌晨 12：01 开始算，还是到日出后才展开竞争。

| 任务竞赛 |

第一个完成一连串任务的人获胜。具体玩法如下：每名玩家提名一桩参赛任务。如果有 4 名玩家，那么你们总共就有 4 桩任务要完成。开始之前，所有玩家必须认同所有的任务都合乎情理；如果小团队里只有你一个人有能力完成 10 英里（16.1 公里）跑或向慈善机构捐款 100 美元，设立这样的任务就不够公平。任务清单确立之后，那就：预备——跑！第一个成功完成所有任务的人获胜，最好附带照片和视频证明。你邀请的玩家越多，游戏越好玩。

| 战报 |

挑选一个你们都要面对的坏家伙。在这个星期，你们专门对抗这个坏家伙。想出尽量多的策略。有创意很重要！到这个星期结束时，比较你们的策略清单。如果有人想出一种别人清单上没有的策略，就算他得 1 分。得分最高的玩家获胜。这样到了周末，你们所有人都有了一堆对付最恼人坏家伙的策略！

|《超好》幸存者 |

你可以独自尝试这一挑战，但跟一两个朋友一起玩会更有趣。具体游戏方式如下：第一天，至少激活一个补充能量块；第二天，激活两个不同的补充能量块；第 3 天，激活 3 个不同的补充能量块……每天增加一个目标。如果你达不到每日目标，这项挑战你就出局了。最后留下的幸存者获胜！

对于上述竞赛，你会希望跟本来就在玩《超好》的人展开竞争。他们可以是你在日常生活中认识的人，也可以是网友。你还可以考虑向一两个盟友发起挑战，就算他们本身并未尝试变得超好。但是试过跟你一起激活补充能量块、完成任务之后，谁知道会发生什么呢？他们也许会受到启发，为自己选择挑战，争取华丽制胜！

3 款合作小游戏：组队完成任务

也许你更喜欢跟朋友们合作，而不是相互竞争。如果是这样，你就可以记录多名玩家的总分数，强调团队精神。这里有一些你们可以争取达到的合作任务。

| 十二金刚任务 |

这个星期，你们要一起成功地对抗至少 12 个不同的坏家伙。或许你对抗了 5 个，你的伙伴对抗了 7 个；如果你们有 3 个人，也可以一人对抗 4 个坏家伙。每当你们经历了一次成功的战斗，就告知彼此。如果这个星期还没过完，大家已经打满了 12 个坏家伙，任务就完成了！

| 能量 100 任务 |

你们团队必须集体努力激活 100 种不同的补充能量块。首先设定目标时间，如果你们是两个人，可以用 30 天；如果你们有 10 个人，可以试着设为一个星期。在时间用完之前达到 100，并列出补充能量块的共享清单，以免同样的补充能量块数了两次！等这个小游戏结束的时候，你会拥有一份定制的百种补充能量块清单，如果你愿意的话，可以分享给其他人！

| 团队连胜 |

你们的两人或两人以上的团队能连续多少天完成《超好》每日配方？也就是每天至少激活 3 个补充能量块，对抗一个坏家伙，完成一桩任务。团队里的人越多，越难保持连胜，但为你赢下这一天而欢呼的人也就越多！你还可以把它变为以团队为基础的竞赛：每一支团队都努力实现最长的连胜，争取比其他队伍坚持得更久。

“奖励命”，用多出来的时间去追梦

如你所见，你有无数种方法可以设定新的最高分。但如果说有什么事比创下新的高分纪录更令人满足，那就是把游戏继续玩下去。

哲学家、研究宗教的詹姆斯·卡斯（James Carse）教授曾将游戏分为两种类型：有限游戏和无限游戏。[3] 有限游戏指的是以找出获胜者为目的的游戏，无限游戏则是为了尽量长时间地玩下去而玩的游戏。

国际象棋、足球、《英雄联盟》竞赛、麻将、政治选举，这些属于有限游戏。它们无情地推进，直到有人胜出。一旦有人获胜，游戏就结束了。《超好》则是一款无限游戏。你玩得越好，玩得就越久。

每当你完成一桩任务、对抗了一个坏家伙或激活了一个补充能量块，你的复原力都会提升。因此，你在统计学意义上的寿命也就延长了。我把这叫作“奖励命”，这个名字的灵感来自电子游戏里挣到的额外的性命。

如果你曾经玩过经典的电子游戏，一定知道这是怎么一回事。一开始，玩家的性命，即游戏中获胜的机会有预设次数。耗尽性命，游戏结束。但随着你实现较小的目标，不断地玩下去，你可以延长游戏的时间。在《吃豆人》里打满 1 000 分，就可以获得额外一条性命。在《超级马里奥》里收集 100 枚金币，也能赢回额外一条性命。如今的许多游戏以新的方式采用了这一机制。比如，在《糖果粉碎传奇》里，你可以向朋友请求帮助，换得无数条额外的性命。

在现实生活中赚到更多的时间玩游戏、追求目标，并不像在电子游戏里赚性命那么精确。但从比喻的角度来说，它可以让你洞察到无比宝贵的一点：你今天能够为自己做一些事情，从而增加你幸福、长寿的机会。

多亏了复原力研究领域的发展，我们有了很多跟踪进度、累加奖励命的方法。这一领域的科学家们使用精算师的方法和长寿模型，精算师是人寿保险公司里的专业人士，他们依靠复杂的数学和统计方法，计算各种风险和保险定价。不过，就复原力研究而言，科学家们寻找的是能够延长寿命的日常习惯。我翻阅了数以百计有关 4 种复原力（生理、心理、情绪和社交）与长寿的科学论文，发现了以下 4 点。

按一份调查了 65 万多人的研究所说，你在身体活动上花 1 分钟，不管是在家附近步行遛弯、做俯卧撑，还是在客厅里跳舞，都能让你的预期寿命增加 7 分钟。[4] 这就是说，从这一刻起，只要你提升 1 分钟生理复原力，就能让自己延寿 7 分钟。所以，你不妨站起身读完本书下一页！

根据一份调查了 17 000 人的研究，花更多的时间陪伴家人和朋友，为延长预期寿命带来的效果不亚于戒烟、减肥、降低胆固醇、降低血压等。[5] 这就是说，通过增加每天的积极互动，给予或接受社会支持，你将获得最高价值 3 小时的奖励命。所以，不妨现在就给自己的盟友发一条积极的短信！

你实现华丽制胜或完成任务时产生的乐观精神和自我效能，不仅跟长寿相关，而且能预示你的旺盛精力，以及随着年龄增长，你能怎样延缓认知衰退。宾夕法尼亚大学研究人员观察到了《超好》玩家提升的自我效能，这意味着，如果你未来 6 个星期朝着华丽制胜努力，就有望得到 5 天快乐而健康的生活。因此，现在就花 10 秒钟构想你的下一场华丽制胜！

就算你从未提升过自己的生理或社交复原力，光是每天追求更多的积极情绪，也能为你增寿整整 10 年。有一项重要的研究搜集了 75 年的数据，发现二三十岁时感受到更广泛积极情绪的女性，日后会多活 10.7 年。这种积极情绪包括感恩、好奇、希望、自豪等。科学期刊跟踪了贯穿女性青年时代所感受到各种不同的情绪。[6] 大量其他研究也证实了这一益处：你所感受到的每一种积极情绪，哪怕只持续短短的一瞬间，都能带来更长的寿命。[7] 所以，不管多累多忙，今天晚上都给自己喂一份补充能量块吧。

请记住，说到“奖励命”，我们谈的是上千份经同行检验过的科学研究里的统计概率，这些数据是跟踪了成百上千人数十年所收集到的。这样的证据很充分，但并不是必然的保证。不要太死板地看待上述奖励时间！“奖励命”是一种好玩的思考框架：你今天所做的小小选择，累积起来会给你的人生之路带来了重大变化。每当你又完成了本书中提到的一桩任务，每当你在生活里遵循了《超好》游戏规则，你就应该满怀自信地认为，你在朝着正确的方向前进，通往更快乐、更健康、更长寿、更有成就的生活。那么，寿命会延长多久呢？**研究认为，如果你把 4 类复原力带来的益处都加起来，就能多活 10 年。**

整整 10 年的“奖励命”！想想看，你能多出来 10 年时间去追逐梦想，创造幸福。

不管游戏心态最终能为你额外带来 1 年还是 10 年的“奖励命”，它都将立刻开始改变你的生活。更强的复原力马上就能提高你的创造力、勇气、好奇心和决心。你将得到所需的优势，发起更多的尝试和挑战，为自己设定更高的目标，挤出更多的时间陪伴亲友，做对自己最重要的事情。

那么问题来了，你该把“奖励命”用到什么地方呢？为了从额外的寿命中获取最大的益处，你不能把它当成一笔到了 99 岁才去兑现的奖金。你应该今天就开始用它。如果你等上几年甚至几十年才用掉你所得到的几分钟、几小时和几天的“奖励命”，就会丧失用它们更好地改变整个余生的机会。本书一开始就提到了人们临终之前最常见的遗憾之事，带着游戏心态生活意味着，在后悔之前早早地就把“奖励命”用掉。

这就是为什么我给大家的最后一条建议是：做几道游戏心态计算题，弄清你最近得到了多少“奖励命”。你用不着算得很精确。如果你花了一小时玩《超好》，那就奖励自己 7 分钟。如果你玩了一个星期，那就奖励自己 3 小时。如果你已经玩了 6 个星期，并且实现了华丽制胜，那就奖励自己 5 天。把这部分奖励时间标记在日历上，思考一下打算把它用在哪里以加速你实现的梦想步伐。

> 花 7 分钟为心爱的人做一件事。投入 3 个小时学习新东西。规划一场为期 5 天的梦想假期或者在家休息 5 天，报名参加为期 5 天的健身训练营，或者预留出 5 个星期六写自己的回忆录或者小说。

借助这种有趣的跟进方法，激励自己今天做最重要的事情。变得更强大、更快乐、更勇敢的最大益处就是找到勇气和方法，立刻就过上更忠于自己梦想的生活，而不管一路上面临着什么样的障碍。

你正在变成一个更强大、更亲密、更明确、更勇敢、更了不起的人

如果你现在就用掉自己的“奖励命”，就会在自己的生活里看到狂喜后和创伤后成长的迹象，也就是 5 种有助于你过上无悔人生的潜在积极变化。

1. 更强大：你产生了个人力量和复原力的新感觉。
2. 更亲密：你跟亲人之间的关系更亲密，对他人更有同情心。
3. 更明确：你改变或巩固了生活里重要事情的优先顺序，你愿意花更多时间做最重要的事情。

4. 更勇敢：你觉得有权去追求新的梦想，改变自己的人生规划，抓住新的机遇。
5. 更了不起：你有了更强烈的目标感，你的生活哲学改变了，你的灵性更新了，你有了更深刻的智慧。

你要特别注意潜在成长的每一方面。一些变化可能会迅速出现，另一些变化可能会随着时间的推移慢慢展开。定期问问自己：自从直面挑战以来，我在这些方面有任何改变吗？我是否感觉变得更强大、更亲密、更明确、更勇敢、更了不起了呢？

回首扮演"震荡猎人简"的《超好》之旅，我的确看出自己在所有 5 个方面都有所成长。

> 我知道自己变得更强大，因为在直面自杀念头并从中恢复过来之后，我没有哪一天出现过哪怕最轻微的抑郁。我相信，在我处理失败、失望和逆境的方式上，有些事情发生了永远的改变。而且，我现在还更好地理解了，游戏怎样在人最需要的时候帮忙改变大脑的化学物质。我变得更亲密了，因为我不仅对帮我度过最黑暗时刻的亲友心怀感激，而且感受到了前所未有的深层同理心，感觉自己跟其他遭遇脑震荡、脑外伤的人有了亲近感，渴望帮助他们。我变得更明确了，因为现在如果有人要我花时间、花精力做一些不符合我优先安排的事情，我会早早拒绝。事实上，我现在很敢于拒绝，可受伤之前，我根本做不到。我变得更勇敢了，因为度过恢复期让我对自己的复原力更有信心了。它帮我找到了勇气去做那些从前认为无法应对的可怕事情，哪怕它们有着改变生活的重大意义，比如对抗不孕症，最终为人之母。我知道自己现在变得更了不起了，因为我在工作中有了意义更大的新目标，那就是帮助其他人经历同样的蜕变式成长。

你控制自己注意力的能力提高了，所以你控制自己想法和感受的能力也提高了。你已经发展出把所有人变成潜在盟友的力量，也能巩固你现有的关系。你挖掘了自我激励、提升个人英雄品质，如意志力、同情心和决心的天生能力。

现在你知道怎样带着目的去玩了，所以不妨把你的游戏优势应用到现实生活的障碍应对上。你越是擅长应对挑战和逆境，就越能恰当地应对挑战和逆境。

毫无疑问，你已经证明：你比自己想象中更强大。你身边都是盟友，而且你绝对是自己故事里的英雄。你只要记住以下 7 条游戏规则。

1. 挑战自我。
2. 收集并激活补充能量块。
3. 找到坏家伙，与之战斗。
4. 寻找任务，完成它。
5. 招募盟友。
6. 采用秘密身份。
7. 争取华丽制胜。

解锁技能：怎样以及为什么要记分

- 自己记分是将游戏规则铭记于心、更好地理解游戏的最佳途径。
- 试着赢下这一天。如果你完成了每日《超好》配方，就算是赢了，即激活 3 个补充能量块、对抗一个坏家伙、完成一桩任务。
- 争取创造个人纪录，如一个小时内激活最多的补充能量块。
- 记录你想要提升的行为的次数，设定你想达成目标的次数。
- 每当你运用自己的招牌品格优势，请盟友奖励你分数和点数，你的英雄优势就升级了。
- 上 Areyougameful.com 完成调查问卷，看看你的优势培养情况和其他心理变化。每月做一次游戏优势问卷，跟踪你技能和能力的提升进度。
- 参加竞争性或合作性小游戏，赚取团队得分。利用社交游戏寻找创意新方法来变得超好。
- 实践能提升生理、情绪、社交和心理复原力的习惯，赚取奖励时间，每天最多可达 3 个半小时。更重要的是，赚到了奖励时间之后就立刻用到你的优先事项上，用到你最紧迫的梦想上。
- 观察 5 大积极变化，跟踪你的狂喜后和创伤后成长状况：由于你所解决的挑战、面对的障碍，你正在变成一个更强大、更亲密、更明确、更勇敢、更了不起的人。

SUPER
BETTER

A REVOLUTIONARY APPROACH TO GETTING STRONGER, HAPPIER, BRAVER, AND MORE RESILIENT

第三部分 冒险

现在，我们要把所有的东西放到一起，进行3轮能帮助你练习所有游戏优势的冒险。每一轮冒险都集合了各种旨在帮助你应对具体挑战的补充能量块、坏家伙和任务。这部分中的冒险能让你巩固自己最重要的人际关系，为身体充电，每天发现一笔可用于你最重要事情的秘密时间财富。

立足于自己的专业领域，我与宾夕法尼亚大学积极心理学中心、美国心脏协会、耐克公司、未来研究所、阿德莫尔健康研究院（Ardmore Institute of Health）、加州大学伯克利分校至善科学中心（Greater Good Science Center）合作开发设计了这些冒险。

等你完成一两轮冒险之后，你就可以创建自己的冒险了。它比你想象中容易得多！不管你专精于哪个领域，也不管你想成为哪个领域的专家，它都可以成为你冒险的基础。

世界各地的《超好》玩家借鉴自己的个人经历和生活智慧，设计了各种冒险，包括怎样被大学录取、探索不同宗教、战胜失眠、变成半素食者、写自己的第一本书，等等。

你要做的很简单，首先收集对成功至关重要的习惯和技能，它们就是你的补充能量块；接着列出有可能挡路的障碍，它们是坏家伙；最后，想出需要花一两个星期完成的小目标或每日任务，帮助你获得更好的冒险实践。

最有趣的是结合群体的力量，大家一起设计冒险。比如，你可以在办公室里，为自定义的公司冒险收集补充能量块和坏家伙。

在线服装零售商Zappos的员工超过100人时，大家决定共同变得超好，于是采用了这一做法。老师和学生、海军军官和直属下级、教练和运动员、宿舍管理员和大学住校生、治疗师和病人、志愿者组织和会员、牧师和信众、社区委员会和居民，他们都在一起创造《超好》冒险，就连一家人也可以在家族团聚的时候一起设计冒险。

| 冒险 1：爱的连接 |

完成时间：10 天完成 10 桩任务。

研究人员可以根据你在 5 件简单事情上的表现，预测你在生活里拥有多少爱。了解这是哪 5 件事后，你便能掌握奥妙，在职场、家庭和爱情里拥有幸福的关系。

在这轮冒险里，你将收集 5 种新的补充能量块：像真正的盟友那样庆祝、发送力量超强的感谢、调查一件兴奋之事、翻转一个孤独想法以及把握一个“窝心”瞬间。你还将学会怎样抗击 5 个坏家伙：消极恭喜、“现在道谢为时已晚”怪兽、过耳即忘的闲聊、孤独想法以及内心的恶霸。

| 冒险 2：忍者变身 |

完成时间：21 天完成 21 桩任务。

像忍者那样偷偷变身。这轮冒险将帮助你振作精神、变出好身材、减肥、增强体力、感觉更健康，而且不用节食，不用每天称体重。

在此轮冒险中，你将收集 10 个新的补充能量块：吃一种能量食物；听动力之歌；练习强力动作；接通水元素、土元素、风元素、火元素和天空元素；练习“鹑隐之法”，像石头那样保持静止；练习“树隐之法”，伪装成一棵树。你还将学习怎样对抗 5 个鬼祟的坏家伙：老是称体重，计算卡路里，对自己吃东西感到内疚，心理上对自己的身体百般挑剔，忽视自己的忍者力量。

| 冒险 3：时间大亨 |

完成时间：10 天完成 10 桩任务。

想感觉总有时间去做自己最喜欢的事情吗？想觉得每天的时间超过 24 小时吗？如果答案是肯定的，这轮冒险就最适合你了。

在此轮冒险中，你会收集 6 个新的补充能量块：唤起敬畏，为别人抽出自己的 10 分钟，呼吸，给自己一次能量升级，做自由、自然的选择。你还将学习怎样对抗 3 个棘手的坏家伙：时间贫困，社交拖拉，以及头脑空空、倍感压力的通勤。

我邀请你完成其中之一、之二或者全部。你可以按任何顺序来进行。这 3 轮冒险包含的任务恰好够你连续玩 6 个星期《超好》。这是一个重要的数字，因为在临床和随机对照研究中，我们的参与者遵照《超好》规则的时间也恰好是 6 个星期。在这些研究中，连续玩 6 个星期的《超好》带来了明显更好的心情、更强的社会支持和更多的乐观精神，参与者的抑郁和焦虑减少了，自信心更强了。如果你完成了所有的 3 轮冒险，每天只解决一桩任务，你应该就能实现让生活焕然一新的游戏效果。

第 13 章

冒险 1：爱的连接

完成时间：

10 桩任务 /10 天

如果你希望实现以下目标，那就踏上这场冒险之旅吧！

- 在生活里得到更多的爱；
- 在社交场合更有自信；
- 强化你最亲密的人际关系；
- 有时会感到寂寞，希望改变它；
- 有广博的胸怀，并把它用到一个好地方！

这轮冒险包括以下 3 类内容：

- 10 桩任务；
- 5 个补充能量块；
- 5 个坏家伙。

怎么玩这一轮冒险？

- 每天完成一桩任务，直至完成所有的 10 桩任务。

爱的连接任务 1：热爱美好的事物

你参加了一场提升生活之爱的冒险。那么，让我们就先从被科学家确认为建立稳固人际关系的头号奥秘开始吧。

这就是所谓的“主动建设性回应”。它可以巩固各种人际关系，不仅是浪漫关系，而且包括职场、家庭关系和友谊。尽管大多数人从来没有听说过它，但它背后的科学研究足够充分，从美国陆军参与的宾夕法尼亚大学心理学家设置的总体复原力课程，科学家们在婚恋网站 eHarmony.com 对该现象做的同行审议研究，各处莫不在传授这种最为重要的关系建立技能。[1]

那么“主动建设性回应”到底是什么呢？它指的是怀着真正的热情和兴致去庆贺别人的成功或好消息，而不是被动地说“恭喜”“继续努力”，以消极反应主动打击别人就更糟糕了！它要求你就好消息展开积极的对话，主动地参与进去！

1. **展示热情。**这不是东张西望、漠不关心的时候。放下你手里在做的事，把所有的注意力都放到对方身上。不要转移话题，不要谈论自己，不要破坏对方的兴奋之情，用自己的热情去迎合他们的喜气。

2. **提问。**根据消息引出问题。“给我多讲讲！”“什么时候发生的事儿？”“你等了多久发现的？”“你想怎么庆祝？”问什么都没关系，最重要的是让别人有机会继续谈下去，享受这一刻。

3. **向他们表示祝贺，向他们展示你的快乐。**这是件小事，但一定要直接说出来，你要分享他们的快乐。“真为你高兴。”“真为你开心。”“这是你应得的。”“我真为你自豪。”“这简直是我整个星期里听到的最好的消息。”

4. **跟对方重温该次经历。**让对话继续进行。成功是一件值得回味的事，请他们向大家介绍细节。如果他们收到了好消息，你就可以这样问：“你知道的时候正在哪儿？”“你听说之后怎么说的？”“你第一个告诉了谁？”“发现之后你怎么想的？”或者，如果他们正在庆祝成功，就请他们多给你讲讲最重要的瞬间。“冲过终点线的时候，你在想什么？”“听说这个消息之后，你的家人有什么反应？”诸如此类的问题都能把他们拉回幸福的瞬间，帮助他们好好地回味。

听起来很简单，但研究表明，是否主动建设性回应是影响人际关系长期稳定和成功的最大因素。能做到这一点的男女会更快地坠入爱河。开展主动建设性回应的同事之间会更快乐，在工作上有更多的合作。开展主动建设性回应的家人报告说彼此更亲近，体验到更少的焦虑和抑郁。培养这一技能并经常实践的人有着更强烈、更深厚的友情。[2]

现在，你知道奥秘了。如果你希望生活里得到更多的爱，就像个真正的盟友那样，怀着真正的热情和兴奋去庆祝别人的好消息吧。

爱的连接任务 2：品味瞬间

你今天的任务是练习昨天学会的新技能：主动建设性回应。

理想情况下，尝试主动建设性回应的机会，今天会自然而然地出现。但是，如果没有人来找你热切地分享自己的好消息，不妨主动出击，为自己制造出进行主动建设性回应的机会。以下是具体的做法。

怎么做：请别人告诉你他们最喜欢的一次记忆。如果你们一起吃饭，就请他们说说自己吃过最棒的一顿饭。如果你们正一起散步，就请他们说说自己到过的最漂亮的地方。如果你们一起上课，就请他们讲讲自己上过的最棒的一堂课。如果没有什么自然而然可供分享的话题，你甚至可以说：“我喜欢听人讲自己最喜欢的回忆，单纯为了好玩而已。你介意我问你一个问题吗？”不管你想知道什么样的回忆，开口问就是！

等他们开始讲述，你就主动地和他们一起庆祝回忆，就像真正的盟友一样。请记得使用主动建设性回忆的 4 种技术：（1）展示热情；

（2）提问；（3）向他们表示祝贺，向他们展示你的快乐；（4）跟对方重温该次经历。

小提示：当你帮助别人品尝一次喜爱的回忆时，步骤 1、2 和 4 应该很容易做到。但回忆未必值得祝贺，所以对于第 3 步，你可以简单地这样说："听起来像是一次惊人的经历呢。""有机会那么做，你一定很激动。""这次回忆一定让你很快乐。"

奖励任务：你的谈话对象可能会还以善意，询问你最喜欢的回忆。如果他们这样做，请注意他们对你的故事怎样回应。他们是否主动建设性地回应了你呢？如果是这样，请注意你在回味记忆时享受了多大的乐趣，以及别人对你的故事这么有兴趣，你的感觉有多好。如果对方做出被动的回应，就注意一下对话在能量和温暖方面的差异。每当你未能得到自己期待的慷慨和主动的回应时，它就是在提醒你：只要有机会，你一定要给别人带去慷慨而积极的回应。

爱的连接任务 3：热爱感恩

长久以来，科学家都知道，练习感恩让人更快乐、更健康。它可以减少压力、改善睡眠，甚至增强免疫功能。[3]但直到最近，他们才发现，有一种感恩方式尤为有效，即不仅心怀感激或默默祷告，而且积极地向他人表示感激之情。

每当你向他人表示感激，都会放大你所感受到的积极情绪。它不仅会让人在那个瞬间感觉良好，而且一次强有力的感谢能改变你未来 24 小时看待世界的方式，让你有更大的可能看到别人身上的善意，提升你自己的乐观精神、希望和同情心。[4]

一次强有力的感谢还能激励并改变接收你感激之情的人。研究表明，当你认可他人的善意时，对方再次做好事的可能性会有小幅提高。这意味着，每一次你感谢别人，你就令他们朝着自己的最佳版本又靠近了一步。[5]

但不是你道出的每一声“谢谢”都有这么强大的益处！用短信向某人发送一条“谢谢”或许能稍微巩固你的社会连接，但如果你真的想用自己的感恩做好事，还需要学习一种特殊的感谢方式。

斯坦福大学心理学教授凯利·麦戈尼格尔（Kelly McGonigal，也是我的孪生妹妹、我的第一个《超好》盟友）创建了 3 步“超级感谢”法。[6] 以下是具体的做法，始终以“谢谢”作为开场白和结束语。

1. 找出益处。因为这个人，你得到了什么益处？要具体。
2. 承认努力。对他们来说，困难的地方是什么？
3. 点明优势。对你表示感谢的这个人，你看到了他身上的什么优点？

以下是运用它的例子：

“谢谢你给我推荐的那些锻炼歌曲。今天，我锻炼时感觉很累，它们帮我找到了动力！”这是益处。

“你想得真体贴！你本来还有那么多事情要惦记，却还能记得我想多锻炼的事，真是太周到了。”这是努力。

“你为大家喝彩，帮助我们达成目标，太棒了。你真的把大家的成功当成了自己的事。”这是优势。

“谢谢你。”

再举一个例子：

“谢谢你保守我们（怀孕）的秘密。亲口告诉全家人，这对我们太重要了。我永远不会忘记他们听到时脸上的表情。”这是益处。

“我知道，对这么大的秘密守口如瓶很不容易。”这是努力。

“我真的尊重你信守承诺的荣誉感和正直感。”这是优势。

“谢谢你。”

你掌握其中的窍门了吗？为了能落到实处，完成这桩任务，现在请大声重复 5 次：**找出益处，承认努力，点明优势。**

送出一声足以改变人生的感谢就是这么简单。

爱的连接任务 4：释放你的第一个超级感谢

现在你知道怎样送出超级感谢了，该把这些技巧好好地用起来了。今天，选一个人（谁都行），向他道谢。

请务必遵循前面所说的 3 个步骤：（1）找出益处；（2）承认努力；（3）点明优势！

小提示：大多数人觉得，先以书面形式实践这一技巧更容易，因为这样，你就有时间真正地想好自己想说什么。而且，如果你采用书面形式，接受你超级感谢的人就能够多次读到它，真正品尝体会！

爱的连接任务 5：热爱兴奋之事

罗伯特·比斯瓦斯－迪纳（Robert Biswas-Diener）博士是世界顶尖的优势培训师，他辅导人们认识并利用自己的积极优势。虽然他对客户大多使用正式的调查或量表，类似我们在第 12 章中所见的那样，但他还推荐了一种不同寻常的方法来辨别他人的招牌品格优势。这就是所谓的“辨别优势对话”（conversational strengths-spotting）。[7] 以下是具体做法。

下一次你跟人闲聊或者与不太熟的人聊天时，不妨问问他们做什么事会感到兴奋。比如：

“那么，你最近有些什么令人兴奋的事呢？”
“接下来的几个星期，你最期待的是做什么？”
“你最近做过最令人兴奋的事是什么？”

倾听他们的回应，你的目标是从他们的答复里辨识出一项积极的优势。比如，如果对方提到自己选修了一门新的课程，就表明他有好奇心。如果他们说到照料孙子，则表明了其爱与被爱的能力。如果他们对即将到来的体育比赛或一部马上要上映的新电影感到十分兴奋，这其实就是热情与活力的标志。不管他们到底为什么事情感到兴奋、心怀期待，都请用后续问题继续让他们围绕这个主题展开对话，直到你成功地从他们的回答中确认至少一项招牌品格优势。你可以说“多给我讲讲这个”或者“你期待它的是哪一点”，就足够完成任务了。

辨识他人优势始终会赢得一场胜利，因为这意味着你更好地了解了别人。但如果你将这项优势反馈给他们，就能建立更强大的连接。它比你想象中容易。你只需要简单地评价说：“你真的很有勇气。”“你这么爱学习，我很佩服。”“你对美的鉴赏力比我认识的所有人都好。”或者“你的热情太有感染力了！”如果一开始你说得不太自然，别担心。和所有新习惯一样，多试几次就舒服了。

最快的了解这项技术怎样运作的途径是先在自己身上试一试。你会怎样回答这些辨识优势的问题呢？现在就试试在你自己的回答里寻找优势。

爱的连接任务 6：你的辨识优势问题

现在，是时候把你新学到的优势辨识技能拿出来试一试了。

怎么做：选一个未来 24 小时里你会见到的人，围绕下面的主题，安排设计一轮快速的交谈。“那么，最近你有没有什么特别令人兴奋的事情？”“接下来的几个星期你最期待做什么？”或者“你最近做过什么最令人兴奋的事情吗？”接着执行你的安排。

如果你辨识出至少一项招牌品格优势并反馈给对方，任务就完成了！

小提示：这个技能最适合面对面尝试，所以别用一条短消息打发了事！

爱的连接任务 7：用爱对抗孤独

孤独是世界上最常见的一种负面情绪。研究表明，18 岁以下的人有 80% 报告说至少有时会孤独，65 岁以上者，则有 40%。至于两者之间的成年人，孤独也很常见，约为 25%。[8]

孤独跟单独一个人不是一回事儿。很多人都可以跟他人保持相对隔绝，却仍然挺开心。奇怪的是，另一些人却有可能身边有人陪着，仍然感到孤独。孤独的真正衡量标准是一种沮丧感，是对自己人际关系质量的不满。当你感到孤独，意味着你渴望跟他人建立更深厚、更令人满意的连接。[9]

那么，治疗孤独的药方是什么？最近，科学家分析了 40 年来对孤独所做结果的研究。他们考察了 50 多项使用不同方法减少负面情绪的研究，结果相当令人吃惊。心理学家最常推荐的 3 种减少孤独感的技术都有用，但并不特别有用，它们是增加社交机会、改善沟通技巧以及寻求咨询或加入互助小组。真正有用的一种干预则是：改变自己的消极期待。[10]

原来，人们感到孤独的时候，通常会表现出消极思维模式。他们对潜在的消极反馈或来自他人的批评十分敏感。他们容易把焦点放在出错的地方，而不是做对了的地方。这让他们对自己的社交互动感到不满，认为自己受了伤害。不管发生什么事，他们总能找到感觉糟糕的法子。

这种消极想法造成了恶性循环。它令孤独的人不大可能与其他人接触。就算他们跟其他人互动，也会产生糟糕的期待，又因为他们对消极社会信息，如批评、分歧等十分敏感，糟糕的期待就变成了自圆其说的预言。

如果你希望感觉不再那么孤独，最好就要翻转自己孤独的想法。不要光看它们的表面意思，而是要挑战它们。问你自己：我怎么知道这是真的呢？我能找到任何与此相反的证据吗？有没有什么办法积极地改变这一体验？还记得你在第 5 章（挑战心态）和第 7 章（对抗坏家伙）中学到的认知重评技术吗，这就是你翻转孤独想法需要的技能！

根据研究，改变你的消极想法，比其他任何化解孤独的方法都有效 4 倍。等到下一桩任务，你将有机会练习这一技巧。现在，花一分钟想想看，你是否倾向于聚焦于他人的消极意见。看看你能不能找出一种经常浮现在脑海里的孤独想法，比如，“我没法融入”，“想逗乐的时候我总是让自己难为情”，“我总是没什么有趣的事情可说”或者“他们恐怕看不起我”。好好想想它们，然后向自己表示祝贺，因为这桩任务为你的思想松了绑！

爱的连接任务 8：翻转 3 个孤独想法

现在，你知道翻转孤独想法有多重要了，让我们来练习一下。以下是 3 种在社交之后可能出现的消极想法，为了抵消它们，你可以让自己怎么想，怎么说呢？请记住，翻转孤独想法的策略是：挑战你的假设，寻找驳斥的证据，重新塑造你的看法！

1. **“我跟今晚见的人没什么共同点。”**
2. **“没有人对我说的话感兴趣。”**
3. **“每个人都享受了一段好时光，除了我。”**

看看你能自己想出什么主意，之后再去看本页的脚注，那里有几条建议。①

小提示：即使你从未有过这样的想法，也请现在练习翻转技巧——如果你未来出现孤独想法，这一技巧能很好地为你服务。

① 这里有一些方法，你可以用来翻转上述孤独想法。（1）“才不是那样。我们肯定有些共同之处，哪怕只是，我们都认识 X，我们都对 Y 感兴趣，或者我们都住在附近。”或者“我遇到了一个对 Z 很了解的人，我也刚好想多了解了解 Z。”抑或“说不定这是为了让我变成一个更有趣的人，因为我在这个群体里太独特了。”（2）“我也拿不准。反正我们讲话时没人走开，所以我想他们应该都挺感兴趣！”或者“说不定是我对他们说的话也没什么兴趣。下一次我可以多问些问题。”抑或“也许，他们对我说的话不太感兴趣是因为他们今天晚上必须把自己的想法说出来，这对他们很重要。我是个很好的倾听者，所以就这样了。”（3）“或许在我看来是这样，但我恐怕不是今晚唯一一个过得糟糕的人。只不过，我没注意到还有别的人在走神。”或者“呃，老实说，虽然今晚整体而言不怎么样，但当我……我还是蛮享受的。”

爱的连接任务 9：热爱自己

“自我同情意味着，就像你对待任何真心在乎的人一样，用同等的善意、关心和理解对待自己。”全世界在这一主题上的顶尖专家克里斯汀·内夫（Kristin Neff）博士说。根据她的研究，自我友善跟你向他人展示的关爱同样重要。它不仅能带来更少的抑郁、更多的乐观、更大的快乐、更强的生活满足感，而且让人在人际关系中更友善、更倾向于付出和支持。换句话说，热爱自己，你才能更好地关爱别人。[11]

那么，怎样才能培养自我同情呢？

1. **关注自己的痛苦。你压力太大？你处在疼痛当中？你感到失望？不要屏蔽这些感受。花点时间，承认它。**
2. **让自己感受到缓解这种痛苦的渴望，就像你试着缓解任何亲友的痛苦一样。如果这对你来说很难，你习惯了苛刻地对待自己或总是自我批评，那就想象你心爱的朋友、家人甚至宠物遇到了同样的困扰时，你会怎样对待他们。**
3. **意识到不止你一个人在受苦。它是连接你与他人的共同人类体验之一。**

当你处在极端的压力、疼痛之下，或是未能达到自己的期待时，善待自己不见得容易。那么，你该怎么做呢？

怎么做：研究人员研究了多种在最需要时迅速切入自我同情的方法。以下是专家推荐的最快、最简单的技术：

> 把双手放在自己的心口，提醒要善待自己。感觉到自己手的温暖，放松地深呼吸 3 次。[12]

这叫作把握一个“窝心瞬间”。为完成这桩任务，请现在就尝试，至少坚持 15 秒。如果你今天需要为自己提供片刻的善意，那就不妨再做一次。

爱的连接任务 10：说你需要听的话

你只要再做一件事，就能将“窝心瞬间”的力量翻倍。

手放好以后，问问你自己：为了向自己表达友善，我需要听到什么样的话呢？看看你的脑海里浮现出什么样的回答，就让这句话成为你今天的善待自我口头禅。以下是一些思路：

- 我接受自己本来的样子。
- 我今天很坚强。
- 我原谅自己。
- 无论发生什么，我都会好的。
- 我今天已经倾尽全力了。
- 今天这一天，我不需要改变或弥补任何事情。

恭喜你。你已经完成了所有的 10 项爱的连接任务，接下来要做什么呢？参加这一轮冒险后，你学会了 5 种强大的新技能，见下面的清单。只要你想提升自己生活里的关爱，就随时激活这些补充能量块。你还辨识了 5 个坏家伙，下面也为你做了总结。请用本次冒险中学到的策略继续抗击它们！

SUPER BETTER

爱的连接补充能量块

像真正的盟友那样庆祝

使用主动建设性回应技能（爱的连接任务 1），为别人的好消息庆祝或帮助他们回味一次美妙的经历。记住这么做的 4 种方法：（1）展示热情；（2）提问；（3）向他们表示祝贺；（4）跟对方重温该次经历。

释放你的第一个超级感谢

不要只是心存感激，而是要分享您的感激之情！记住 3 个关键步骤（爱连接任务 3）：（1）找出益处；（2）承认努力;（3）点明优势。

调查一件兴奋之事

从爱的连接任务5里找一个秘密问题问别人："那么，你最近有些什么令人兴奋的事呢？"或者"接下来的几个星期，你最期待的是做什么？"试着从他们的答复里辨识出一项积极的优势，并且让他们知道你看出来了！

翻转一个孤独想法

如果你发现了一个孤独想法，干得好！现在，把它翻个面！为你的社交连接至少想出一个积极方面，不管它多么细微，看起来有多么琐碎。每当你的大脑沉迷于孤独想法，就把注意力拉回积极的想法。你激活这一补充能量块（爱的连接任务7）的次数越多，你的大脑对社交环境的反应方式改变得就越大，它有助于减少你的担忧，让你更好地与人交往，创建更巩固的人际关系。

把握一个"窝心瞬间"

花一点时间善待自己，感受自己的力量。把手捂在心口上，深呼吸30秒（爱的连接任务9）。

SUPER BETTER
爱的连接坏家伙

消极恭喜

"恭喜"，"很酷"，"挺适合你"。你就是这样回应别人的好消息的吗？如果是这样，你就落入了这一坏家伙的魔爪了，它对人际关系的破坏性很强。消极恭喜吞噬了别人积极情绪的活力。不管你做什么，一定要躲开这个坏家伙，激活"像真正的盟友那样庆祝"补充能量块。

“现在道谢为时已晚”怪兽

这个坏家伙试图说服你，因为“最佳时机已经过去”，所以不必把感谢大声说出来。“现在向他们道谢为时已晚！”这是个天大的谎言。事实并非如此。表示感激永远不晚，哪怕过去了一个月、一年甚至 10 年，都不晚。释放 3 步超级感谢，抗击这个坏家伙。

过耳即忘的闲聊

聊天气、食物或者名人八卦，这样很难建立难忘的社会连接。如果你希望更多地了解自己的聊天对象，或者对方是你关心但有一阵没见的朋友，不要困在过耳即忘的闲聊里。相反，要把对方的优势引发出来，建立令人难忘且有意义的连接。把“调查一件兴奋之事”补充能量块用起来！

孤独想法

“她似乎不太喜欢我。”“真不敢相信我居然说了这么愚蠢的话。”“我的话太无聊了，他们似乎很闷。”“我给人留下了一个可怕的第一印象。”“没人在乎我在哪儿。”如果你在一次社交活动之后冒出了上述孤独的念头，你或许就陷入了消极感知的自我挫败循环。除非你打败这些坏家伙，否则不管你跟别人在一起待了多久，你仍然会感到孤独！试着用“翻转孤独想法”补充能量块把它们放到应有的位置上。

内心的恶霸

当你身处压力之下，这个坏蛋就会乘虚而入。你脑子里会有个声音说：“你不能做那个。”“都是你的错。”“都怪你做了 X，要不这一切就不会发生。”“你还不够强大。”“你会让他们失望的。”不要让这个恶霸这么欺负你。给自己应得的支持和善意，挺起胸膛抗击它。你的“把握一个窝心瞬间”能量块最适合用在这里。

第 14 章

冒险 2：忍者变身

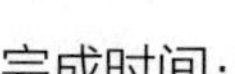

完成时间:

21 桩任务 /21 天

如果你有以下情况，那就开始这场冒险吧！

- 你想要精力旺盛。
- 你胃口不好。
- 你正在寻找一种更健康的减肥、增肌或者保持体重的方法。
- 你想对身体有更强的自信心。
- 你可能具备秘密的忍者超能力，它们正等着大放异彩！[①]

本轮冒险包括以下 3 类内容：

- 21 桩任务；
- 10 个补充能量块；
- 5 个坏家伙。

① 忍者变身指的是采用鬼祟、非常规减重和健身的策略，就像历史和传奇里日本忍者采用鬼祟、非常规的战斗策略一样。你的冒险并不包括投掷武器、放烟火、舞刀、潜行游泳或其他实际上的忍者战斗技巧。但你将学习受忍者文化启发的提升意志力的方法和体能训练技术。

怎么玩这一轮冒险?

- 每天完成一桩任务，直至完成所有的 21 桩任务。

忍者任务 1：了解忍者变身的哲学

掌握忍者变身的艺术，你只需要遵循 4 条原则：

1. 不节食。
2. 忽视体重秤。
3. 吃让你感觉更强壮的食物。
4. 做让你感觉强大的事情。

如你所见，忍者变身跟你此前尝试过的减肥方法有很大不同。尤其是，你不可节食。没有什么“不准吃”的食物，不用计算卡路里，尤其反对抑制食欲。

为什么呢？因为如果你试过，可能就已经知道了，节食很难奏效，而且还很危险。大量的科学研究表明：

- 几乎每个节食的人在体重上都反弹了，甚至变得更重。
- 一开始同样体重的话，节食的人往往最终会比从未节食的人变得更重。
- 就算成功减肥没有反弹的人，最后也并未变得更健康、更快乐。[1]

同时，反复节食还会有以下风险。

- 提高胆固醇和血压；
- 抑制免疫系统；
- 增加心肌梗死、脑卒中、糖尿病和各种原因的突发性身亡的概率。[2]

这些风险都是因为限制摄入食物，为身体带来了极端压力。

那么，你该怎么改变体形，又不用节食呢？本轮冒险将教你一种非常规的、“鬼鬼祟祟”的减肥和健身策略。它会让你把注意力放在让你感觉更强壮的食物、让你感觉更有力量的动作上；它会开发你尊重身体、滋养身体的直觉；它会向你展示出人意料的全新技术，增强你的体力。完成这些任务，你就能在不知不觉中减肥，获取能量。你没有不直接瞄准变身目标，却顺利实现了它。

要想完成第一桩任务，就把忍者变身的 4 条规则写下来，放在一个你每天都能看到的地方。不过，考虑到你在接受忍者训练，把它们放在没人能见到的地方也行。毕竟，忍者都是偷偷摸摸的！

忍者任务 2：“放逐”体重秤

如果要像忍者一样变身，你就得学会忽视体重。

如果你愿意，今天或者明天就上称量一下。接着，在本次冒险的其余时候，你都必须“放逐”体重秤。接下来的 3 个星期里，你不能称体重。

为什么不能呢？因为你的目标是感觉更健康，更快乐，更强大。这个目标和数字无关，它着眼于感觉。

为了达到真正的目标，你必须学会关注自己思想和身体的感受，而不是关注仪器。

在此次冒险中，你将学会更关注健康和活力的其他迹象，也就是你的精力怎样、你的心情如何、你睡得怎么样、你多久生一次病以及你逐渐增加的身体活动。

“放逐”体重秤还有助于你避免人们节食时所犯的最大错误之一：采用永远无法持久的短期习惯。通过专注自己的感受而不是体重，你能培养起可持续性更强的习惯、更敏锐的直觉以及真正的自我控制力。

怎么做：最后一次称体重，接着就把体重秤从你平常使用它的地方

“删除”。把它放到柜子深处、车库或者超高的架子上。

小提示：如果你真的很难3个星期都不称体重，那就请朋友或者家人帮你把体重秤藏起来！

忍者任务3：像忍者那样吃

忍者变身第3条规则：吃让你感觉更强壮的食物。

在这场冒险里，你不用计算卡路里。你在饮食上没有限制，也不用忌口。相反，你的主要任务是关注自己进食后的感觉，弄清哪些食物让你感觉更快乐、更健康、更强壮。

寻找能让你感到更有活力、更警醒或心情更好的食物，让你感到平静和自信的食物，为你提供充沛体力的食物，让你变得更漂亮的食物，让你更好地接触自然的食物。让你的大脑和身体判断好的感觉到底对你意味着什么。

怎么做：在接下来的24小时里，研究你吃的每一样东西。如果某种食物让你感觉更强壮，把它添加到你的补充能量块里，努力在未来3个星期里多吃。如果一种食物让你感觉迟钝、疲惫或者焦躁，怎么办？这说明它对你来说不是一种能量食物。你不必对它忌口，但它不能充当你的日常补充能量块。继续探索，直到你找出至少3种能量食物。

请记住：你要找的是进食后一两个小时里都让你感觉良好的食物。很多食物味道好，吃的时候让你快活，但事后则会让你感觉迟钝、呆板、臃肿、笨重，甚至胡思乱想。这些都不是能量食物，哪怕你乐在其中。你希望享受的是进食之后的感觉，而不仅仅是进食过程中的感觉。

在接下来的3个星期里，你的任务是每一顿饭都吃一种让你感觉更强壮的食物。别总想着要少吃东西，相反，要专注于多吃让你感觉好的食物。

原理：有研究表明，吃更多的能量食品能够逐渐改变人的胃口和对食物的欲望，因此最后人们就会不自觉地减少进食不健康食品。[3]

每个人都不同，所以你应该多尝试不同的食物，看看什么东西让你感觉更警醒、精力更充沛、心情更好。很有可能，你的能量食物会是美食记者迈克尔·波伦（Michael Pollan）所说的“真正的食物，主要是植物”。也就是说，这类的食物的配料很少，并且如波伦所说，“是你祖母能认出来的食物”。也就是说，没有古怪的化学物质或添加剂。[4]

例子：这里有一些潜在的能量食物，你可以亲自检验。

- 烤葵花籽
- 酸奶
- 红薯
- 炒鸡蛋
- 香蕉
- 鹰嘴豆或鹰嘴豆泥
- 黑巧克力
- 蓝莓
- 藜麦
- 菠菜
- 杏仁
- 素食辣豆汤

需要明确的是：在本轮冒险中，这些并不是你唯一应该吃的食物。你只需要每顿饭、每次吃零食都至少吃一种能量食物就行了。除此之外，你想吃什么就吃什么。

忍者任务 4：选择一个强力招数

忍者变身的第 4 条规则：做让你感觉强大的事情。下面是培养这种习惯的一种方法。

怎么做：选择完成一桩小小的运动壮举。选一件你觉得现在做不到，但希望能够做到的事情。一桩小小的运动壮举应该只需几分钟甚至几秒钟就能完成。

例子：这里有一些点子。

- 做一个无畏的侧手翻。
- 完成一个完美的俯卧撑，也可以做 10 个、50 个，甚至 100 个！
- 连续不停地踩水 5 分钟。
- 学习自己最喜欢的舞蹈视频里的动作。
- 在 3 分钟内爬完工作场所的所有楼梯。
- 和一名盟友来回扔飞盘 100 次，中间不让它落地！
- 闭着眼睛单腿站立保持平衡 30 秒，这比听起来难哦。
- 在 90 秒内（或 120 秒、240 秒内）绕跑道一圈。
- 保持瑜伽下犬式，脚跟接触地面，呼吸 10 次。

你可以从这些例子看出，我们不是在谈论一桩大型的运动壮举，比如完成铁人三项什么的。相反，我们追求的是一些小事情，你可以用几分钟、几秒钟就做到的事情，而且你用几个星期就可以合理地掌握它们。

只要保证这是一件你无法第一次尝试就完成的事情就行！它的关键是选一件你可以为之努力、尝试数十次并逐渐改进的事情，等到你忍者变身冒险进入尾声的时候能够完成就行。

现在，选择你的强力招数吧，并且尝试今天第一次就完成它！

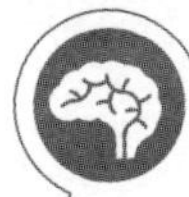

忍者任务 5：忍者大战僵尸

节食往往需要限制热量和食物的摄入，这会对我们的大脑造成令人相当不安的影响。2011 年的一项研究发现，如果吃得不够，我们会饿死自己的脑细胞，随着时间的推移，饥饿的细胞会开始吃掉自己。[5] 科学家称之为“自噬”（autophagy），字面意思就是“自食”。脑细胞把自己的少量部分吃掉，在下丘脑部位这一情况尤其严重，下丘脑控制的是你的心率、血压、食欲和睡眠周期。

你的大脑显然并不想吃掉自己的神经元，这一点很好理解。因此，在自食期间，下丘脑会触发饥饿激素，让你真的很想要吃东西。这就是为什么节食的时候你会感觉比平常更饿。这不仅是因为你吃得少，而且是因为你的大脑吓坏了，吃起自己来了，同时告诉你要用多吃来停止这个过程！

这就是传统节食不管用的主要原因。它让你更加虚弱，不仅是在身体上虚弱，而且是在精神上虚弱。

为了完成今天的任务，你只需要向限制热量和食物摄入的做法宣战即可。如果你的肚子咕噜作响，那就吃点东西。你今天要答应自己，决不让自己饿着。

这是忍者与僵尸的大战，你想要成为忍者，而不是僵尸！

忍者任务 6：召唤水之力

相传忍者能够只凭意志就控制所有的自然元素，驾驭水、土、风、火和天空的力量为己所用。[6]

本次冒险不会帮你开发任何“超自然”力量。不过，在此后的 5 桩任务里，你将学会召唤在日本文化中代表这 5 种自然元素的心理、生理和情绪力量。

让我们先从第一种元素水开始。

在日本哲学中，水代表液体、流动以及自然界里不断变动的生命力。在自然界，水很少是静止的：想想海洋中不断变换的潮汐、流动的河水和落下的雨滴。它跟自己充盈其中和流淌过的环境完美契合。

你也拥有同样的改变和适应的能力。完成这一任务，你就会开始改变和适应。你正在创建新的记忆，把新的神经元连接在一起。和水一样，你不断适应新的情况，随心所欲地采取任何形式。

在你思考自己的体重和身体健康的目标时，请牢牢记住这一基本真理。你并没有被卡住，你的生命和身体都是流动的、不断变化的。

今天的任务很简单：和水元素连接起来，喝一杯水。在你喝水的时候，提醒自己，你有着像水一样的能力，你能适应，能改变。

忍者任务 7：召唤土之力

第二种元素是土，或者说是大地。在日本文化中，它代表的是自然界里坚硬、结实、不可弯曲的固体，是你行走其上的大地以及牢牢矗立千百万年的高山。

你同样拥有坚定、稳固和不屈的方面，那就是你的决心和你对自己目标的坚定承诺。

为了在日常生活中连接土元素，你需要随身携带一件来自大地的小东西，或者把它放在你能经常看到的地方，比如办公桌、窗边、厨房的操作台。你需要一块来自大地的小石头，代表自己坚定的意志力。

怎么做：选择石块。找到后在手里牢牢地握 10 秒，对自己说，我对目标坚定如顽石。

每次你想到自己手里握着这块石头，就会提醒自己你具备稳定、牢固、自信和坚定的本性。

忍者任务 8：召唤风之力

第三种元素是风。在日本文化中，它代表能自由行动、可扩展的事物，比如围绕我们的空气和从火中腾起的烟雾。

有两种简单的方法可以召唤风的力量，把你的行动自由和扩展自由连接起来。今天不妨两种都试试看。

怎么做：首先，让自己尽可能地“大”，保持 30 秒。伸展你的身体，努力让它占据尽量大的空间。如果你身有残疾、患有疾病、受过重伤，因此限制了你的身体活动，那就努力让你身体的某一部分变大，比如尽量张大嘴巴或是手指尽量伸到极限。

接着，让你身体的某一部分缓慢移动 30 秒。你可以移动手和胳膊、你的整个身体，甚至只是脑袋，慢慢地朝着各个方向转动脖子。随着你慢速动作，把所有的注意力都放在周围的空气上。感觉你皮肤上的空气，并注意自己是怎样穿过它的。关注身体和周围的空气之间的有力联系，这是一件我们几乎从未注意过的事情。

用这两个做法快速召唤风之力有助于你继续培养对身体神奇能力的敬意与感激。

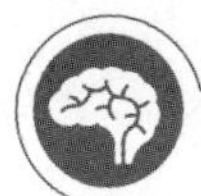

忍者任务 9：召唤火之力

第四种元素是火。在日本文化中，火代表世界上最有力和强大的能量，它不仅包括物理上的热或者字面意义的火，而且包括精神动力和热烈情绪。

日本文化教导我们，这些强大的能量必须保持平衡。火有可能迅速失控，摧毁一切挡路之物。但是，维持生命的火也会太早燃烧殆尽，剩下一路的冷寂。

蜡烛的火苗能照亮安全之路，灶台里的火能烹饪，在森林里有控制地放火能刺激新生命的成长、为它扫清道路，这些都是火力合适的例子。

你的精神动力和热烈情绪也必须保持类似的平衡。火力太大，你会觉得焦虑，甚至感到自毁般的狂怒。火力太弱，你会感觉无聊、冷漠。

无聊和焦虑是导致盲目、不健康饮食的两种最常见原因，这就是为什么找到两者间的平衡能帮助你实现减肥目标。

那么，到哪里寻找平衡呢？不妨试试你在第 1 章中读到的心流状态。当你处于心流状态时，你充满动力，兴致勃勃地全情投入。你有一个点燃自己的清晰目标，当然，你还需要有技能和资源来实现目标，不受不必要的焦虑或自我挫败想法的折磨。

你今天的任务是创造至少 5 分钟的心流。它可以来自做任何以目标为导向的活动：锻炼身体、玩电子游戏、写作、跳舞、创作音乐、作画、烹饪、打扫卫生、园艺……如果你怀着动力去做这件事，也很享受它，而且它还让你把所有的注意力都投入其中，你就能够从中获得心流。你要保证不一心多用！只有你全神贯注，才能实现心流。

一旦处于心流状态，你就成功平衡了最强大的能量之源，不太可能卷入盲目而不健康的行为。记住，你随时都可以花短短 5 分钟去寻找心流，从而打开自己的“火之力”。

忍者任务 10：召唤天空的力量

第五种元素是天空。在日本文化中，它代表着超越我们日常体验的世界：天堂、夜晚无数的星星以及宇宙里无束缚的创新能量。

在你自己的生活中，天空代表你的精神力量和创造力。它是你跟比自己更宏大的东西连接起来的能力，是你感到敬畏和惊叹、从无到有创造出某种东西的能力。这些昂扬的感觉能帮助你培养起更准确的直觉，知道自己在生活里真正渴望什么、想要什么。这种直觉能让你更轻松地摆脱不健康的习惯。

为了召唤天空的力量，花点时间跟某种比自己更宏大的东西连接起来。有很多方法可以做到这一点：祈祷、吟咏诗歌、听音乐、冥想、艺术创作，甚至就是如字面意思那样凝视天空。**今天，从上述仪式中选择其一，在加餐或者正餐之前做至少 1 分钟。**

如果你喜欢今天的任务，就可以考虑将其培养成每天都做的习惯。

忍者任务 11：来一轮忍术休息

今天的忍者训练是休息。花上至少 10 分钟练习你的强力招数。如果你已经掌握了这一招，那就选一招新的！

忍者任务 12：学习鹑隐之法

鹑隐之法是一种自 14 世纪以来就广为实践的忍术，用来培养人的意志力，让敌人看不见自己。

它的指令看似简单："蜷成一团，保持不动，以求看上去像一块石头。"

忍者为什么要练习这个动作呢？根据武术史家的说法，鹑隐之法是一项避免被敌人觉察的有效的技术。通过让自己尽量地小、尽量地静止，忍者可以在众目睽睽下隐身。但或许更重要的是，它也是在教忍者控制恐惧、练习全面自控。[7] 你很快会亲眼看到，让自己静止，尤其是在极端的压力之下，需要巨大的心理和生理纪律性。

怎么做：现在就试试鹑隐之法，看看你能不能整整一分钟都一动不动。

忍者任务 13：连接三元素

你已经学会了用 5 种不同的方式来召唤自然之力：水、土、风、火和天空。通过与这 5 种元素里的 3 种连接起来，让今天的你变得格外有力。

怎么做：在今天的早餐、午餐和晚餐之前，花一分钟时间连接一种不同的元素。使用在前面任务中所学的技巧，手里握一块石头或是有意识地喝一杯水。

这个在每顿饭之前连接元素的简单仪式，能帮助你做出更好的决策，施展更强的意志力，并在一天之中感觉更强壮。

忍者任务 14：选择一首力量之歌

在能量困乏的一天里，我们很容易尝试用咖啡因、糖或者垃圾食品来提神。但你见过忍者吃甜甜圈吗？恐怕没有！

这里有一种能量的替代品：**力量音乐。**

研究音乐的科学家们早就知道，它对身体和精神都有着强大的影响，能改善你的情绪，让你从疼痛和疲劳上分心，提高你的忍耐度。其实，听音乐能极大地提高能量水平和运动成绩，伦敦布鲁内尔大学（Branel University）教授、顶尖体育心理学家科斯塔斯·卡拉乔吉斯（Costas Karageorghis）博士把它称为“合法的兴奋剂”。[8]

音乐的作用不止如此。听你喜欢的音乐能比服用抗焦虑药物更有效地降低应激激素皮质醇的水平。它还提高了免疫球蛋白 A 的水平，这是一种跟强大的免疫系统有关系的重要抗体。[9]

因此，你可以把音乐想成新的能量和复原力来源。

怎么做：现在选择一首力量之歌，至少跟一位盟友分享。你的力量之歌应该是任何能让你想要动起来的歌。

下一次，当你感到疲倦或心情不好的时候，就听你的能量之歌吧！

忍者任务 15：从树隐之法里获取灵感

为免遭觉察，忍者最喜欢的一种策略是树隐之法，也就是爬上一棵树并藏在树叶里伪装自己。

为了完成今天的任务，你不必爬上一棵树或者藏起来。但树隐之法跟当代日本流行的森林浴做法有很多共通之处。这是一种独特的日本治疗法，你站在很多树木当中，以求提升情绪，改善免疫系统。[10]

这听起来很奇怪，但科学研究表明，它是管用的。原来，树木散发出可通过空气传播、名为“植物杀菌素”（phytoncides）的化学物质。这种化学物质能杀死真菌、细菌和昆虫，保护树木。而且，它们对人类也很有益，能提升白血球数量，这对免疫系统极为重要，还能降低应激激素皮质醇的水平。

怎么做：为了从树隐之法的古代忍术里获得灵感，请到树底下待 5 分钟。这能提升你的心理和生理复原力。

忍者任务 16：寻找更多的能量食物

从忍者任务 1 开始，你已经遵循“吃让你感觉更强壮的食物”这一原则两个星期了，而且你也在吃忍者任务 3 里提到的能量食物。现在，是时候增加你的选择范围了！

你接下来的任务是要在今天寻找更多的能量食物。

怎么做：选择至少 3 种新的能量食物，把它们加入你的补充能量块清单。请记住，能量食物指的是，能让你在吃完以后感觉更强壮的东西，它们让你更清醒、精神饱满、心情更好。

例子：为了帮你展开搜寻工作，这里还有一些食物可供参考，经研究表明可改善情绪，提高警觉性、复原力和能量水平。

- 草莓。草莓含有丰富的维生素 C，是产生“开心激素”内啡肽所需要的物质。
- 土豆泥。它们不仅让人感觉舒服，而且充满了能提升能量、修复细胞的钾。
- 花生酱。它的蛋白质含量高，能让你免于“糖崩溃”（sugar crashes），稳定地保持意志力。
- 烤鸡肉。它含有大量的维生素 B，有助于控制情绪。
- 麦片。它富含纤维，能减缓消化，为你提供更持久的能量。
- 绿茶。它含有足够的咖啡因，能提高你的警觉性，又不会导致事后能量急剧下降。
- 核桃。它们提供大量的 ω-3 脂肪酸，能提振情绪、刺激神经元修复。
- 黑巧克力片。它们提供大量的抗氧化剂，帮助你身体的每一个部位都变得更强壮，增强你对损伤或疾病的抵抗力。

不管你选择什么，保证今天集齐所有的 3 种食物，既可以今天就吃掉，也可以放在冰箱里稍后再吃。

忍者任务 17：一起翻过一堵墙

相传，为了翻越高墙，忍者会用背把彼此一个个地抬起来。他们称之为“造人梯”，这可以让他们达到任何一个忍者靠个人力量都爬不到的高度。[11]

团队合作也应该成为你忍者策略的基础部分之一。但今天的任务不是让你去请求别人的帮助，而是由你去帮助别人。

怎么做：你今天能帮助谁达到更强的高度？为你的任务准备就绪，以便展开行动，帮助别人“翻过高墙”。这里，我们用的是比喻，你用不着真的帮人翻墙，而是帮别人在情绪、心理或生理上获得提升。

虽然自发地帮助别人看起来跟你的健康目标没有关系，但请记住忍者变身第 4 条原则“做让你感觉强大的事情”。帮助别人是最能让你自觉强大的事情之一。

当你成功地帮助别人“翻越高墙”，这桩任务就完成了！

忍者任务 18：过一个“五元素”之日

你已经快来到忍者冒险之旅的尾声了，所以今天不妨展示一下你走了多远。

怎么做：跟五种元素（水、土、风、火和天空）连接，召唤你所有的自然之力，让它们贯穿于你的一天。每餐前分别召唤一个元素，早晨和傍晚再各做一次。

把今天想成一个好机会，在忍者之旅结束之前，锁定这些改变生活的简单习惯！

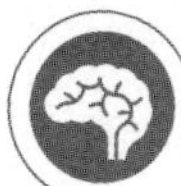

忍者任务 19：掌握鹑隐之法

今天，你有机会展示在这趟冒险中掌握的一项新技能：鹑隐之法，即静如顽石的技术。

从忍者任务 12 中，你知道了，鹑隐之法是对你心理优势的检验，包括你的意志力和决心。凭借你在这趟冒险中完成的所有任务，你的心理优势应当已切入绝对的高峰状态。

怎么做：今天，你必须尝试一桩更困难的鹟隐任务，即像石头那样保持不动整整 3 分钟。这比忍者任务 12 里的“鹟隐任务”难 6 倍。

设定计时器，坚持下去。是的，这将需要无比严苛的心理纪律。但当你成功地完成这一任务，你就会知道，忍者训练让你在心理上变得更强大了，而且，这种强大是可以客观地测量出来的。

忍者任务 20：变形传说

按照日本的传说，忍者拥有几种神奇的力量，其中之一是能够改变形态，即将身体变形，比如能变成狐狸、狼或者老妇人。

虽然你没法变成另一种生物，但在过去的 3 个星期，不管改变有多小，你的体形已经有所变化。今天，就是庆祝你变形的日子。以下是一些你可能已经注意到了的变化。

- **你站着或坐着时都显得更高了。**
- **你有了更旺盛的精力。**
- **你的衣服更合身了。**
- **你面部、颈部或背部常常绷紧的肌肉现在放松了不少。**
- **你的胳膊和腿部肌肉似乎更有力量了。**
- **您觉得自己的皮肤更好了。**

怎么做：花至少两分钟，观察并欣赏自己的体形变化。这些变化反映了你在思考个人健康目标和对待自己身体的方式上有了有力的转变。

忍者任务 21：分享秘密

连续 3 个星期，你都在采用非传统的鬼祟减肥策略。现在，是时候跟他人分享你的忍者智慧了。

把你所学到的东西传播出去。为了完成你最终的任务，你可以教别人忍者变身的 4 条原则：

1. 不节食。

2. 忽视体重秤。

3. 吃让你感觉更强壮的食物。

4. 做让你感觉强大的事情。

怎么做：把这些规则教给一位朋友、发布到网上，或分享到你最喜欢的在线论坛上。如果你感觉超好，可以做任何想尝试的人的盟友或导师。

SUPER BETTER

你的忍者变身补充能量块

练习强力招数

看看你是否已经能完美运用自己的强力招数（忍者任务 4）：做一个完美的侧手翻，在 60 秒内爬完工作场所里所有的楼梯，完成 100 个俯卧撑，在 10 次缓慢呼吸中保持瑜伽下犬式。

不管你是否实现了目标，每一次尝试都让你变得更加强大。

吃能量食物

吃能量食物（忍者任务 3 和 16），为自己补充精力。能量食物指的是让你感觉更警醒、精力更充沛、心情更好的东西。列出个人能量食物清单，它有可能包含了葵花籽、黑巧克力、酸奶煮鸡蛋、香蕉、或者杏仁。在接下来的 3 个星期，试着每顿饭、每次加餐都激活这一补充能量块。

听力量之歌

用音乐这一经过检验的力量（忍者任务 14）提高耐力、对抗疲劳、改善情绪、增强免疫系统。每当你希望用更健康的方式提神，就使用这一补充能量块。

练习鹑隐之法

花一分钟练习鹑隐之法或者“静如顽石”（忍者任务 12 和 19）。像真正的忍者那样，蜷成一个球或者干脆低头、双手交叉于胸前。用这一技术来保持头脑平静，提升意志力。

连接水元素

水代表液体、流动以及自然界里不断变动的生命力。每当你喝水的时候，提醒自己，你有着像水一样的能力，能适应、能改变（忍者任务 6）。

连接土元素

土代表的是自然界里坚硬、结实、不可屈的固体。如果你在忍者任务 7 中选择了一块石头，用手紧紧地握住它 10 秒钟，提醒自己具备稳定、牢固、自信和坚定的本性。

连接风元素

风代表能自由行动、可扩展的东西。为提醒自己能够自由行动、可扩展，在 30 秒的时间里，让自己尽量地“大”（忍者任务 8），伸展你的身体，努力让它占据尽量大的空间；或缓缓移动你身体的任何部位，如手和胳膊，让它划过空间，把所有的焦点和注意力都放在你所穿过的空气上。

连接火元素

火代表世界上最有力和强大的能量，不仅包括物理上的热、精神动力，而且还包含了情绪上的热烈。用 5 分钟时间寻找心流，在缺火（无聊）和太火（焦虑）之间找到平衡，接通你的火之力。我们在忍者任务 9 中看到，心流来自任何以目标为导向的活动：锻炼身体、玩电子游戏、写作、跳舞、创作音乐、作画、烹饪、打扫卫生、园艺……

连接天空元素

天空代表着超越我们日常体验的世界。用 1 分钟祈祷、冥想、唱歌、吟诗、绘画，提醒自己的精神力量和创造力量。

练习树隐之法

到户外练习树隐之法（忍者任务 15）。尽量靠近树，吸入它强大的植物杀菌素。激活这一补充能量块能帮助你减轻压力，增强免疫系统。

SUPER BETTER
忍者变身坏家伙

称体重

在这次冒险期间，你不能用数字来定义自己的健康、力量或幸福。

至少 3 个星期不要称体重。

计算卡路里

食物是精力和能量之源，计算卡路里是潜在能量的一种预估方法，但它不是最好的方法。相较于单纯地计算卡路里，进食后的感觉能更准确地反映什么能让你变得更强壮、更健康。

在这次冒险中，忽略卡路里，专注于你的感受吧。

为自己吃的东西感到愧疚

你的正餐和加餐不可能随时都按照计划来。但愧疚并不能帮助你在未来做出更好的决定。相反，愧疚会耗尽你的情绪和生理能量，而你本来需要这些能量去强化大脑和身体的。

如果你做出了不明智的食物选择，跳过愧疚环节，运用你的忍者补充能量块来恢复活力。

身心分离

在这次冒险的过程中，你的任务是保持身心的有力连接。你的身体需要运动，它需要水，需要食物。不要因完全投入分心之事，如工作、社交媒体、书籍、电影、电视剧或电子游戏，而忽略这些生理需要。

抗击这一坏家伙，直到你养成习惯，每隔一小时就检查自己的身体。你可尝试设定计时器或日历，提醒你每隔一个小时问候自己的身体。每当它萎靡不振，你就问问自己：我需要吃点东西吗？我需要喝点水吗？我需要动一下吗？你也可以请盟友随机发来短信或电子邮件，提醒你关照自己的身体！

忽视自己的忍者力量

你有 5 种元素可供调遣：水、土、风、火和天空。如果你忽视这些力量，它们会萎缩，所以每天至少召唤一次这些元素！

第 15 章

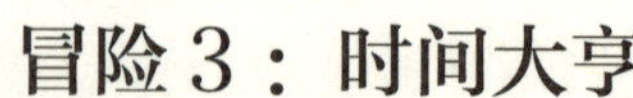

冒险 3：时间大亨

完成时间：

10 桩任务 /10 天

如果你有以下情况，本次冒险就很适合你。

- 总觉得一天的时间不够用，做不完你想做的事。
- 只有一样东西你总渴望拥有更多的话，那就是更多的自由时间。
- 你想要学着放慢时间，以便更有效地使用它。

这轮冒险包括以下 3 部分内容。

- 10 桩任务；
- 6 个补充能量块；
- 3 个坏家伙。

怎么玩？

- 每天完成一桩任务，直至完成所有的 10 桩任务。

时间大亨任务 1：什么是时间富裕

每个人一天都有相同的 24 小时。从这一维度来看，没有谁会比其他人在时间上“更富裕”或者“更匮乏”。但事实上，的确有人体验着经济学家所谓的“时间富裕”。这指的是你感觉有充裕的时间，可以用在对你最重要的事情上。当你时间富裕，不管你本身多么繁忙，总是感觉自己有足够的时间可用于照料家人、关心自己的健康、从事自己激情所在。

但更多的人体验到的是“时间贫困”，即总是觉得没时间可用于个人目标和优先事项。[1] 当你时间贫困，不管你的动力多强也没用，因为你始终觉得没机会把时间和精力投入自己的激情所在。

如果你和当今美国的大多数人一样，你很可能感受到的就不是时间富裕，而是时间贫困。这次冒险的目的就是帮助你改变这一点。

时间富裕的人更快乐、更健康、更富有成效。他们体验到的慢性压力更少，每天有更多时间用于追求自己的个人目标和梦想；他们有更亲密的人际关系；他们更多地参加志愿活动，主动地帮助别人；他们在吃什么、锻炼多久、睡多长时间上能做出更明智的决定。[2] 因为如果你感觉时间富裕，就会更自由地支配时间，对自己更慷慨。从这个角度来说，时间的确和金钱一样。

在时间上更富裕能让你的生活产生重大的积极转变。经济学家证明，时间富裕比物质富裕更有可能带来心理、生理、情感和社交等方面的福祉。感觉时间富裕的人，比感觉时间贫困的人压力更小、更幸福、人际关系更亲密、身体更健康。不管你有没有钱，这些好处都会自然产生。事实上，如果你想更快地过上更好的生活，经济学家会建议你增加自己的时间财富，而非货币财富。[3]

但关于时间富裕，有一件奇怪的事情：它跟你客观上拥有多少“自由时间”并无对应关系。除了那些干多份工作以求维持温饱的人，以及那些工作日程变化频繁、不受自己控制的人，当事人感知的时间富裕度几乎跟人每天投身个人追求或自选活动的具体时间长度毫无关系。[4] 研究发现，大部分拥有大量空闲时间的人，并不感到时间富裕，他们只觉得无聊、烦躁。

反过来说，很多日程繁忙得让人难以置信、几乎没有一分钟多余闲暇的人，却觉得时间非常宽裕。尽管自己难得空闲一分钟，但他们会告诉你，自己的时间多得是。这样的差异到底是怎么产生的呢？

原来，时间富裕跟人的日程并不相关，而是与一系列大范围的微妙心理、生理、情绪和社交习惯有关。你每天所做的小小选择，比如你怎么坐、怎么通勤甚至你的呼吸快慢；都影响着你对可用时间的感知。与此同时，最微不足道的社会交往和看似最琐碎的决定，比如"我今天应该上网看哪段 30 秒小视频呢"，都能让你对时间是充裕还是匮乏产生天差地别的感觉。

本次冒险会教给你成为时间大亨的习惯。在接下来的 8 桩任务当中，你将学习 8 种不同的技术，提高你的时间富裕度，而又并不改变你实际拥有的空闲时长。这些技术由来自耶鲁大学、哈佛大学、斯坦福大学、沃顿商学院、加州大学伯克利分校以及其他顶尖商学院及心理学系的研究人员所开发，也经过了他们的检验。

怎么做：请接受这个挑战："在接下来的 10 天里，我会积累一笔小小的时间财富，用在对我最重要的事情上！"

时间大亨任务 2：用权力致富

俗话说："时间就是金钱。"但据加州大学伯克利分校的一队心理学研究人员的说法，说"时间就是权力"更为恰当。

位高权重的人，比如 CEO，常常感觉时间富裕。加州大学伯克利分校研究人员希望找出原因。是因为位高权重的人有更充裕的自由时间吗，还是说拥有权力改变了我们对时间的感知，从而帮助我们更有效地运用时间，因此与我们真正拥有多少空闲时间无关？

为了探讨这一问题，研究人员进行了 5 场实验，巧妙地增加或减少参与者的权力感，同时要求他们评估有多少时间可以用来做日常生活中对自己最重要的事情。

下面是他们检验过的一些提升权力感的技巧：

- **座位居高临下：把你的座椅调整得比平常更高。**
- **权力回忆：回忆你有权做一个重要决定或改变他人生活的决定时的情形。**
- **权力姿态：把胳膊放在头部上方尽量高的位置，把你的脚扎扎实实尽量宽地踩在地上，昂首挺胸。你或许听说过哈佛商学院教授艾米·卡迪（Amy Cuddy）广为人知的“权力姿势”研究。**[5]

事实证明，这 3 种心理技术都能提升人的权力感和时间富裕感。而且，两者之间存在直接联系。感知到的权力提高得越多，参与者说自己用来追求个人目标的时间就越多。[6]

它为什么能发挥作用呢？研究人员推测，权力感提升了我们对生活各个方面的控制感，而控制时间只是其中的一方面。

“当然，在现实中，权力并不能控制时间，”加州大学伯克利分校的研究人员在发表于《实验社会心理学期刊》（*Journal of Experimental Social Psychology*）的一份研究中这么写道，“和食物、金钱等其他资源不一样，时间始终在被耗用，又从来无法被替代。”然而，相信自己能控制时间提升了你把自己的时间用在个人目标上的可能性。“因此，”研究人员这样写道，“权力真的能垄断时间。”

哪怕片刻让自己感觉更强大，也能帮助你发现你原本并未意识到的归自己支配的时间。这是时间变得更富裕的第一步。

怎么做：为了得到一些你应得的时间，请从加州大学伯克利分校的研究中所用的提升权力的技术中三选一加以练习，现在就练！

时间大亨任务 3：探索时间礼物悖论

这听起来有悖常理，但它一点不掺假，那就是把时间给别人会让你感觉时间更富裕。

一支来自耶鲁大学、哈佛大学和沃顿商学院的研究团队进行了一系列的4次实验，检验这一理论。他们发现，只要花十几分钟帮助别人，比如帮人校对文章或给住院的孩子写一封支持信，就能明显提升时间富裕度。事实上，有些研究参与者得到了一笔“意外的时间小财”，有一小时额外的自由时间可做任何想做的事情，相较于这些客观上有更充裕时间的参与者，把时间给出去的参与者感到时间更富裕。

研究人员认为，这种惊人的效应根植于帮助别人让我们感觉更强大的事实。从任务2中，你已经知道，自我感觉强大的人也会觉得时间富裕。[7]

怎么做：你今天的任务是，花十几分钟帮助别人。任何形式的帮助均可，比如帮同事完成一桩工作任务、打扫房子周围或者写一封温情的信件，寄给某个需要听到鼓励话语的人。如果你觉得自己没有足够的时间完成这一任务，你只要记住：比起得到60分钟的闲暇时间，把10分钟的空闲时间送出去会让你感觉更加时间富裕。换句话说，这是一笔划算的买卖。

时间大亨任务4：用敬畏致富

当我们为某种比自己宏大、了不起的事物感到谦卑，这就是敬畏，它是一种积极的情绪。面对自然奇观，比如瀑布或大峡谷，你或许会感到敬畏。听到数百人大合唱，感受到那么多声音一起唱出的美，你或许会感到敬畏。看到运动员完成了前无古人的事情、打破了纪录、改变了我们对人类潜力的所有认识时，你或许会感到敬畏。

敬畏是一种最愉快、最激励人心的积极情绪。斯坦福大学的研究人员最近发现，它是跟时间富裕关系最紧密的情绪。

在一系列的3次实验中，斯坦福大学的心理学家检验了敬畏对可用时间长短感知的影响。他们发现，仅仅在一两个瞬间（比如由观看自然奇观的视频触发）里感受到了敬畏的参与者，过后都会这一天里感到有更多时间可用于自己的目标，不那么急躁，而且还更乐意志愿投入时间帮助他人。所有这三种变化，都是时间富裕度增强的标志。[8]

为什么敬畏会改变我们对时间的感觉呢？斯坦福大学的研究人员解释说，当我们感到敬畏，对时间的体验随即变得不同。我们体验到它缓慢、广阔，而非匆匆忙忙、束手束脚。“敬畏把人们的注意力集中到了他们眼前正在展开的东西上，”研究人员在《心理科学》（*Psychological Science*）杂志上写道，“而聚焦于当下拉长了对时间的感知。”

换句话说，敬畏令分分秒秒感觉起来更长了。这种膨胀、拖长的时间让我们感觉像是拥有了更多的时间。

所以，你该怎样在实践中利用这一科学发现呢？很简单，只要试着每天激起一点敬畏就行。研究人员检验了激起敬畏的两种主要方法，它们都可以很轻松地在家做到。

怎么做：唤起敬畏的第一种做法是，观看一段展现敬畏之事的视频。比如看全世界最优秀的冲浪选手冲过一波巨浪，熊猫产下三胞胎，大规模社会抗议，火山喷发或高功率天文望远镜观察到的遥远星系。视频里那些宏伟壮观的事情，不管是让你起了一身鸡皮疙瘩，还是让你感到了自己的卑微，都起到了该有的作用。

唤起敬畏的第二种办法是用一两分钟描写你过去经历或目睹过的敬畏之事。以下是斯坦福大学研究人员在研究中所用的指示：“敬畏是你面对庞大、压倒性的、改变了你对世界理解方式的事物所做出的反应。写下你产生此种感受的亲身经历。”你不用写一篇长长的文章，几句话就很管用。

为完成这桩任务，从这两种方法里挑选一种，今天就做做看。

时间大亨任务 5：避免社会时差

你知道自己的生物钟类型吗？如果不知道，你可能会无意中浪费你一天中最美好的部分时光。

生物钟类型指的是对什么时候睡觉、什么时候活跃的生物偏好。它的范围包括从“超级早起型”到“超级晚睡型”这两者之间的各种情况。超级早起型是所谓的“早起的鸟儿”，日出就能醒来，生理和心理上都能即刻活跃。反过来说，超级晚睡型则是夜猫子，他们不睡到上午10点左右，就没法进入最佳状态。但到了傍晚时分，他们头脑和身体的活力状态就比早起型好得多了。

你的生物钟类型会随着生命周期而变化。大多数人青少年时期都是超级晚睡型，到了老年又变成超级早起型。两者之间的岁月，人的生物钟类型难以预测。科学家所谓的生物钟基因，即帮忙决定我们最舒适的清醒和睡眠节奏的DNA片段决定了它们的不同。

生物钟类型的重要性在哪里呢？如果你的生物钟跟你的社会时钟，即上学、上班的传统开始时间不配套，你就无法在思考和工作上发挥全力。在生理和心理上，生物钟失调就像是在倒时差。你感觉昏昏沉沉，睡眠不足，难以集中注意力。所以，科学家们把它叫作社会时差。研究人员估计，美国半数以上的工人以及80%的高中生深受社会时差的折磨，这给职场带来了巨大的生产力成本，让大多数学生难以学有所成。[9]

社会时差会导致生理上的恶果。受社会时差折磨的人更容易肥胖，更容易吸烟，更容易变得依赖高咖啡因产品及其他兴奋剂。正因为他们持续地处在睡眠不足和生物钟失调状态，所以才使用糖、尼古丁和咖啡因来帮忙撑过白天或帮助熬夜。[10]

社会时差还对情绪有影响。因为它持续地给大脑和身体施加压力，所以有可能导致抑郁和突发性精神疾病。[11]

那么，社会时差的解决办法是什么呢？《时间脉搏的秘密》(*Secret Pulse of Time*）一书的作者、科普作家斯特凡·克莱因（Stefan Klein）提议：“我们不应该再把日历时间看成自己非要挤进去的紧身衣。我们需要放弃统一规格的时间模型，承认并尊重事实，即每个人都存在也需要个性化的节奏及内在时间。”[12]

实际情况而言，这意味着调整学校和工作的时间表。例如，许多学校尝试晚一两个小时开始上课。实验结果证明，这种调整确实明显提高了学生们的成绩和生活质量。以明尼阿波利斯州的一所学校为例，该学校发现，上午9：40而不是8：40才上课，全面提高了学生们的平均成绩，旷课率降了一半。在职场，配合晚睡型员工，允许员工灵活选择上班时间、重要小组会议尽量不排在上午 10 点之前，这一类的尝试也显示出了积极效果。

让我们现实点吧。在未来 24 小时，你无法实现彻彻底底的社会变革，但你可以盘点自己的生物钟类型，尽量按照生物节奏来安排生活。

怎么做：确定你的生物钟类型。你是早起型、晚睡型，还是介于两者之间？

如果你在晚上 10 点钟能自然入睡，你就是极端早起型。如果 12 点之前都睡不着，你就属于极端晚睡型。在这两者之间，你就属于……两者之间。一旦你知道了自己的生物钟类型，记得把最重要的活动都安排在自己恰当的时间。只要你能有所选择，就把考试、会议、陈述、第一次约会、锻炼、学习，以及其他任何需要生理或心理投入的活动都安排在你的生物钟“甜蜜区”。一般来说，你可以以你自然想上床睡觉的时间作为分界点，甜蜜区不早于入睡后的 9 ~ 10 个小时，不晚于入睡前的 3 个小时。

关注你的生物钟类型，有助于保证你在最需要的时候精神集中、能量充沛，为每一天带来更多的“好时光。”

时间大亨任务 6：让一天变得更长

为了让一天变得更长，可以去做一些你从来没做过的事情。

吃一种新的食物，见一见新的人，去往一个新的地方，了解一点新的事实，尝试一种新的锻炼，玩一款新的游戏，去一家你从没去过的商店，听一首你以前从没听过的歌曲。

按贝勒医学院（Baylor College of Medicine）神经学家、研究时间主观体验的专家戴维·伊格曼（David Eagleman）博士的说法，做以前从来没做过的事情能改变你大脑对时间流逝的处理方式。具体而言，它放缓了时间。[13]

这是因为一场体验对你而言越是可预测、越是熟悉，你的大脑为理解它所付出的劳动就越少。如果你以前见过或做过这件事，大脑会抄捷径，借鉴此前处理相关情况的流程。这有利于节省精神能量，但对积累时间财富来说却糟糕透顶。因为大脑付出的劳动越少，时间流逝得就越快。如果你的大脑快速地处理了一件事，它会认为这件事发生得很快，时间就会显得更短，压缩得更紧，这跟感受时间富裕所需要的恰好相反。

幸运的是，你可以利用这一现象，强迫大脑放慢速度接受新信息。做一件你从来没做过的事情，要求大脑更加缓慢地处理一切，你会感受到时间流逝得更慢。时间流逝得越慢，它感觉起来就更充裕。

怎么做：以不同的方式做一件你每天都要做的事情。例如：用自己的辅助手刷牙。也就是说，如果你是右撇子，那就用左手刷牙。从卧室倒退着而不是正向走到厨房。闭着眼睛吃早餐。在你的日常活动里做些微的变化，就能让时间稍微放缓一些，也就是说，在这一天的晚些时候，你更有可能把时间用到你最重要的优先事项和目标上。[14]

时间大亨任务 7：用氧气致富

要想感觉时间更富裕，尤其是置身于压力之下时，最简单的方式或许是，缓慢地深呼吸 5 分钟。

斯坦福大学商学院的研究人员进行了一系列实验室试验，发现深呼吸这个简单的动作极大地改变了人们对时间的感知。《消费者心理杂志》上发表的一份研究报告说："受试者接受指导缓慢地深呼吸了 5 分钟，不仅感觉完成事情的时间更多了，而且觉得日子变得更长了。"[15] 对比来看，呼吸短促的人更容易感觉时间匮乏。

为什么这种技术管用呢？因为身体会影响意识：快速呼吸告诉你的大脑，你匆匆忙忙，充满压力；缓慢呼吸则告诉大脑，你有的是时间。

怎么做：设定 5 分钟的计时器，专心地缓慢深呼吸。每当你需要的时候，就把这种技术当成补充能量块用起来。

时间大亨任务 8：在路上致富

你每天怎样从甲地前往乙地，是你感觉时间富裕还是贫困的主要因素。

根据北卡罗来纳大学教堂山分校的研究，开车的人明显比步行、骑车、搭乘公交的人时间贫困感更强烈。哪怕驾驶员每天上下班通勤的时间比步行、骑车或搭乘公交的人所用更少，他仍然这样感觉。造成时间贫困感的似乎是驾驶这一行为，而非它消耗的时间。[16]

为什么会出现这样的情况呢？北卡罗来纳大学的研究表明，开车是最紧张的出行模式。开车，尤其是在交通高峰期开车，还会引发沮丧、焦虑和愤怒等消极情绪。压力大和消极情绪都跟时间贫困感增大存在关系。还记得吗？在时间大亨任务 2 里，如果你感到力不从心，就会觉得时间贫困。

反过来说，其他出行形式，尤其是步行和骑自行车，有助于减少压力，增加自我效能。它们提升了正念，即对我们的想法、感受和周围的环境给予主动且富有同情心的关注。自我效能和正念的增强与时间富裕感提升相关。

那么，在未来 24 小时，你可以做些什么来利用这一研究呢？在通勤的过程中，以任何方式减少驾驶时间，增加步行、骑行或搭乘公交的时间，都有助于你感觉时间更富裕。就算你通勤的时间比开车时变得更长了，你仍然会这样感觉。

每一个微小的变化都有所帮助。比如，你把车停得远一些，走 10 分钟前往上班地点。或者看看你能不能改变通勤时间，避开压力最大的驾驶时段。也可以试试跟人拼车，减少自己开车造成紧张的天数。额外的奖励是，开车搭上别人能给你带来强人感，这或许能平衡驾驶给你时间富裕度带去的不利影响！

还有一种选择对你来说兴许比较容易，那就是采用正念的驾驶习惯。佛教禅修的正念专家建议你做出以下简单的改变。

- **关掉收音机。**

- **开得慢一些，试着略低于限速驾驶。这能释放能量（消除紧张），要不然，你就会不断尝试超过限速或者超过其他车辆。**
- **在每一处停车标志或每一个红灯前深呼吸一两次。**[17]

这些习惯将帮你减少压力并增加正念，有助于你在后面的时间大亨任务中获得更多益处。

怎么做：未来 24 小时，尽量在你的两地通勤过程中做出小小的改变。如果你今天哪儿也不去，那就制订一套改变计划，完成这一任务。

时间大亨任务 9：为自己选择任务！

今天的任务是……做任何你想做的事！

就是这样。除了今天花 5 分钟做你自己选择的某件事，这桩任务没有其余的指示，任何事都可以。

小睡一会儿，打电话给妈妈，做些举重练习，网上购物，玩个游戏，欣赏美景。不管是什么，它应该是一件你今天本来无意去做的事情。

原理：研究表明，自由、自发选择的活动能提升时间富裕感，而惯例或强制性活动则会减少它。[18]这很有道理：每当你能对自己的时间行使控制权，它就会提醒你，你有着强大的力量，把时间用来做重要的事情。

当然，你不能也不应该回避例行之事和个人义务。但如果你只做例行和强制性事情，总有一天，你会感觉对自己的时间越来越缺乏控制。自由、自发地决定做什么事能提醒你：你掌握着控制自己时间的力量，哪怕只有短短几分钟！

所以，自由地选择怎样用掉今天的 5 分钟时间。这会让你主动地把关注点从不得不做的事情转到想要做的事情上，而这是时间富裕的巨大组成部分。

你对自己这一天的任务有着完全的控制权。**用 5 分钟去做任何你想做的事情！**

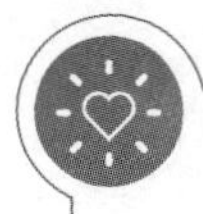

时间大亨任务 10：衡量你的时间财富

恭喜！你已经学会了 8 种提升时间富裕感的强大技术，但怎么才能知道这些技术是管用的呢？时间财富比金钱财富更难以衡量。说到底，不管你感觉自己时间多么富裕，你的一天仍然只有 24 小时。

为了衡量你的时间财富，你需要按心理学家的办法来。他们使用几种专门设计的调查来衡量时间富裕度和时间贫困度，比如感知时间可用性指数（Perceived Time Availability Index）、物质富裕度和时间富裕度调查（Material Affluence and Time Affluence Survey）、时间限制指数（Time Constriction Index）和未来时间规划量表（Future Time Perspective Scale）。

想要了解你的时间财富增长情况，你无须做完所有的调查。以下是从这些测量工具中选出的 10 个最重要的问题，你可以定期用这些问题来核对自己的情况。这个星期，你觉得自己时间富裕还是时间贫困呢？

时间贫困

以下说法，你认同其中的几条？

- 我的生活总是很仓促。
- 白天总是不够用。
- 我赶时间。
- 我无法控制自己的时间。
- 时间悄然溜走。

时间富裕

以下说法，你认同其中的几条？

- 我有足够的时间做对自己重要的事情。
- 我有很多时间可以把事情做好。
- 我将来有充裕的时间。
- 我能够控制自己支配时间的方式。
- 时间是无限的。

如果你认同的时间贫困说法超过了时间富裕的说法，那么你就需要付出额外的努力来激活时间大亨补充能量块（如下所列）。如果你认同的时间富裕说法多于时间贫困说法，那么恭喜你：你积累起了真正的时间财富。

SUPER BETTER

时间大亨补充能量块

为自己提升能量

为了提升力量感和时间富裕感，请使用来自时间大亨任务 2 中的 3 种技术：

- 座位居高临下：把你的座椅调整得比平常更高。
- 权力回忆：回忆你有权做一个重要决定或改变他人生活的决定时的情形。
- 权力姿态：把脚扎扎实实地踩在地上，抬起胳膊，昂首挺胸。

把你的时间给别人 10 分钟

今天帮助别人 10 分钟（时间大亨任务 3）。它带给你的时间富裕感比得到一小时意外的空闲时间更强烈！

唤起敬畏

观看一段展现敬畏之事的视频或者花两分钟描写一次你面对比自己更宏大的事物时感到谦卑和敬畏的经历，让时间在感觉上变得漫长而膨胀（时间大亨任务 4）。

做一件从来没做过的事情

提高大脑的运作难度，放缓你的时间体验。你可以做一件以前从没做过的事情，或是以略微不同的方式做一件常做的事情（时间大亨任务 6）。

呼吸

缓慢深呼吸 5 分钟（时间大亨任务 7）。它能让你把一整天的时间都变慢，帮助你找到更多的时间做对自己重要的事情。

做一次自由、自主的选择

拿出 5 分钟时间做自己想做的事（时间大亨任务 9）。向自己展示，你对自己怎样支配时间有着真正的控制权。

SUPER BETTER 时间大亨坏家伙

时间贫困

时间贫穷就是觉得一天里没有足够的时间做你想做的事情。它蒙蔽你的心，让你的时间变得紧巴巴，阻止你把时间自由地用到对你最重要的事情上，即用在你的健康、你的梦想和你的亲密关系上。用任何时间富裕补充能量块对抗这一坏家伙！

社会时差

这个坏家伙令你的头脑和身体自然节奏跟日常职责失调。就算你无法改变整体时间安排，也仍然可以对抗这一坏家伙（如时间大亨任务 5）。只要有可能，就把对你最重要的活动安排在你认为适合的时间。如果你擅长当众讲演，就在学校和职场倡导灵活的上班上学时间或更公平的会议时间。将来，如果可以选择，就主动寻找更适合你生物钟类型的时间安排。

盲目、紧张的通勤方式

在每天上下班的过程中，你承受的压力越大、分心越多，就越容易感到时间贫困。改变通勤方式，对抗这一坏家伙（时间大亨任务 8）。如果你开车，就改用步行、骑行、拼车或搭乘公共交通工具。就算上下班时间变得更长了，你也会觉得时间上更富裕了一些。如果这不可行，那就练习正念驾驶：关掉收音机，稍微放慢车速或在限速内行驶，看见停车标志或红灯时深呼吸。如果你已经有了更有正念的通勤方法或你无须上下班，那就更好了，因为你根本不用对抗这个坏家伙！

关于游戏的科学

本书以5年的科学研究为基础，包括宾夕法尼亚大学的“超好”法随机对照研究；美国俄亥俄州立大学韦克斯纳医学中心和辛辛那提儿童医院的“超好”法临床试验，该项目得到了美国国家卫生研究院的资助；对1 000多份经过了同行审议、论述游戏相关的心理学和神经科学、创伤后和狂喜后成长与复原力等主题，尤其是积极情绪、身体活动和社会支持相关的论文做了文献综述。本书的注释中包含了最相关的大约500篇论文。

为了让各位读者更方便地探索“超好”法背后的科学原理，我在Showmethescience.com创建了这些研究的目录。我尽量将目录链接到免费公开且为完整版的论文。但学术作品往往要求订阅或大学身份验证方可访问；如果是这样，我会链接到研究描述和原始研究上。随着可用的游戏心理及神经学研究的增加，我会继续更新资源。

针对那些对科学感兴趣的读者，我想对宾夕法尼亚大学和俄亥俄州立大学韦克斯纳医学中心的研究做更详细的说明。这些合作是怎么来的，研究的目标是什么，采用了什么方法，参与者是哪些人，结果怎么样？宾夕法尼亚大学的研究于 2013 年完成，研究结果最近才公布，俄亥俄州立大学的试验还在进行中。如果试验更新或者做了更深入的研究、发表了新的科学论文，Showmethescience.com 都会及时公布。

在宾夕法尼亚大学和俄亥俄州立大学韦克斯纳医学中心进行《超好》研究的研究员和医生，没有一位跟电子游戏，即《超好》这款游戏，存在一般性的经济利益，也没有一位因为进行了此项研究而得到过任何报酬。

宾夕法尼亚大学的《超好》研究

我问宾夕法尼亚大学积极心理学中心的临床心理学家、博士研究生安·玛丽·勒普克，是什么启发了她对《超好》进行随机对照研究。她这样回答："我们需要一些有创意的新东西来帮助抑郁症患者，因为现有的疗法和药物对很多人都没有改善作用。'超好'法轻松又好玩，让我很受震动。新鲜有趣的东西可不是经常能出现的。"

我最初和勒普克相遇是在 2011 年费城召开的一次科学大会上，她介绍自己有关创伤后成长的工作，创伤后成长是她首创的概念。我就是从她的讲演里第一次发现这个想法的！我则在有关技术和心理健康的小组会议上介绍自己的游戏研究。我们就各自的研究聊了好几个小时，我把自己的《超好》故事告诉了她。我们马上意识到，我们存在许多重叠的研究兴趣，特别是，我们都热情地想要开发、测试新的干预措施，帮忙、鼓励创伤后成长以及我后来知道的狂喜后成长。

我们一直保持了一年多的联系，分享最新的研究，寻找组建团队的合适途径。最终，完美的机会出现了：勒普克找到了两位感兴趣的同事，一起对《超好》治疗抑郁症的有效性进行正式研究。

为了帮宾夕法尼亚大学为这项研究做准备，我和《超好》实验室的两位合作者联手，创建了一套专门针对抑郁症的补充能量块、坏家伙和任务。这两位合作者分别是科普作家贝兹·麦克斯韦（Bez Maxwell）和数据科学家罗斯·布鲁姆（Rose Broome）。我们三个人还帮助宾大的研究人员设计试验方案：它的试验时长、我们鼓励参与者玩游戏的频率以及我们应该问什么样的问题。但所有的实际试验，包括招募、数据收集和数据分析，均由宾夕法尼亚大学的研究团队独立进行。这是为了确保最大的科学有效性。我一直等到宾夕法尼亚大学的研究人员为心理科学大会年度联合会准备独立报告的时候，才知道了试验的结果。

这项研究设定为 30 天的随机对照试验。2/3 的参与者尝试《超好》法，另外 1/3

列入等候名单。这让研究人员能够对比玩《超好》与其他可能带来好转的因素，如时间的流逝、接受药物或其他治疗等的影响。

游戏组接受的指示是每天玩 10 分钟《超好》。研究人员还鼓励他们继续接受治疗，包括服用处方药。大约一半的参与者报告说，他们眼下正在接受治疗，服用抗抑郁药物。

我们总共招募了 236 名参与者。所有参与者都已年满 18 岁，且症状全都达到了临床抑郁症的标准。他们是通过一个热门的自我救助网站“真正的幸福”（Authentic Happiness）在线征召的。他们不因此事获取任何报酬。这对我们非常重要，因为我们想了解《超好》对典型玩家的效果如何，所以我们不能为他们提供任何普通《超好》玩家没有的特别动机和奖励。

我们还想知道实现超好的不同方法是否有着不同的效果，所以我们把《超好》玩家分为两个小组。一组人获得一整套的补充能量块、坏家伙、具体针对抑郁症和焦虑症的任务；另一组人则宽松地进入《超好》世界，获得一套游戏里最受欢迎的补充能量块、坏家伙和任务，这是按其他《超好》玩家的激活次数来判断的。这包括了与自我同情、身体活动和社交复原力相关的内容。我们的假设是，两组接触《超好》游戏的人，都会比等候名单小组表现好，但获得具体针对抑郁症内容的玩家表现还会更好。

两个小组接受了 4 次心理调查，开始玩游戏时做了一次，接着每隔两个星期进行一次，直到研究结束，过了 30 天正式游戏期或等候期两个星期之后还有一次跟进调查。这项研究的成果最近完成了科学同行审议的流程，已经发表在了《健康游戏》杂志（*Games for Health*）上。[1] 以下是我们了解到的信息。

相较于等待名单上的参与者，《超好》玩家的抑郁症症状出现大幅缓解。到研究结束时，平均而言，玩家的抑郁症症状少了 6 种，等候名单组减少了两种。玩家的焦虑明显更少了，培养出了更强的自我效能，体验到了更强的社会支持，报告的整体生活满意度提高了。简而言之，从我们采用的每一种测量方式上看，《超好》玩家的感觉都更好、更快。此外，在 30 天的研究期过后，他们继续好转；停止玩游戏两个星期后，他们仍然经历了同样的改善速度。他们的抑郁和焦虑继续减少，继续培养更强的自我效能，感受到更多的支持，而且改善速度比等待名单上的参与者快得多，也明显得多。这表明有可能出现了“螺旋上升”效应：一旦你变得超好，就容易继续变得超好。如果有人对统计学感兴趣，请看这里：在第 6 个星期结束时，《超好》的效应量是 0.67，这是一个非常有力的结果。效应量高于 0.2 意味着某事对结局的影响较小，在 0.5 及以上意味着它对结局有着适度的影响，0.8 则可视为有重大影响。所以可以说，

《超好》对玩家的幸福感有着适度到重大的影响。

我们还发现了什么呢？太多了！我们研究的一个因素是《超好》对同时也在接受治疗、服用抗抑郁药之类的处方精神科药物的患者，是否有什么不同的作用。我们发现，无论患者是否正接受其他形式的治疗，都得到了类似的结果。我们认为，这表示《超好》可以跟传统治疗配合使用，无须被视为对治疗或药物的替代方案。而且，我们的证据有力地表明，它可以为不管出于什么原因而无法接受治疗或服用药物的人带去明显益处。

我们还观察到，在为期 30 天的过程中，游戏组平均登录《超好》在线版 20 次。这是一个有趣的结果，因为虽然我们推荐每天到游戏里签到打卡，但事实最终证明，每天签到并不必然有着明显的益处。差不多每隔一天打卡一次，就足以带来积极的变化了。

最后，我们注意到，宽松地进入《超好》游戏环境，获得热门补充能量块、坏家伙和任务的玩家，其病情比得到专门针对抑郁症套件的玩家好转更快。相较于等待组，两组人都有了更快、更明显的改善。但没有专门针对抑郁症的游戏组表现最好，这是一个意想不到的惊人发现。这里有几种可能说得通的解释。宾夕法尼亚大学的一位研究人员认为，很有可能最受欢迎的《超好》内容之所以那么受欢迎，就是因为它的效果真的好。因此，获得最受欢迎补充能量块、坏家伙和任务的玩家，有了很好的成功基础。正是出于这个原因，我在本书里收录了大量最受欢迎的《超好》套件！另一种可能性是，手握大量实现超好的创意选项比按规定使用一种具体的方法，让人感觉更有力量。大多数人也都采用这种典型的方式来运用“超好”法，他们自行决定哪些补充能量块、坏家伙和任务最适合自己。

尽管获得了这些前景乐观的发现，我们仍应把宾夕法尼亚大学的研究看成评估“超好”法的起点，而不是对“《超好》有帮助吗”这个问题做出的最终或确定的回答。研究结果是积极的，从统计上看也很明显。然而，正如我们在科学论文中指出的那样，这项研究中有若干因素限制了我们能得到的结论。举个例子，就新型心理干预手段的首轮研究而言，本研究的规模（236 名参与者）算是相当大了，但只有更大规模的研究才能提供更令人信服的证据。我们也知道，因为招募的参与者是本就在为抑郁症寻找自我救助解决途径的患者，他们很可能比普通的抑郁症患者有更强大的想要好转的动力，因此也就能够更好地从《超好》中得益。招募使用其他方法的参与者，比如筛选出更多有抑郁症却并未寻求解决途径的患者做进一步研究，或许能更好地理解人需要多强的自我动力，才能从“超好”法中受益。

另一个限制因素是，我们只对参与者做了 6 个星期的跟进，尽管结果表明大多数玩家体验到了明显的改善，但本次研究并未提供证据说明，游戏完毕最初的两星期过后，这种改善还能不能持续，如果能，能持续多久。最后，在 6 个星期的尾声，研究损失了颇多的用户，尤其是等候小组的用户，这对所谓的“自然使用”，即参与者不获得任何报酬的研究是很常见的。也就是说，一些参与者再也没有回来接受稍后的调查。我们从 63 位参与者处收集到了完整的数据，从另外 102 位参与者处收集到了部分数据。出于这个原因，有必要再次考虑以下可能性：“超好”法是不是只适用于主动寻求解决办法、有强烈实现好转的动力的人。这将证实我们从 40 多万网络玩家身上观察到的现象：如果当事人积极应对棘手的个人挑战，有着更强烈的动机要尝试新东西，心态上更为开放，这套方法似乎就最有效。

当这项研究已经完成，并在两次科学会议上做过陈述之后，我问勒普克，在她眼里，该怎么解释《超好》展示出来的有效性。她提出了若干理论。首先，她着眼于游戏“轻快、俏皮的做法”。她说：“有时候，我们都把自己和自己的想法看得太认真了。《超好》用游戏心态来重新框定事情，能帮助我们重获一些视角，把自己跟无益的想法分离开来。”

她还把科学基础视为游戏的一个关键因素。“心理学家的研究其实已经实现了很美妙且有用的发现，”她说，“但科学界需要人们帮忙把难以接触、难以理解的文献资料翻译成更平易近人的内容。《超好》把重要的研究成果翻译成了补充能量块、坏家伙和任务，做到了这一点。”

她还认为，秘密身份和华丽制胜是《超好》创造积极改变的关键部分。“英雄之旅的设想非常重要，也令人信服，”她说，“故事是我们生活的核心。我们通过别人讲述的故事来理解他们，通过自己讲述的故事来理解自己。《超好》为我们提供了强大而有趣的方式，可以用来改变故事。我们不再讲述自己受害或者悲剧的故事，而是讲述冒险和救赎的故事。”她说，这说不定就是《超好》最重要的环节。“它提醒我们，人完全能够成为自己故事的英雄。”

俄亥俄州立大学的研究

“我们能把医生的建议和治疗指导变成一款游戏吗？这样患者就能更轻松地遵守医嘱了。”这个想法来自俄亥俄州立大学医学院的研究科学家兼教员丽瑟·沃森－查德哈里，2010 年，她找到我，想要对这方面进行探索尝试。

沃森－查德哈里从事康复领域的研究已有20多年，她知道，大多数患者在家里都很难完全照着医生的建议行事。她想找到一种方法帮助患者记住医嘱，提高患者坚守医嘱的能力。

她也知道，如果家人都知道医嘱的内容，患者更容易成功地遵守医嘱。但很多时候，看护的家属会不知所措、焦虑、忘记自己听到的建议。所以，沃森－查德哈里想知道怎样做才能帮助患者家属，让他们能更有信心地帮助亲人更快好转。

她对患者护理方面的创新做了文献回顾，寻找一种能在漫长的康复期调动患者积极性、创建更强大支持系统的工具。"考察了各种方法之后，"她对我解释，"《超好》似乎是唯一能有效实现两者的办法。"

她来找我的时机很巧，我刚开始跟社交游戏创业公司"Social Chocolate"的合作者们开发"超好"法的数字版。在沃森－查德哈里的帮助下，我们得以采访俄亥俄州立大学的医疗从业者，听取他们的建议改进"超好"法，让它变得对患者和医生都更有益。我们联手合作了3年，针对希望通过游戏实现脑震荡和创伤性脑损伤恢复的玩家，强化了游戏设计，整合加入了具体的医疗指导。

双方持续合作的结果是，我们得到了美国国家卫生研究院提供的科研补助金。同时，我们也肩负了一项任务：对《超好》在临床环境下进行试点研究，用正式术语来说就是一期临床试验。患者将连续6个星期使用"超好"法，医生扮演他们的盟友。

你会发现，不管是宾夕法尼亚大学还是俄亥俄州立大学的研究，都只测试了相对较短的游戏期，分别是30天和6星期。这个决定是基于我们对其他《超好》玩家的采访和观察得出的，我们发现，他们在最初30天的玩游戏时间内，大体上已经收获了大部分的情绪和社交收益，实现了思维上的最大转变。

俄亥俄州立大学为试点研究招募了来自辛辛那提儿童医院的20名患者。他们的年龄介于13岁和20岁之间，都正处在轻度脑外伤或脑震荡的艰难康复期。医生们向他们介绍了《超好》，并提供了怎样使用数字版的快速上手教程。接着，医生又鼓励患者在接下来的6个星期治疗过程中，采用"每日《超好》配方"，即摄入3个补充能量块、对抗一个坏家伙、至少完成一桩任务。患者们还获得了新手清单：10种或许有用的补充能量块，比如在室内戴墨镜、避开明亮的灯光；20个可能会遇到的坏家伙，如注意力不集中、眩晕；每日任务，比如找到像绘画那样你至少能进行20分钟又不伤害大脑的有趣活动或闭着眼睛听喜欢的电影对白。贯穿整个研究的是，医生们还根据患者的症状和恢复进度，多次为他们提供个性化的建议，即额外的补充能量块、坏家伙和任务。患者参加试验没有报酬但他们前往医院接受两次后继询问的交通费可以报销，最高报销额度是 40 美元。

这项临床试验的主要目的是评估医院使用“超好”法的可行性，换句话说，是确定医生和患者能否有效地使用它，是否都有积极的体验。从各种尺度来看，试验都很成功。

在 4 个月内收集到的定性数据表明，20 名患者全部都能够迅速学会这套方法，并在家里有效执行。大约 75% 的患者能在 6 个星期里符合推荐的游戏配方。

患者最常见的情绪是：“《超好》帮助我做了更多照料自己的重要事情。”事实上，在临床谈话中引入游戏，光是这个设想就能增加患者对医生治疗建议的兴趣和关注度。“你说到游戏的时候，他们的反应充满惊喜，”沃森 – 查德哈里说，“它始终令人愉快。这让我们也大感兴趣。一名原本根本不想听你话的少女，突然之间全神贯注地竖起了耳朵。这是一个非常积极的结果。”

数据还显示，游戏对患者的主要看护者，基本上是父母，发挥了辅助作用。家长能够快速学会补充能量块、坏家伙的游戏用语，并报告说，在整个研究期间都扮演了盟友的角色。在后继采访中，看护者说得最多的话是，《超好》给他们带来了“宽慰感”，他们对自己的亲人能否成功恢复不再那么担心了，于是跟患者之间的互动也变得更加积极了。

俄亥俄州立大学的研究小组报告说，医生们能够快速学习“超好”法，有效地把自己的建议和治疗方案翻译成补充能量块、坏家伙和任务。

除了这种定性观察，我们还以临床试验为契机，在“超好”法对玩家的情绪、生活质量和脑震荡后遗症有怎样的影响这些方面，收集量化数据。到研究结束时，参与者不光脑震荡后遗症的症状明显更少，还明显更加乐观，不再那么抑郁。他们改善抑郁、提升乐观精神的速率跟宾夕法尼亚大学研究中的情况类似，这表明更广泛的人群有可能从“超好”法中受益。有一点特别有趣的发现是，玩游戏之前抑郁最严重的参与者受益最多。试验一开始有严重抑郁症的参与者到试验结束时，有 4/5 都改善为“不抑郁”了。

最重要的是，尽管玩游戏有触发头痛、恶心和疲劳等脑震荡后遗症症状的可能性，但没有一名参与者报告玩《超好》触发了此类症状。沃森 – 查德哈里对研究结果做了总结：“这些数据清楚地表明，《超好》可以充当传统治疗的有力补充。”

接下来要做的是类似宾夕法尼亚大学研究的对照临床试验。这能让我们对两种患者进行比较，也就是比较尝试了《超好》的患者和没有尝试的患者。与此同时，试点研究的结果可为医疗从业人员提供最佳实践指导，鼓励患者采用“超好”法。这是该系列研究的重要一步，因为正如沃森－查德哈里所说："俄亥俄州立大学的许多医生和研究员都表达了做进一步探索的愿望，想将'超好'法应用到范围更广的疾病和损伤康复当中。"

有关《超好》的研究更新，请访问 Showmethescience.com。

SUPER
BETTER

致谢

感谢所有《超好》英雄们，谢谢。你们的秘密身份给了我惊喜，你们的补充能量块给了我鼓舞，你们的华丽制胜给了我启发。特别感谢在本书中分享自己故事的玩家，你们是拥有游戏优势和复原力的绝佳例子，请容我向你们致上最高的钦佩与敬意。

过去 6 年，《超好》得到了许多重要盟友，尤其是在科研领域。我非常感谢安·玛丽·勒普克博士，她出色地领导了宾夕法尼亚大学的《超好》随机对照实验，还有宾夕法尼亚大学研究的合作者贝兹·麦克斯韦和罗斯·布鲁姆。我也非常感激俄亥俄州立大学韦克斯纳医学中心的丽瑟·沃森 – 查德哈里教授，谢谢她无尽的乐观精神以及对我们临床试验投入的不懈努力。也谢谢美国国家卫生研究院资助我们的研究，谢谢约翰·约斯特（John Yost）坚定不移的奉献精神，让《超好》得以接触到尽可能多的人。

过去 4 年，我非常荣幸能和创意十足的《超好》应用程序及网游开发团队一起合作。谢谢每一位 Social Chocolate、《超好》实验室、Natron Baxter 和阿德莫尔健康研究院为游戏做出贡献、通力合作的人，我想感谢你们投入的天赋和辛勤工作。对我们合作开发的成果，我希望你们跟我同样骄傲。我特别要感谢切尔西·豪、南森·维里尔（Nathan Verrill）和芬利·考恩 (Finlay Cowan) 巨大的创造性贡献，谢谢基思·韦克曼（Keith Wakeman）致力于将《超好》带入更高的层面。

感谢斯科特·莫耶斯（Scott Moyers）和安·戈多夫（Ann Godoff）为《超好》

在企鹅出版社安了家。任何作者碰到这样天才的编辑和这样远见卓识的发行商，都可谓是梦想成真。你们对这本书的支持，对我来说意义重大。

感谢企鹅出版社的整个出版团队，你们的图书设计和文字编辑对本书的问世必不可少！

谢谢克里斯·帕里斯－兰姆（Chris Parris-Lamb）鼓励我撰写本书，你太了不起了。克里斯不仅是一位图书天才，而且是一位才华横溢、成就非凡的马拉松选手。谢谢你，克里斯，在你的指导教练下，我和丈夫基亚什今年完成了马拉松。这是一场巨大的华丽制胜！很多跑者兼写作者都知道，每天跑步是写作过程中保持理智的关键。

还要感谢格纳特代理公司（Gernert Agency）的安迪·基费尔（Andy Kifer）、里贝卡·加德纳（Rebecca Gardner）和威尔·罗伯茨（Will Roberts）的宝贵意见，也谢谢他们为本书创造了全球读者。感谢利·比罗（Leigh Bureau）的每一位同仁，谢谢你们帮我将本书的观点向更多的人传播。

还有几位比较特别的盟友……

我的同卵双胞胎妹妹凯利是我更好的另一半，每当你做出了什么神奇的事情，我身上总有一小部分会想：“我们拥有同样的 DNA！也许有一天，我也能做到！”

谢谢我的父母朱迪和凯文，还有公婆宝拉和迈克，谢谢大家在过去充满冒险的一年里给予的支持、鼓励和关爱。

最特别的感谢献给我的英雄珍妮弗·西比尔（Jennifer Sibilla），你是任何人都渴望得到的最佳盟友。在我撰写本书期间，你正在做一些更了不起的事情，而且你永远地改变了我们的生活。

最后，致我的丈夫基亚什，如果不是今年我们已经收获了一轮天大的幸运，这本书会献给你。现在它成了第二份馈赠了。为了你，我始终想要变得超好，这很轻松，因为每一天，你都让我更强大、更勇敢、更快乐。这三件了不起的事情，愿我们永远保持下去。

考虑到环保的因素，也为了节省纸张、降低图书定价，本书编辑制作了电子版的注释。

扫码查看本书全部注释内容。

未来，属于终身学习者

我这辈子遇到的聪明人（来自各行各业的聪明人）没有不每天阅读的——没有，一个都没有。巴菲特读书之多，我读书之多，可能会让你感到吃惊。孩子们都笑话我。他们觉得我是一本长了两条腿的书。

——查理·芒格

互联网改变了信息连接的方式；指数型技术在迅速颠覆着现有的商业世界；人工智能已经开始抢占人类的工作岗位……

未来，到底需要什么样的人才？

改变命运唯一的策略是你要变成终身学习者。未来世界将不再需要单一的技能型人才，而是需要具备完善的知识结构、极强逻辑思考力和高感知力的复合型人才。优秀的人往往通过阅读建立足够强大的抽象思维能力，获得异于众人的思考和整合能力。未来，将属于终身学习者！而阅读必定和终身学习形影不离。

很多人读书，追求的是干货，寻求的是立刻行之有效的解决方案。其实这是一种留在舒适区的阅读方法。在这个充满不确定性的年代，答案不会简单地出现在书里，因为生活根本就没有标准确切的答案，你也不能期望过去的经验能解决未来的问题。

而真正的阅读，应该在书中与智者同行思考，借他们的视角看到世界的多元性，提出比答案更重要的好问题，在不确定的时代中领先起跑。

湛庐阅读 App：与最聪明的人共同进化

有人常常把成本支出的焦点放在书价上，把读完一本书当作阅读的终结。其实不然。

时间是读者付出的最大阅读成本

怎么读是读者面临的最大阅读障碍

“读书破万卷”不仅仅在“万”，更重要的是在“破”！

现在，我们构建了全新的“湛庐阅读”App。它将成为你“破万卷”的新居所。在这里：

- 不用考虑读什么，你可以便捷找到纸书、电子书、有声书和各种声音产品；
- 你可以学会怎么读，你将发现集泛读、通读、精读于一体的阅读解决方案；
- 你会与作者、译者、专家、推荐人和阅读教练相遇，他们是优质思想的发源地；
- 你会与优秀的读者和终身学习者为伍，他们对阅读和学习有着持久的热情和源源不绝的内驱力。

下载湛庐阅读 App，
坚持亲自阅读，
有声书、电子书、阅读服务，
一站获得。

湛庐阅读 App

思想者的
声音图书馆

倡导亲自阅读

不逐高效，提倡大家亲自阅读，通过独立思考领悟一本书的妙趣，把思想变为己有。

阅读体验一站满足

不只是提供纸质书、电子书、有声书，更为读者打造了满足泛读、通读、精读需求的全方位阅读服务产品 —— 讲书、课程、精读班等。

以阅读之名汇聪明人之力

第一类是作者，他们是思想的发源地；第二类是译者、专家、推荐人和教练，他们是思想的代言人和诠释者；第三类是读者和学习者，他们对阅读和学习有着持久的热情和源源不绝的内驱力。

CHEERS

以一本书为核心

遇见书里书外，更大的世界

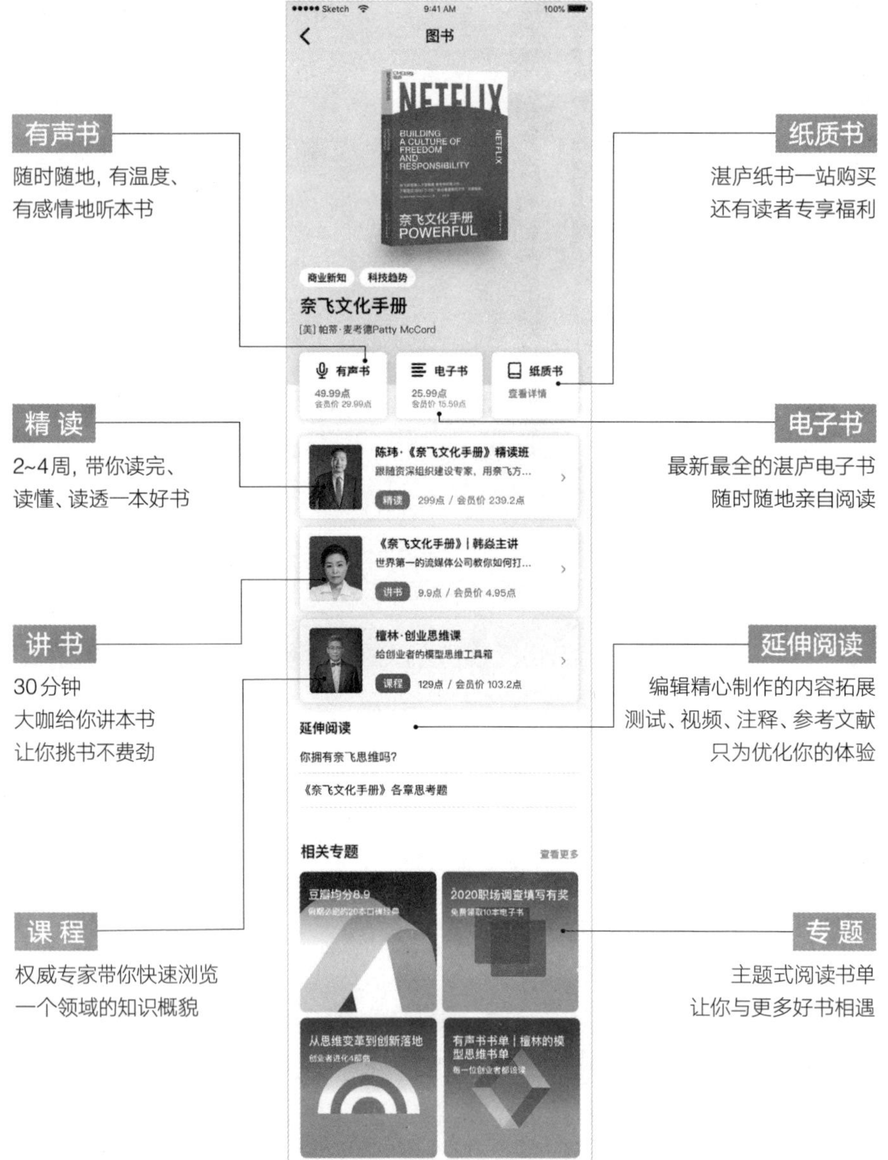

有声书

随时随地，有温度、有感情地听本书

纸质书

湛庐纸书一站购买
还有读者专享福利

精读

2~4周，带你读完、读懂、读透一本好书

电子书

最新最全的湛庐电子书
随时随地亲自阅读

讲书

30分钟
大咖给你讲本书
让你挑书不费劲

延伸阅读

编辑精心制作的内容拓展
测试、视频、注释、参考文献
只为优化你的体验

课程

权威专家带你快速浏览
一个领域的知识概貌

专题

主题式阅读书单
让你与更多好书相遇

图书在版编目（CIP）数据

游戏改变人生 /（美）简·麦戈尼格尔著；闾佳等译 . —北京：北京联合出版公司，2018.4 （2023.9重印）
ISBN 978-7-5596-1766-8

Ⅰ . ①游… Ⅱ . ①简… ②闾… Ⅲ . ①电子游戏 – 基本知识 Ⅳ . ① G898.3

中国版本图书馆 CIP 数据核字（2018）第 041508 号
著作权合同登记号
图字：01-2017-9148

上架指导：网络趋势 / 畅销书

游戏改变人生

作　　者：[美] 简·麦戈尼格尔
译　　者：闾　佳　等
选题策划：湛庐文化 Cheers Publishing
责任编辑：牛炜征
封面设计：WONDERLAND Book design 仙境 QQ:344581934
版式设计：湛庐文化 Cheers Publishing 衣　波　李新泉

北京联合出版公司出版
（北京市西城区德外大街 8　号楼 9 层　100088）
石家庄继文印刷有限公司印刷　新华书店经销
字数 392 千字　710 毫米 ×965 毫米　1/16　21.75 印张　2 插页
2018 年 5 月第 1 版　2023 年 9 月第 5 次印刷
ISBN　978-7-5596-1766-8
定价：89.90 元